高职高专“十三五”规划教材

基础会计原理与实务

林艳红　主　编
袁　理　王伟楠　王楠楠　副主编

中国铁道出版社
CHINA RAILWAY PUBLISHING HOUSE

内 容 简 介

本书本着“理论适度、够用，技能准确、熟练”的原则，将理论与实践有机地结合起来，融“教、学、做”为一体进行编写。全书内容包括会计循环、会计要素与会计恒等式、会计科目与账户、复式记账法、工业企业主要经营过程的核算、会计凭证、会计账簿、财产清查、财务会计报告、会计核算形式以及会计法律规范与会计工作组织。

本书适合作为高职院校经济、金融、管理等专业学生“会计学基础”课程的教材或参考书，也可作为企业财会人员及各类管理人员的培训教材及参考书。

图书在版编目（CIP）数据

基础会计原理与实务/林艳红主编．—北京：中国铁道出版社，2017.10（2018.9重印）
高职高专“十三五”规划教材
ISBN 978-7-113-23730-1

Ⅰ.①基… Ⅱ.①林… Ⅲ.①会计学-高等职业教育-教材 Ⅳ.①F230

中国版本图书馆CIP数据核字（2017）第219075号

书　　名： 基础会计原理与实务
作　　者： 林艳红　主编

策划编辑： 潘星泉　　　　**读者热线：**（010）63550836
责任编辑： 潘星泉　贾淑媛
封面设计： 刘　颖
责任校对： 张玉华
责任印制： 郭向伟

出版发行： 中国铁道出版社（100054，北京市西城区右安门西街8号）
网　　址： http://www.tdpress.com/51eds/
印　　刷： 三河市宏盛印务有限公司
版　　次： 2017年10月第1版　　2018年9月第2次印刷
开　　本： 787 mm×1 092 mm　1/16　**印张：** 15　**字数：** 353千
书　　号： ISBN 978-7-113-23730-1
定　　价： 40.00元

前　言

“基础会计原理与实务”是会计学科的入门课程，也是经济管理类专业的专业基础课，是学习中级财务会计、成本会计、管理会计和财务管理等专业课程的基础。对于其他专业来讲，“基础会计原理与实务”课程是了解会计基本理论和基本方法的途径，有助于完善学生的专业知识结构，扩大学生的知识面。本教材主要介绍会计的基本理论、基本方法和基本技能，结合财政部颁布的现行《企业会计准则》《企业会计准则——应用指南》及新修订的相关法律、法规进行编写，与实际工作完全相符。

编者在汲取同类教材长处的基础上，结合多年积累的课堂教学经验，突出教学的针对性，以适用为限，重应用性、实践性和操作性，将教学内容与职业技能有机地结合起来，注重培养学生的应用能力，实现“教、学、做”一体化。

本教材本着“理论适度、够用，技能准确、熟练”的原则，将理论与实践有机地结合起来。在教学内容与体系安排上，打破了传统的以理论知识为核心的教学模式，重新构造了以会计理论为基础，以会计工作流程为主线，按会计实际工作来设计教学内容的教材结构，这样既突出了会计理论教学的重要性，又强化了各项会计工作的操作方法，实现了高职教育培养既具有理论水平又有高技能的应用型人才的目标。

为了方便教师教学和学生学习，本教材在每章开始都设置导论来归纳本章学习目标，设置导入案例让学生初步认识该章内容；在课后配有课后习题及大量的实训题，目的是让学生明确学习的目标及要点；强化对理论知识的理解和把握；培养学生分析问题、解决问题和实际操作的能力。

本书由吉林工程职业学院林艳红担任主编，由吉林工程职业学院袁理、王伟楠、王楠楠担任副主编，具体编写分工如下：林艳红编写第1章~第4章，袁理编写第5章~第7章，王伟楠编写第8章和第9章，王楠楠编写第10章和第11章，全书由林艳红统稿和定稿。

本书由长期从事会计学研究和教学工作的主讲教师编写，资料丰富，针对性强，但由于编写时间仓促，书中难免存在疏漏及不当之处，恳请读者和老师们批评指正。

编　者

2017年7月

目　录

第1章 总　论

导论

本章主要介绍了会计的概念、会计的产生与发展、会计准则及会计种类和学科体系，通过本章的学习，掌握会计的含义及会计的一些基本概念，包括会计的职能、会计的对象及会计的作用等；掌握会计的学科体系及基本分类；了解会计发展的主要历程、会计准则的产生与发展。

导入案例

关于什么是会计的对话

高考前夕，甲、乙、丙、丁四名同学在报考志愿时，对什么是会计，四人各执一词。

甲：什么是会计？这还不简单，会计就是指一个人，比如，我爸爸公司的刘会计，是公司的会计人员，这里会计不是人是什么？

乙：不对，会计不是指人，会计是指一项工作，比如我们常常这样问一个人，你在公司做什么？他说，我在公司当会计，这里会计当然是指会计工作了。

丙：会计不是指一项工作，也不是指一个人，而是指一个部门、一个机构，即会计机构，你们看，每个公司都有一个会计部，或者会计处什么的，这里会计就是指会计部门，显然是一个机构。

丁：你们都错了，会计既不是一个人，也不是一项工作，更不是指一个机构，而是指一门学科，我哥哥就是在湖南大学学会计的，他当然是去学一门学科或科学。

结果，他们谁也说服不了谁。如果让你来谈谈什么是会计的问题，你会怎么说呢？

在日常生活中，会计确实有多种不同的含义。甲、乙、丙、丁四个人的看法都说明了会计含义的一部分，但又都不全面。我们说会计主要还是指会计工作和会计学。

1.1 会计的概念

1.1.1 会计的定义

什么是会计，这是一个基本的概念问题。由于会计与社会经济密切相关，受社会经济发展水平的影响大，因此，人们对会计概念的理解至今仍然处于不断发展变化之中。下面几种会计的定义具有典型性：

1. 信息系统论

信息系统论认为会计是旨在提高企业和各单位活动的经济效益、加强经济管理而建立的一个以提供财务信息为主的经济信息系统。目前，信息系统论是会计理论界普遍认同的会计定义。

2. 控制系统论

控制系统论认为会计作为经济控制系统，要经过两道控制程序："第一道，控制信息的真实性，主要由财务会计完成"；"第二道，控制信息的合意性，主要由管理会计完成"。认为会计是以货币形式，按公认标准来认定受托责任完成情况的经济控制系统。

3. 管理活动论

管理活动论认为会计是人们管理经济的一种社会活动，是通过收集、处理和利用经济信息，对经济活动进行规划、组织、控制和指导，进而促使人们权衡利弊得失，讲求经济效果的一种管理活动。

4. 艺术论

会计艺术论这种观点起源于较早期的西方约定俗成的一种看法，持这种观点的人认为，会计是对经济数据进行分析和解释的一种方法和技巧。

综合会计的定义，本教材将会计的概念表述为：会计是以货币作为主要的计量尺度，以凭证为依据，运用一整套科学的专门方法，全面、连续、系统、综合地反映和监督一个单位的经济活动，并能为信息使用者提供有用的会计信息的一种经济管理工作。

1.1.2 会计对象

会计对象是指会计反映和监督的内容，即会计工作的内容。从宏观上来说，会计对象是扩大再生产过程的资金运动，即企业、事业、行政单位在社会再生产过程中能以货币表现的经济活动。从微观上来说，会计对象是企业经营活动的资金运动，具体表现为资金的取得、周转、分配和积累的过程。

由于企业、事业和行政单位的经济活动的具体内容不同，资金运动的方式也有所差别，因此，这些单位所要核算和监督的具体对象也不一样。

1. 企业的资金运动

企业的资金运动包括工业企业资金运动和商品流通企业的资金运动，由于工业企业的资金运动包括了再生产的全过程，而商品流通企业的资金运动只包括再生产过程的一部分，所以在这里只说明工业企业的资金运动过程。

工业企业资金运动按其运动程序可分为资金投入、资金使用和资金退出三个环节，而资金周转又可分为供应、生产和销售三个过程。

① 资金投入：工业企业的资金主要由投资者投入或债权人借入。资金进入企业后，根据生产经营的需要，以货币资金、储备资金、生产资金和成品资金等不同形态存在于企业生产经营的各个环节。

② 供应过程：企业以货币资金购买材料等各种劳动资料，为进行生产而储备必要的物资，于是资金便从货币资金形态转化为储备资金形态。

③ 生产过程：企业为进行产品生产，必须拥有一定数量的劳动力、劳动对象和劳动资料。劳动者运用劳动资料对劳动对象进行加工，使劳动对象发生性质或形态上的变化，生产出产品。在这个过程中，由于材料投入生产，并以货币资金支付工资和其他费用，于是资金就从储备资金形态和货币形态转化为在产品、半产品形式的生产资金形态；此外，在生产过程中，厂房、机器设备等劳动资料因使用而发生磨损，其价值通过计提折旧方式转移到产品价值中，也构成生产资金的一部分，当产品生产完工，资金又从在产品的生产资金形态转化为成品资金形态，这时，资金从生产过程进入了销售过程。

④ 销售过程：企业将产品销售出去，通过一定的结算方式，重新收回货币资金，这时，资金从成品资金形态又转化为货币资金形态。企业的这部分资金，包括了企业投资者投入的资金和通过生产经营活动取得超过原有投资的价值而形成的利润。企业利润扣除按国家规定上缴的税金，便是净利润，归投资者所有。

⑤ 资金退出：对于企业所实现的净利润，应按企业的有关规定进行分配，包括提取盈余公积金和公益金、向投资者分配股利或利润，从而使资金退出企业的循环周转。

企业的资金从货币形态开始，依次经过供应、生产和销售三个过程，最后又返回到原来的出发点，这就是资金的循环。资金周而复始地循环，形成资金的周转。图 1-1 所示为资金循环示意图。

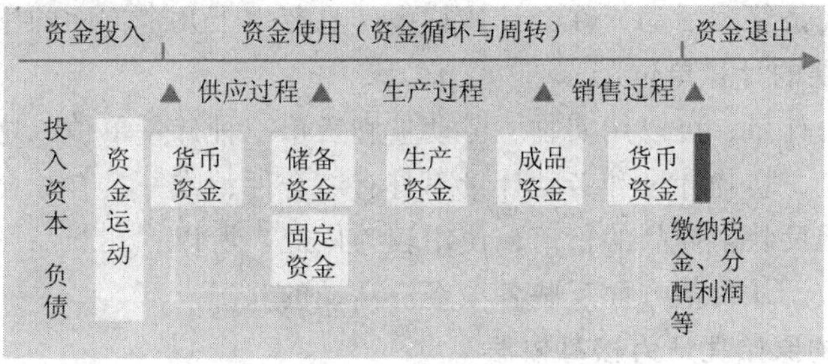

图 1-1　资金循环示意图

工业企业的资金在整个生产经营活动中，随着供应、生产、销售过程的不断进行，而沿着“货币资金→储备资金→生产资金→ 成品资金→ 货币资金”的轨道不断地改变其存在的形态，从而形成了工业企业资金的特定方面——企业的资金运动。

2. 行政事业单位资金运动

行政事业单位是非营利性的单位，是执行国家管理职能的单位，其从事业务工作所需资金来源主要是国家财政拨款。行政事业单位在正常的业务活动过程中，所消耗的人力、物力和财力的货币表现即为行政费用和业务费用。一般来说，行政事业单位没有或只有很少一部分业务收入，很难做到以收抵支而获利。这样，行政事业单位一方面按预算从国家财政取得拨入的货币资金或其他形态的资金；另一方面又按预算以货币资金支付各项费用，其资金运动形式就是：资金拨入—资金付出，不能产生资金回流。这种从收入到支出的运动方式，称为单向直线运动。这种资金运动也就是行政事业单位会计对象的内容。当然，随着我国事业单位管理体制改革的深化，事业单位的收支及管理情形也在发生变化，其资金运动也日趋成熟。行政事业单位会计与企业会计区别见表1-1。

表1-1

行政事业单位会计与企业会计区别

类　别	行政事业单位会计（A）	企业会计（B）
核算性质	预算会计	企业会计
会计核算基础不同	收付实现制（事业单位会计按权责发生制）	权责发生制
会计要素构成不同	资产、负债、净资产、收入、支出	资产、负债、所有者权益、收入、费用、利润
会计等式不同	资产＝负债＋净资产	资产＝负债＋所有者权益
会计报表的内容不同	资产负债表、收入支出表、基建投资表、附表及会计报表附注和收支情况说明书等	资产负债表、利润表、现金流量表、附表及会计报表附注和财务报告说明书

综上所述，不论是企业还是行政事业单位，都是社会再生产过程中的基层单位，会计核算和监督的对象都是资金运动，因此，会计对象可概括为社会再生产过程中的资金运动。本教材是从企业会计的角度来讲述资金的运动。

1.1.3　会计的特点

会计作为一项经济管理活动，在会计核算中，具有以下几个方面的主要特点：

1. 以货币为主要的计量单位

对经济活动进行计量，可以用实物、劳动量和货币三种计量单位，这三种计量单位会计核算都要采用。但是，实物计量和劳动计量不具有综合性；唯一具有综合性的就是货币计量单位，因为它综合地反映了商品的价值，使用较为广泛。所以，在商品经济条件下，会计主要通过货币计量单位，从价值方面反映各项经济活动的状况。

2. 必须以合法的原始凭证为核算依据

会计的任何记录和计量都必须以会计凭证为依据，这就使会计信息具有真实性和可验证性。只有经过审核无误的原始凭证(凭据)才能据以编制记账凭证，登记账簿进行加工处理。这一特征也是其他经济管理活动所不具备的。

3. 对经济活动反映具有连续性、全面性、系统性和综合性

连续性是指对各种经济业务应按发生时间的先后顺序依次进行登记，而不能有所中断；全面性是指凡属会计核算的所有经济活动都必须进行反映和监督，不允许取舍，不能遗漏。系统性是指会计信息的取得、加工、整理在科学分类的基础上形成相互联系的有序整体，不能杂乱无章、任意堆砌；综合性表现为能够提供总括反映各项经济活动情况的价值指标。

4. 会计核算有一套比较科学完整的核算方法

会计核算方法是对经济业务或经济事项确认、计量、记录和报告的方法，是实现会计目标的基本手段，是整个会计体系的基础。我国将会计核算方法概括为七种，即设置会计科目与账户，复式记账，填制和审核会计凭证，登记账簿，成本计算，财产清查，编制会计报表。这些方法是经过长期会计实践总结出来的，是别的管理方式所不用或很少采用的。

1.1.4　会计的职能

1. 会计职能的概念

会计的职能是指会计在经济管理中所具有的功能或能够发挥的作用，是会计本质的体现。会计的职能很多，但其基本职能应当概括为两个方面，即会计核算（反映）和会计监督（控制）。其他会计职能是在会计基本职能的基础上体现的。

2. 会计的基本职能

（1）会计核算职能

会计核算职能是会计的传统职能和首要职能，也是全部会计工作的基础。会计核算主要是针对特定主体的经济活动，运用一系列专门方法，从数量方面对其经济活动过程和结果，进行确认、计量、记录和计算，综合反映主体单位已经发生或完成的各项经济活动，并进行公正报告的工作。

我国《会计法》规定，各单位必须根据实际发生的经济业务进行会计核算，填制会计凭证，登记会计账簿，编制财务报告。会计的核算职能具有如下特点：

① 会计核算以货币为主要的计量单位，主要从价值方面反映各单位的经济活动情况。会计对各单位的经济活动进行核算时，主要从数量方面而不是从质量方面进行反映。从数量方面反映经济活动，可以采用三种量度：实物量度、货币量度和劳动量度（劳动时间）。在市场经济条件下，为了有效地进行管理，就必须广泛地利用综合的价值形式，以计算生产资源的占用、劳动的消耗、销售收入的取得、利润的实现和分配等。会计在反映各单位的经济活动时主要使用货币量度，而实物量度和劳动量度只作为辅助的量度工具。因为只有货币量度，通过价值核算才能将不同类别的经济业务进行汇总，综合反映经济活动的过程和结果。

② 会计核算主要记录已经发生或完成的经济业务。为了使企业所提供的会计信息实可靠，会计都要运用专门方法，在每项经济业务发生或完成后，根据所取得的能够证明经济业务发生或完成情况的相关凭证据以登记账簿，编制财务会计报告，这样不使会计信息具有可验证性。

③ 会计核算应具有连续性、完整性和系统性。只有依据连续、完整和系统的数据资料，才能全面、系统反映各单位的经济活动情况，考核其经济效益。

（2）会计监督职能

会计监督职能是指按照一定的目的和要求，利用会计核算所提供的经济信息，对特定对象经济业务的合法性、合理性和有效性进行审查、控制，使之达到预期目标的工作。会计监督职能具有如下特点：

① 会计监督具有严肃性和强制性。会计监督的目的是保证会计主体的经济活动合法性与合理性。合法性的依据是国家颁布的财经法令、法规；合理性的依据是客观经济规律及经

营管理方面的要求。

② 对经济活动的有效性进行监督。它主要从单位内部提高微观经济效益出发，把监督贯穿于经济活动全过程，对每项经济活动进行事前、事中和事后监督，以评价各项活动能否提高经济效益，是否遵守节约原则，有无损失浪费现象。

③ 保护所有者财产的安全与完整性。对贪污盗窃、营私舞弊等违法犯罪活动进行监督，以保证所有者财产的安全完整。

会计的核算职能和监督职能之间存在密切的内在联系，是相辅相成、辩证统一的。核算是监督的基础，没有核算就无法进行监督，只有正确地核算，监督才有真实可靠的依据；监督是会计核算质量的保障，只有核算没有监督，就不能发挥会计应有的作用，就难以保证核算所提供信息的真实性、可靠性。

3. 会计的其他职能

随着社会的发展，技术的进步，经济关系复杂化和管理水平的提高，会计发挥职能的范围和作用不断发展、扩大，会计的新职能也随之而来，如参与经济预测与决策、分析考核、控制和调节职能等。

【经典试题】

下列各项中，属于会计基本职能的是（　　）。

A. 会计核算与会计预测　　B. 会计核算与会计决策

C. 会计核算和会计监督　　D. 会计核算与会计分析

答案：C

1.1.5 会计的作用

会计的作用，一般可归纳为如下几点。

1. 真实客观地提供会计信息

资源的优化配置是市场经济的重要法则。我国要实现经济的快速发展，就必须充分重视并做好资源的合理配置，把有限的资源用到产出高、效益好的行业和产品中去。哪些行业和产品成本低、产出高，哪些企业风险低、效益好，都需要依赖会计提供的基础信息来加以判断。会计工作通过真实反映企业财务状况、经营成果和现金流量，能够为生产者进行经营决策、为投资者做出投资决策、为政府部门制定宏观经济管理政策提供必要的依据。

2. 加强会计工作，能够有效地防范和化解金融风险

随着社会主义市场经济的发展，金融市场和金融机制在我国经济生活中发挥越来越重要的作用。防范和化解金融风险成为经济管理工作中一项十分重要的任务。在防范和化解金融风险的措施和方法中，其中一个重要的方面就是加强财务会计监管，实现会计信息的充分披露和单位内部财务会计的严格监控。健全会计信息系统对于防范和化解金融风险将起到有效的预警作用。

3. 发挥会计工作在经济管理中的信息和咨询作用，有助于建立现代企业制度

建立以“产权清晰、责权明确、政企分开、管理科学”为特征的现代企业制度是国有企业改革的目标。会计工作通过真实地反映企业权益结构，为处理企业与各方面的经济关系，考核企业管理人员的经营业绩、落实企业内部管理责任奠定了坚实的基础。如果没有几年来的会计制度改革，现代企业制度就无法顺利推进；同样，如果不能进一步推进会计改革和加强会计工作，现代企业制度的完善也将遇到障碍。

4. 会计工作是加强经济监督、规范经济秩序的重要手段

会计监督是经济监督体系中的一个重要内容，企业会计实施的内部监督与注册会计师实施的外部监督相互配合，能够有效地规范经济工作秩序。企业会计是对企业经济活动全面系统地反映，渗透到经济活动的各个环节、各个阶段，通过建立内部控制制度，实施内部会计监督，可以有效制止经济舞弊和违法犯罪。同时，企业会计又为注册会计师的外部监督及政府部门的行政监督提供有用的信息和线索，从而使建立严密的经济监督体系成为可能。

1.2　会计的产生与发展

1.2.1　会计的产生

人类物质资料的生产活动是人类生存和发展的基础，它决定着人类其他的一切活动，也是人类会计行为产生的根本前提。但是人类的会计行为是社会生产发展到一定阶段的产物。在原始社会里，会计只是生产职能的附带部分，后来当社会生产发展到一定的水平，出现了私人占有财产以后，人们为了保护私有权和不断扩大其私有财产，生产过程的经济活动逐步过渡到以货币形式进行计量和记录，并使会计逐渐从生产职能中分离出来，成为独立的职能。在我国，早在原始社会末期会计的雏形就已经产生了。到了西周才有了较为严格的会计机构，但那时还并未产生真正的会计。直到西汉之后，才把能以货币计量的经济活动作为会计事项，从“会计”中分离出来。“会计”分离为会计和统计，从这个意义上讲，这时的会计才开始成为真正的会计。

1.2.2　会计的发展

会计也经历了一个由低级到高级、由简单到复杂的漫长发展历程。在会计学发展的历史长河中，大致经历了三个阶段。

1. 古代会计阶段

15世纪以前的会计，习惯上称为古代会计。文明古国如中国、巴比伦、埃及、印度与希腊等都曾留下了对会计活动的记载。早在公元前1000年左右，就有了简单的记录和计算。只是当时生产力水平低下，生产过程简单，没有必要将十分简单的计量、计算和记录交由专门的人进行。早在我国伏羲时期就有“结绳记事”“刻木计数”，黄帝、尧舜禹时期书契（即用文字、数码刻记）的简单记录和计算方法，就是最早最原始的处于萌芽状态的会计记录与计量行为。人类最初的会计，都是直接生产者在生产之余附带地把收入、支出等事项记载下来。马克思称此时的会计行为是“生产职能的附带部分”，生产还未曾社会化，独立的会计并未产生。随着生产规模的扩大、生产社会化程度的提高以及社会生产力水平的不断提高，生产活动日益频繁，需要计量、计算和记录的事项越来越多，经济管理对信息的要求也越来越复杂，简单的会计行为已经不能满足人们管理较为复杂的经济过程需要了。这就使得会计必须从“生产职能中分离出来，成为特殊的、专门委托的当事人的独立职能”，这就是专职会计人员的出现，会计成为一项专门的管理工作。

据《周礼》记载，我国西周王朝（公元前1066—前770年）已出现“会计”一词，周王朝还设置了专门核算财赋收支的官职——司会。掌握王朝全部会计账簿，定期对周王朝的收入和支出实行“日计”“岁会”，考核王朝官吏管理地方的情况和他们经手的财务收支。

唐宋时期是我国会计全面发展的时期，会计在这一时期有了比较健全的组织结构。唐代的会计有《国计簿》的报告形式，到了宋代发展成为《会计录》。在宋朝，会计方法又有了新的发展，出现了“四柱清册”。

【知识链接】

“四柱清册”

“四柱清册”即把账簿分为“旧管”“新收”“开除”“实在”四个部分。四柱之间的结算关系为：旧管 + 新收 − 开除 = 实在。四柱清册是我国古代会计的一个杰出成就，曾对我国会计的发展产生了深远的影响。

会计在国外也有很长久的历史。据马克思考察，在“原始的规模小的印度公社”里，已经有了“一个记账员，登记农业账目，登记和记录与此有关的一切事项”。在古埃及，法老设有专职“隶事”，管理宫廷的税赋收入、俸禄、军饷等各项支出。巴比伦精于组织管理，设置“专门记录官”。印度与希腊出现铸币，并记录在账簿中。

由于这个时期的会计是同其他的计算活动、财政收支活动、财产保管活动混杂在一起的，计量方法上采用实物计量、货币计量和劳动计量；在记录方法上，广泛采用文字叙述方式进行，顶多采用单式记账法。

我国的会计之最

我国有关会计事项记载的文字，最早出现于商朝的甲骨文。

我国“会计”称号的命名、会计的职称均起源于西周。

我国会计机构最早设立于西周，分设司会之职主管会计，为计官之长。

我国最早的会计专著为唐朝的《元和国计簿》，由史官李吉甫撰写，元和二年（公元807年）十二月面世，共十卷。

我国第一部会计法是北洋政府于1914年10月2日（民国三年）颁布的，共九章三十六条款。

我国最早设置会计系的大学是复旦大学，1921年（民国十年）左右，复旦大学商学院正式开设会计系。

我国第一所会计师事务所是1918年谢霖在北京创办的“正则会计师事务所”。

我国第一位会计师是谢霖，他于1918年9月取得农商部颁发的第一号会计师证书。

我国第一位女会计师是张蕙生，她于1930年取得会计师执照。

2. 近代会计阶段

一般认为，从单式记账法过渡到复式记账法，是近代会计形成的标志。1494年，意大利数学家卢卡·巴其阿勒在《算术、几何、比及比例概要》一书中系统地阐述了复式计账的基本原理。这是会计发展史上第一个里程碑。标志着近代会计的开端。卢卡·巴其阿勒也被称为“近代会计之父”。

18～19世纪，随着英国产业革命的到来，企业的所有权与经营权开始分离，带来企业组织形式的变革——股份公司的出现，会计的内容也相应有所发展，企业的会计需要接受外界的监督，于是英国出现了第一批以查账为职业的独立会计师。同时，成本计算、会计报表分析和审计等新的会计内容也相继应运而生。1854年苏格兰爱丁堡创立了世界上第一个注册会计师的专业团体——爱丁堡会计师协会。它的成立被认为是会计发展史上的第二个里程碑。

在国内，明末清初之际，出现了以四柱为基础的“龙门账法”，用以计算盈亏。它把全部账目划分为“进”“缴”“存”“该”四大类。运用“该+进=存+缴”，或“进-缴=存-该”的平衡公式计算盈亏，分别编制“进缴表”（即利润表）和“存该表”（即资产负债表）。将这种双轨计算盈亏并检查账目平衡关系的会计方法，形象地称为“合龙门”，“龙门账”因此而得名。“龙门账”的诞生标志着中式簿记由单式记账向复式记账的转变。到了清代，会计制度又有新的突破，即在“龙门账”的基础上设计发明了“四脚账法”（天地合账）。四脚账是一种比较成熟的复式记账方法，对每一笔账项既登记“来账”，又登记“去账”，而且来账和去账所记金额必须相等，以反映同一账项的来龙去脉，这种记账方法的基本原理已与西方复式记账法相同。

3. 现代会计阶段

20世纪30年代以后，以美国为首的资本主义经济得到了长足的进展，随着现代数学方法和电子计算机进入会计领域，电子计算机在会计中得到普遍应用，这也是会计发展史上的一个划时代的重大革命。与此同时，会计的服务职能和内部管理职能逐步分离，从而形成了会计的两大分支——财务会计和管理会计。这是会计发展史上有一次历史性飞跃，从而使真正意义上的现代会计得以确立。

中华人民共和国成立以后，国家在财政部下设会计司，主管全国的会计事务，并引进苏联计划经济会计模式，对旧中国会计制度和会计方法进行改造和改革。

改革开放以后，为适应社会主义市场经济发展的需要，1985年国家颁布实施《中华人民共和国会计法》，随后在1993年和2000年分别进行了两次修订。财政部于1992年发布《企业会计准则》和《企业财务通则》；2006年财政部对《企业会计准则——基本准则》进行了修订，同时发布了38项具体准则，自2007年1月1日实施。这些准则和制度的实施，都是我国力求与国际会计接轨的标志。

总之，在会计发展进程中，经历了一个由简单到复杂、从原始记录计量到单式簿记再到复式簿记不断发展、不断完善的沿革过程。

1.3 会计的分类

1.3.1 财务会计和管理会计

按会计信息使用者的不同，会计可分为财务会计和管理会计。财务会计又称为对外会计，主要是通过传统的记账、算账并定期编制报表的专门方法，提供企业一定时期的财务状况，以及一定期间的经营成果和现金流量情况的会计，尽管财务会计也向本单位提供财务信息，以便加强财务管理，但它的服务主要是对外的，侧重于向企业外界有经济利害关系的团体和个人进行报告。例如，供企业投资者及潜在的投资者了解企业的财务状况和获利能力，以便评价业绩，做出投资决策；供银行及其他债权人了解企业的经营成果和偿债能力，做出信贷决策；供政府部门如财政部门、税务部门等机关核定企业的经营业绩和上交税款；供证券监管机构实施证券管理等。财务会计侧重于过去信息，为外部有关各方提供所需数据，因此，必须严格按统一的会计准则进行核算，力求准确。

管理会计又称对内会计，主要是通过一系列专门方法，利用财务会计提供的资料及其他有关资料进行整理、计算、对比和分析，使企业各级管理人员能对日常发生的一切经济活动进行规划和控制，并帮助企业领导做出各种专门决策的会计。这种会计主要是对内服务的，侧重于加强企业内部管理的需要，帮助各级管理人员预测经济前景，判断经营环境，确定最优的经营和投资方案；分析差异，控制成本，挖掘潜力，消除浪费；理清企业内部经济责任，并在评价和考核业绩的基础上奖勤罚懒，以便调动全体员工的工作积极性和创造性，为谋求最大经济效益的目标而努力。管理会计侧重于未来信息，为企业内部管理部门提供数据，因此，不受会计准则的约束，不要求绝对精确，并可选用灵活多样的方法。

财务会计提供关于企业财务状况、经营成果和现金流量信息，是管理会计工作的基础和出发点；管理会计则是利用财务会计提供的信息进一步加工、整理，以满足内部经营管理的需要。本书主要介绍财务会计核算的基本原理。

1.3.2 企业会计和预算会计

按会计主体设立目的不同，会计可分为企业会计和预算会计。

企业会计是指以营利为经营目的的经济组织的会计。企业主要包括工业企业、商品流通企业、交通运输企业、旅游饮食服务企业、房地产开发企业、农业企业、保险企业等。

预算会计是指不以营利为目的，开展公共管理、公益事业组织的会计，包括总预算单位会计、行政单位会计、事业单位会计等。本书主要介绍企业会计核算的基本方法。

1.3.3 会计的学科体系

按会计具体内容不同，会计学科可分为基础会计、财务会计、成本会计、审计、会计分析、会计史、会计电算化等。

基础会计主要阐述会计的基本原理和基本操作程序，为学习专业会计奠定基础，是学习会计的“入门”课程。

财务会计是指实际应用会计，侧重于现行会计准则下的会计实务操作，如中级财务会计、高级财务会计等。

成本会计主要归纳成本核算的各种方法、程序和实际操作技巧。

审计是会计监督的一种手段，是由专职机构对被审计单位的全部或部分经济活动进行审核检查、收集、整理，以判断其经济活动的合规性、合法性、合理性、真实性的经济监督、评价、鉴证活动。由于经济活动大部分内容通过会计提供，因此，审计一般以审查被审计企业的会计资料为主。

会计分析指利用会计提供的信息资料进行加工、整理、分析，发现其经济发展规律、预测前景、做出决策的活动。

会计史是研究会计产生和发展至今全过程的历史。

会计电算化是运用电子计算机把手工操作方式转为电算化操作以提高工作效率的应用学科。

课后习题

一、单项选择题

1. 会计的产生是由于（　　）。

A. 生产管理的需要　　B. 技术进步的需要

C. 社会分工的需要　　D. 生产关系变革的需要

2. “龙门账”产生于（　　）。

A. 汉朝　　B. 宋朝　　C. 明末清初　　D. 唐朝

3. 在宋朝时期，我国会计采用的是下列哪种记账法？（　　）

A. 复式记账法　　B. 单式记账法　　C. 四柱结算法　　D. 增减记账法

4. 会计的基本职能是（　　）。

A. 预测与决策　　B. 核算与监督　　C. 管理与控制　　D. 分析与考核

5. 会计以（　　）为主要计量单位。

A. 货币　　B. 实物　　C. 工时　　D. 劳动耗费

二、多项选择题

1. 下列属于会计核算特点的是（　　）。

A. 以货币为主要的计量方法　　B. 具有连续性、系统性和完整性

C. 仅记录已经发生的经济业务　　D. 除货币计量以外，有时也采用其他的计量指标

2. 下列属于会计监督特点的是（　　）。

A. 货币计量为主要计量方法　　B. 其内容主要是合理性、合法性、有效性的监督

C. 仅记录已经发生的经济业务　　D. 包括事前、事中、事后监督

3. 会计的基本特征是（　　）。

A. 对企业未来进行预测　　B. 以原始凭证为依据

C. 以货币作为主要计量单位　　D. 连续、系统、全面、综合地监督

4. 会计信息的使用者有（　　）。

A. 企业投资者　　B. 企业债权人

C. 财政工商　　D. 与企业有利益关系的团体或个人

第2章 会计循环

导论

本章主要介绍会计循环的概念、会计循环的核算方法、会计核算的基本前提、会计信息质量的要求及会计的核算基础。通过本章的学习：了解会计循环的全过程，掌握会计循环中的核算方法，重点掌握会计循环中会计核算的基本前提、会计信息质量要求及会计的核算基础。

导入案例

刚毕业的大学生王华自主创业，在毕业学校附近开了一家“天瑞文教用品商店”。最初王华自己进货经营，并将日常消费支出与文教商店的现金收支分开，以计算文教商店的营利情况。很快，生意做起来了，王华发现资金不足，人手也不够，就邀请同学赵元入伙。并拿一个账本将文教商店店每天收入和支出的现金记录下来。

王华和赵元共同经营文教商店之后，他们都满意这种合作经营方式。因此，在未来持续经营的期间内，如何计算文教商店的利润就成为一个问题。他们的办法是按照日历年度，每个月进行结账，计算文教商店的利润，年终最后汇总完之后再对利润进行分配。

显然，他们的这种做法正是持续经营和会计分期假设的体现。

2.1 会计循环概述

2.1.1 会计循环的概念

会计循环是指会计通过一系列的步骤和程序，把复杂多样的日常经济业务经过分类、归集，最终概括出简明扼要并能为企业管理及外部信息使用者所需要的财务会计报告的全过程。由于这一过程是随着企业经营活动的持续开展周而复始地不断进行，因而人们把会计的核算过程称为会计循环。

会计循环从每个会计期间的期初开始，到会计期间的期末为止，在整个企业经营过程内，不断地循环进行，会计循环的基本步骤可以包括确认、入账、过账、结账、编制财务报表等一系列的环节。同时，在会计循环中需采用一系列的方法来完成会计的核算；在进行会计循环时要明确一定的前提条件，没有这些前提条件，会计循环也就不能进行；在会计循环过程中应遵循一定的原则，这些原则对会计信息进行了一系列的规范，进一步保证了会计循环中的会计信息质量；另外，会计循环中要遵循会计记账基础。

2.1.2　会计循环的核算方法

为了保证会计核算的连续性、系统性、全面性和综合性，必须采用专门的方法来进行会计的记录，这些方法互相配合，紧密联系，使之形成一个科学、严密、有条不紊的会计循环。这里所说的专门方法，是指会计核算的基本方法，在手工会计核算程序下，主要包括七种方法。

1. 设置会计科目及账户

设置会计科目及账户是对会计对象的具体内容进行科学分类的一种专门方法。会计对象所包含的内容种类繁多。为了更好地反映企业的经营活动，就要选择一定的标准对会计对象进行科学的、具体的分类，设置会计科目及账户，以便向信息使用者提供各种会计信息。正确、合理、科学地设置会计科目及账户，是满足经营管理需要、完成会计核算任务的基础。

2. 复式记账

复式记账是对企业发生的每一项经济业务，都需要在两个或两个以上的相互联系的账户中进行登记的一种方法。采用复式记账的方法使账户之间建立了一种平衡关系，这样就可以全面、真实地反映资金运动的来龙去脉，从而检查记录的正确性。例如：用“银行存款”购买“原材料”，一方登记银行存款减少，一方登记原材料增加。其作用是既能相互联系地反映经济业务的全貌，又便于进行试算平衡。

3. 填制和审核会计凭证

填制和审核会计凭证，是为会计记录提供完整、真实的原始资料，保证账簿记录正确、完整的一种方法。会计凭证是记录经济业务、明确经济责任和作为记账依据的书面证明。会计凭证可以分为原始凭证和记账凭证，当企业发生经济业务，必须由经办人或单位填制原始凭证，所有原始凭证经审核无误才能填制记账凭证。企业办理一切会计事项都必须以合法的会计凭证为依据，所有的会计凭证只有通过审核后才可以登记账簿。因此，填制和审核会计凭证是保证会计资料真实性、正确性的有效途径。

4. 登记账簿

登记账簿是根据审核无误的记账凭证，在账簿上进行全面、系统、连续记录的方法。账簿具有一定的格式，是用来记录各项经济业务的簿籍。设置必要的账簿，按一定的方法和程序进行登记，并定期进行对账和结账，就可提供完整的会计核算资料和会计信息。因此，账簿记录的各种数据资料，也是编制财务报表的重要依据。

5. 成本计算

成本计算就是对应计入一定对象上的全部费用进行归集、计算，以便确定该对象的总成本和单位成本的一种专门方法。成本计算是为考核企业生产经营活动过程中各个阶段的费用和支出，寻求降低成本和节约支出的重要方法。这种专门的方法主要为企业的会计所采用。采用成本计算，有利于全面具体地考核和控制经营过程中的费用支出情况，对加强成本管理、考核经济活动过程中劳动的耗费程度、提高经济效益具有重要的作用。

6. 财产清查

财产清查就是通过对各项财产物质的实物盘点、往来款项的核对来查明实存数与账存数是否相符的一种专门方法。通过一定的财产清查方法，可以查明各项财产物资、债权债务的实有数，并与账存数进行核对，从而查明账实不符的原因，明确责任，进行账务处理。财产清查还可以防止各种材料物资的积压、毁损和防止应收、应付款项的长期拖欠不清等情况的发生。因此，财产清查是保证会计核算与会计信息质量、提高资金效率的有效手段。

7. 编制财务会计报告

编制财务会计报告是根据账簿的记录，定期以书面报告的形式，全面地反映各企业、事业单位经济活动情况及经营成果的一种专门方法。财务会计报告是企业对外报送的反映企业某一特定日期的财务状况和某一会计期间的经营成果、现金流量等会计信息的文件。编制财务会计报告是对日常核算的总结，是会计反映职能的具体体现，也是会计参与经济管理的重要方面。

会计循环与会计核算方法构成了一个完整的会计核算方法体系，这个体系具有显著的连续性特点。这种连续性体现在：各种会计核算方法之间相互联系、紧密结合，并且各种方法的运用是按照一定的顺序进行的。一般来说，每项经济业务的发生首先要填制和审核会计凭证，其次采用复式记账方法，登记在有关的账簿中。期末，根据账簿记录，运用成本计算的方法进行产品成本核算，进行财产清查，并在账实相符和账簿记录无误的基础上，进行结账，并按规定编制财务会计报告。最后，利用会计报告和其他相关资料提供的信息，可以发现管理中存在的问题并查找原因，采取相应措施，加强和提高管理水平。会计核算方法及其相互关系见图 2-1。

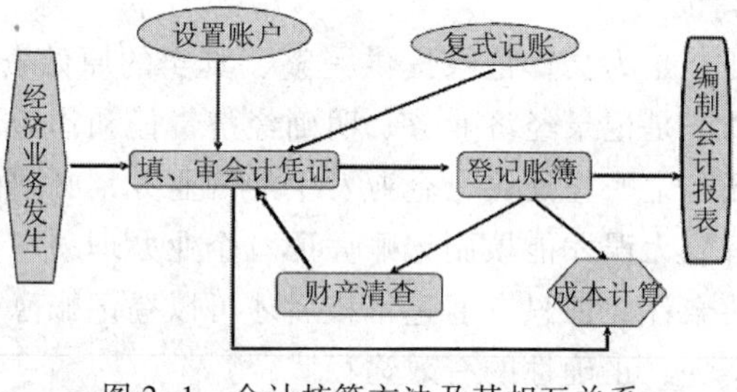

图 2-1　会计核算方法及其相互关系

2.2　会计核算的基本前提和记账基础

2.2.1　会计核算的基本前提

会计核算的基本前提又称会计假设，是在进行会计循环时，对会计核算中存在的某些尚未确定或无法论证的事物，根据客观的、正常的情况或趋势做出合乎逻辑性的假设。由于市场经济活动的复杂性，决定了资金运用也必然是多层次、多步骤的复杂过程，而会计是通过计量、记录、报告对资金运动进行核算与监督。因此为保证会计信息质量及会计工作的正常运行，必须对会计核算的范围、内容、基本程序和方法等方面进行假设。会计假设是以人们无数次会计实践的正确认识为依据的，是人类智慧的结晶，但由于目前人们认识事物的能力还不足以对客观存在的基本前提做出证明，所以只能称为假设。

目前，在《企业会计准则——基本准则》中，提出的会计核算基本前提包括会计主体、持续经营、会计分期、货币计量四项。

1. 会计主体

会计主体又称为会计实体、会计个体，它是指会计人员所核算和监督的特定单位或组织。会计主体规范了会计确认、计量和报告的空间范围。在会计主体的假设下，企业应当对自身发生的交易或事项进行确认、计量、记录、报告，反映企业自身所从事的各项生产经营活动，明确会计主体的意义在于：一是将特定主体的经济活动与该主体所有者、职工个人经济活动区分开来；二是将该主体的经济活动与其他单位或组织的经济活动区分开来。

会计主体的弹性很大，凡是有经济业务、实行独立核算、独立编制会计报表的企业、单位甚至个人，不论是独资或合资经营都可以看作一个会计主体。

【知识链接】

会计主体与法律主体

会计主体与法律主体并不是一个概念。一般来说，法律主体往往是会计主体，但会计主体不一定是法律主体。比如，从法律上看，独资及合伙企业在业务上的种种行为仍视其为个人行为，企业的利益与行为和个人的利益与行为是一致的，因此独资与合伙企业都不具备法人资格，不是法律主体。但是，独资与合伙企业都是经济实体、独立核算，在会计核算上必须将其作为会计主体，以便将企业的经济活动与其所有个人的经济活动以及其它实体的经济活动区分开来。再如，企业集团由若干具有法人资格的企业组成，各个企业既是独立的会计主体也是法律主体，但为了反映整个集团的情况，需要编制集团合并报表，因此企业集团是会计主体但通常不是一个独立的法人。

以会计主体作为会计核算的基本前提，对会计核算的空间范围进行了有效的界定。如果不划定会计的空间范围，则会计核算工作就无法进行，也不能正确反映一个经济实体所拥有的财产及承担的债务，从而提供准确的财务信息。

2. 持续经营

持续经营也称继续经营。它是指企业在可预见的未来，该会计主体将会按照正常的经营策略和既定的经营目标继续经营下去，永不会停业，所持有的资产将正常运营，所负有的债务按时偿还。持续经营这一假设规范了会计核算工作的时间范围。在持续经营的前提下，会计主体在会计信息的收集和处理上所使用的会计处理方法才能保持稳定。持续经营这一基本前提的重要意义体现在于它可以使会计确认及计量建立在非清算基础之上，从而为解决许多财产计价、收益、计量等问题提供了理论依据。只有具备了这一前提，才能以历史成本作为企业资产的计价基础，固定资产的价值才能按照使用年限长短以计提折旧的方法分摊到各期的费用中。对一个企业来说，如持续经营这一前提不存在，那么一系列的会计准则及会计方法也相应地丧失其存在的依据，所以，作为一个会计主体必须以持续经营作为前提条件。

当然，任何一个企业都有破产的可能性，因此，企业应定期对持续经营基本前提做出分析和判断。一旦进行破产清算，持续经营基础就将为清算基础所取代，如果企业不能持续经营时还坚持采用持续经营的会计处理方法，将不能客观反映企业财务状况及经营成果，将会误导信息使用者。即便如此，这也不会影响持续经营这个前提在大多数正常经营企业的会计核算中发挥作用。

3. 会计分期

会计分期也称会计期间。它是指将会计主体在持续不断的经营活动期间人为地划分为若干个相等的时间间隔。会计分期这一前提的重要意义在于，在会计分期的前提下，方便确认某个会计期间的收入、费用、利润及会计期末的资产、负债、所有者权益，编制会计报表；会计期间的划分对于确定会计核算程序和方法也具有重要的意义，正是有了会计分期，才产生了本期与非本期的区别，进而产生了权责发生制与收付实现制的区别，有了会计记账的基础。

【知识链接】

根据《企业会计准则——基本准则》规定：企业应当划分会计期间，分期结算账目和编制财务会计报告。会计期间分为年度和中期。中期是指短于一个完整的会计年度的报告期间。

中期包括半年度、季度和月度。年度、半年度、季度、月度均按公历起讫日期确定。

我国《会计法》规定：会计年度自公历1月1日起至12月31日止。

4. 货币计量

货币计量是指会计主体在进行会计核算过程中，要以货币为计量单位，从而反映会计主体的财务状况、经营成果及现金流量等。采用货币计量这个前提的重要意义在于由于企业各类财产物资种类繁多，选择合理、实用又简化的计量单位，对提高会计信息的质量有至关重要的作用，货币则是会计计量的统一尺度。

货币计量前提实际上还包括另一个重要的前提，即币值稳定前提。在会计核算中，采用历史成本计价，就必须假定货币本身的价值是稳定不变的，或者变动幅度不大可以忽略不计。

【知识链接】

《企业会计准则——基本准则》规定：企业会计应当以货币计量。

我国《会计法》规定：会计核算以人民币为记账本位币。

此外，业务收支以人民币以外的货币为主的单位，可以选定其中一种货币作为记账本位币，但是编报的财务会计报告应当折算为人民币。在一般情况下，企业采用的记账本位币都是企业所在国使用的货币。记账本位币是与外币相对而言的，凡是记账本位币以外的货币都是外币。

上述四项会计核算的基本前提具有相互依存、相互补充的关系。会计主体确立了会计核算的空间范围；持续经营与会计分期确立了会计核算的时间范围；货币计量则为会计核算提供了必要的计量手段。没有会计主体，就没有持续经营；没有持续经营，就没有会计分期；没有货币计量，就不会有现代会计。

2.2.2 会计记账基础

会计记账基础是指会计主体在进行会计业务处理时对收入及费用确认的基础。由于会计分期的存在，企业在进行交易或事项时，一部分收入和费用难免出现收支期间与实际应该归属期间不一致的情况。如 12 月 20 日销售的商品符合收入确认的条件，但款项于下年的 1 月收回。那么该项收入是作为本年的收入确认，还是作为下年的收入确认呢？该项收入的确认可有两种方法：一种是作为本年的收入确认，其依据是该项经营活动是本年完成的；一种是作为下年的收入确认，其依据是款项在下年收回。与此相适应，会计核算的记账基础有两种类型，分别是权责发生制和收付实现制。但我国《企业会计准则——基本准则》规定，企业应当以权责发生制为基础进行会计确认、计量和报告。

1. 权责发生制

权责发生制是企业按收入的权利和支出的义务是否归属于本期来确认收入和费用的标准，而不是按款项的实际收支是否在本期发生。权责发生制要求：凡属于本期已经实现的收入和已经发生或应当负担的费用，无论款项是否收付，都应该作为当期的收入和费用，记入利润表；凡是不属于本期的收入和费用，即使款项已经在本期收付，也不作为本期的收入和费用。

采用权责发生制，可以正确反映各个会计期间所实现的收入和为实现收放应负担的费用，从而可以把各期的收入与其相关的费用、成本配比，加以比较，更加真实地反映特定会计期间的财务状况及经营成果。

2. 收付实现制

收付实现制是以款项是否实际收到或支付作为确认收入和费用的依据，收付实现制是与权责发生制相对应的一种确认基础。收付实现制要求：凡是在本期实际收到款项和已经支付的款项，不论其是否归属于本期，都应当作为本期的收入和费用；凡是在本期没有实际收到和付出款项，即使应当归属于本期，也不应确认为本期的收入和费用。

收付实现制是按照现金流入或现金流出的时间作为收入、费用的确认标准。凡是本期收到的收入，都作为本期的收入；凡是本期支付的费用，都作为本期费用，不存在对账簿记录期末进行账项调整的问题。这种确认方法优点是会计核算手续简单，缺点是这种确认本期收入、费用的方法不符合配比要求，财务状况在不同时期缺乏可比性。因此，目前我国行政、事业单位多采用收付实现制。

由此可见，采用权责发生制核算虽然比较复杂，但反映本期的收入和费用比较合理、真实，可以正确地将收入和费用配比，正确计算损益。所以，企业一般采用权责发生制作为会计记账的基础。

【相关案例】

权责发生制和收付实现制在处理收入和费用时的原则是不同的，所以同一会计事项按不同的会计处理基础进行处理，其结果可能是相同的，也可能是不同的。

如 2017 年 1 月销售产品一批，价值 5 000 元，货款已收存银行，这项经济业务不管采用应计基础或现金收付基础，5 000 元货款均应作为 2017 年 1 月收入，因为一方面它是 2017 年 1 月获得的收入，应当作 2017 年 1 月收入，另一方面现款也已收到，亦应当列作 2017 年 1 月收入，这时就表现为两者的一致性。

但在另外的情况下两者则是不一致的，例如，2017 年 1 月收到 2016 年 12 月销售产品的贷款存入银行，在这种情况下，如果采用现金收付基础，这笔贷款应当作为2017年1月的收入。因为现款是2017年1月收到的，如果采用应计基础，则此项收入不能作为2017年1月收入，因为它是2016年12月获得的。

2.3 会计信息质量要求

会计主要的作用是为会计信息使用者提供有用的会计信息。会计信息质量要求是对企业财务会计报告所提供的会计信息质量提出的基本要求，是保证会计信息对其信息使用者决策有用所应具备的基本特征。《企业会计准则——基本准则》中关于信息质量的要求包括可靠性、相关性、可理解性、可比性、实质重于形式、重要性、谨慎性、及时性等。

2.3.1 可靠性

可靠性又称真实性，可靠性要求企业应当以实际发生的交易或事项为依据进行确认、计量和报告，如实反映符合确认和计量要求的各项会计要素及其他相关信息，保证会计信息真实可靠、内容完整。可靠性是对会计信息质量的最首要的、核心的要求。可靠性要求会计人员应如实地按客观事物的本来面貌反映一切会计事项，不能有任何的歪曲和粉饰，必须忠实可靠地根据审核无误的原始凭证，采用特定的专门方法进行记账、算账、报账，保证所提供的会计信息的内容完整、真实可靠；会计工作应当正确运用会计原则、程序和方法，准确反映企业的实际情况；会计核算的结果应当经得起审核和验证。如果企业的会计核算不是以实际发生的交易或事项为依据，财务报告所提供的会计信息不可靠，没有如实反映企业的财务状况、经营成果和现金流量，会计工作就失去了意义，提供的会计资料不仅没有可靠性，甚至会误导会计信息使用者，导致决策失误，侵害利益相关者的利益，扰乱社会经济秩序。

2.3.2 相关性

相关性又称有用性，相关性要求企业提供的会计信息应当能反映企业财务状况、经营成果、现金流量等情况，满足会计信息使用者的经济决策需要。信息的重要性在于有助于会计信息使用者对企业过去、现在或者未来的情况作出评价和预测，与决策需要相关。相关性旨在强调会计信息的有用性，能够为会计信息使用者所使用。相关性的重要意义在于提高会计信息使用者的经济决策能力与预测能力。因此，会计工作在搜集、处理、传递信息的过程中，要充分考虑各方会计信息使用者对会计信息的不同要求。如果会计信息提供以后，没有满足会计信息使用者的需要，对会计信息使用者的决策没有什么作用，就不具有相关性。

2.3.3 可理解性

可理解性又称明晰性，可理解性要求会计提供的会计信息应该清晰明了，便于财务会计报告使用者理解和使用。企业提供会计信息的目的在于使用，而要想让会计信息使用者有效地使用会计信息，则必须能让使用者了解会计信息的内涵，弄懂会计信息的内容，因此，这就要求会计信息必须清晰明了，易于理解。例如，在编制财务会计报告时，项目勾稽关系清楚、项目完整、数字准确；对于某些复杂的信息，如交易本身较为复杂或者会计处理较为复杂，但其是与使用者的经济决策相关的，企业就应当在财务报告中予以充分披露。可理解性既是信息的一种质量标准，也是一个与信息使用者有关的质量标准。会计人员应尽可能传递表达易被人理解的会计信息。另外，鉴于会计信息的专业性较强，在强调会计信息可理解性要求的同时，应假定会计信息使用者具有一定的会计专业知识，并且愿意研究会计信息。对于复杂的会计信息，为便于理解，应在报表附注中披露。

2.3.4　可比性

可比性要求会计核算应当按照规定的会计处理方法进行，会计信息及相关指标应当口径一致，相互可比。可比性要求具有两层含义：

1. 同一企业在不同时期纵向可比

同一企业不同时期发生的相同或者相似的交易或事项，应当采取一致的会计政策，不得随意变更。需要变更的，应当在附注中说明。企业发生的交易或事项具有复杂性和多样化，对于某些交易或事项可以有多种会计核算方法。例如，存货的领用和发出，可以采用先进先出法、加权平均法、移动平均法、个别计价法等方法来确定其实际成本；固定资产折旧方法可以采用年限平均法、工作量法、年数总和法、双倍余额递减法等。可比性要求同一企业不同时期发生的相同或者相似的交易或事项，应当采用一致的会计政策，如果在不同的会计期间采用不同的会计核算方法，将不利于会计信息使用者比较企业不同时期的财务报表，明确企业财务状况和经营业绩的变化趋势，不利于会计信息作用的发挥。

2. 不同企业在同一时期横向可比

不同企业发生的相同或者相似的交易或事项，应当采取规定的会计政策，确保会计信息口径一致、相互可比。不同的企业可能处于不同行业、不同地区，经济业务发生于不同时点，为了保证会计信息能够满足决策的需要，便于比较不同企业的财务状况、经营成果和现金流量及其变动情况，不同企业在同一会计期间发生的相同或者相似的交易或事项，应当按照规定的会计处理方法进行，确保会计信息口径一致、相互可比，以使不同企业按照一致的确认、计量和报告要求提供有关会计信息。

2.3.5　实质重于形式

实质重于形式要求企业应当按照交易或事项的经济实质进行会计确认、计量和报告，不应仅以交易或事项的法律形式为依据。在实际工作中，交易或事项的外在法律形式或认为形式并不总能完全真实地反映其经济实质内容。例如，企业融资租入的固定资产，法律上的财产所有权并不属于承租企业，但承租企业根据租赁合同可以长期控制和使用，并为自身带来经济利益，符合资产的定义和确认条件，因而承租企业要将其确认为资产，列入企业的资产负债表。所以，会计信息要想反映其所反映的交易或事项，就必须根据交易或事项的实质和经济现实，而不能仅仅根据它们的法律形式进行核算和反映。如果企业的会计核算仅仅按照交易或事项的法律形式或人为形式进行，而其法律形式或人为形式又没有反映其经济实质和经济现实，那么，其最终结果将不仅不会有利于会计信息使用者的决策，反而会误导会计信息使用者的决策。

2.3.6 重要性

重要性要求企业提供的会计信息应当反映与企业财务状况、经营成果的现金流量等有关的所有重要交易或者事项。在进行会计核算时，应当区别交易或事项的重要程度采用不同的核算方式。对于重要的经济业务，对资产、负债、损益等有较大影响，并进而影响财务会计报告使用者据以作出合理判断的重要交易或事项，必须按照规定的会计方法和程序进行处理，单独核算，分项反映，力求准确，并在财务会计报告中予以充分、准确的披露；对于次要的会计事项，在不影响会计信息真实性和不至于误导财务会计报告使用者做出正确判断的前提下，可适当简化处理，以节省提供会计信息的成本。根据成本效益原则，会计信息的提供所产生的效益应该超过提供它的成本。换言之，如果判断信息所提供的成本大于其产生的效益，这种信息可视为不重要或不经济的信息。当然重要性是相对而言的，比如1万元的坏账准备对于一家小型企业则显得很重要，而对于一家大型企业则并不重要。在评价某些项目的重要性时，很大程度上取决于会计人员的职业判断。一般来说，应当从质和量两个方面进行分析。从性质来说，当某一事项有可能对决策产生重大影响时，就属于重要项目；从数量方面来说，当某一项目的数量达到一定规模可能对决策产生重大影响，则该事项属于具有重要性的事项。

2.3.7 谨慎性

谨慎性又称稳健性，谨慎性要求企业在面临不确定性因素的情况下做出职业判断时，对交易或者事项进行会计确认、计量和报告应当保持应有的谨慎，充分估计到各种风险和损失，既不高估资产或者收益，也不低估负债或者费用。谨慎性的要求体现于会计核算的全过程，在会计核算上的应用是多方面的。例如，要求企业对可能发生的资产减值损失计提资产减值准备、固定资产采用加速折旧法等，就体现了会计信息质量的谨慎性要求。遵循谨慎性的重要意义在于可以对企业存在的经营风险加以合理估计，对防范风险起到预警作用，有利于企业做出正确的经营决策，有利于保护投资者和债权人的利益，有利于提高企业在市场上的竞争能力。但是企业在运用谨慎性时，不能滥用，绝不可损害可靠性。如果企业故意压低资产或收益，或者是故意抬高负债或费用，损害会计信息质量，扭曲企业真实的财务状况及经营成果，从而对会计信息使用者的决策产生误导，这是企业会计准则所不允许的。

2.3.8 及时性

及时性要求企业在进行会计核算时，应当及时进行，不得提前或延后。会计信息除了必须保证真实性、可靠性外，还应该保证时效性。会计信息的价值在于帮助所有者或其他方面做出经济决策。如果不及时提供，对于使用者的效用就大大降低，甚至不再具有实际意义。为了保证所提供的会计信息的及时性，应该要求企业做到及时收集会计信息，即在经济业务发生后，及时收集整理各种原始单据；及时处理会计信息，即在国家统一的会计制度规定的时限内，及时编制财务会计报告；及时传递会计信息，即在国家统一的会计制度规定的时限内，及时将编制出的财务会计报告传递给财务会计报告使用者。

课后习题

一、单项选择题

1. 会计主体假设规定了会计工作的（　　）。

A. 空间范围　　B. 时间范围　　C. 主管单位　　D. 具体内容

2. 下列会计核算基本前提中，作为产生权责发生制基础的是（　　）。

A. 会计主体　　B. 持续经营　　C. 会计分期　　D. 货币计量

3. 将融资租入的固定资产作为自有资产核算，体现的会计信息质量的要求是（　　）。

A. 谨慎性　　B. 实质重于形式　　C. 重要性　　D. 相关性

4. 在会计核算中，充分估计风险和损失，对预计发生的损失，可以计算入账。但对可能发生的收益、收入则不能计算入账，体现了下列哪条要求？（　　）

A. 相关性　　B. 谨慎性　　C. 权责发生制　　D. 客观性

5. 用来解决同一企业在不同会计期间的纵向可比问题的要求是（　　）。

A. 一贯性　　B. 可比性　　C. 相关性　　D. 可靠性

6. 7月28日确认销售产品90 000元，8月10日收到货款并存入银行，按照收付实现制核算时，该项收入应属于（　　）。

A. 7月　　B. 8月　　C. 本年　　D. 视业务内容而定

7. 下列属于会计循环核算方法之一的是（　　）。

A. 会计分析　　B. 会计检查　　C. 复式记账　　D. 会计控制

8. 建立货币计量假设的基础是（　　）。

A. 币值变动　　B. 人民币　　C. 币值不变　　D. 记账本位币

9. 下列不能作为会计主体的是（　　）。

A. 企业集团　　B. 分公司　　C. 合伙企业　　D. 子公司

10. 会计对各单位经济活动进行核算时，选作统一计量标准的是（　　）。

A. 劳动量度　　B. 货币量度　　C. 实物量度　　D. 其他量度

二、多项选择题

1. 下列属于会计核算基本前提的是（　　）。

A. 会计主体　　B. 持续经营　　C. 会计分期　　D. 货币计量

2. 下列属于会计信息质量要求的是（　　）。

A. 可靠性　　B. 明晰性　　C. 实质重于形式　　D. 谨慎性

3. 下列对可比性要求说法正确的是（　　）。

A. 可比性和一致性实质上是一个问题的两个方面

B. 可比性要求解决的是不同企业的横向可比

C. 可比性要求解决的是同一企业的纵向可比

D. 可比性不排斥实际工作中的会计处理方法的变更，但要加以披露

4. 下列属于会计核算方法的是（　　）。

A. 填制和审核会计凭证　　B. 登记账簿

C. 财产清查　　D. 成本计算

5. 及时性原则包括（　　）。
A. 及时传递会计信息，会计报表应在会计期结束后按规定的日期报送有关部门
B. 对已收集的会计信息及时进行加工处理
C. 会计记录和会计报表清晰、简明、易懂
D. 对发生的经济业务及时准确地收集
6. 下列可以是一个会计主体的是（　　）。
A. 个体经营者经营的商店　　B. 某公司下属的独立核算的后勤部门
C. 医院　　D. 母公司下属的分公司
7. 会计信息的使用者有（　　）。
A. 企业投资者　　B. 企业债权人
C. 财政工商　　D. 与企业有利益关系的团体或个人
8. 根据权责发生制原则，应计入本期的收入和费用有（　　）。
A. 本期实现的收入，并已收款　　B. 本期实现的收入，尚未收款
C. 属于本期的费用，尚未支付　　D. 属于以后各期的费用，但已支付
9. 会计主体应具备的条件是（　　）。
A. 必须是法人单位　　B. 实行独立核算
C. 具有一定数量的经济资源　　D. 可以是法人，也可以不是
10. 根据谨慎性要求，对企业可能发生的损失和费用，作出合理预计，通常做法是（　　）。
A. 对应收账款提坏账
B. 计提资产的减值准备
C. 对财产物资按历史成本计价
D. 在物价上涨的情况下，对存货的计价采用后进先出法

实　训　题

实训

1. 实训目的：练习权责发生制和收付实现制的具体运用。
2. 实训资料：A 公司 1 月份发生下列经济业务：
（1）销售产品一批，价款 300 000 元尚未收到。
（2）用银行存款支付本月电费 500 元。
（3）购入汽车一辆，共付款 200 000 元。
（4）预付本年度 1 ~6 月的办公用房租金 6 000 元。
（5）摊销本月应负担的财产保险费 800 元。
（6）收回某单位前欠货款 150 000 元存入银行。
（7）预收货款 60 000 元存入银行。
3. 要求：分别按权责发生制原则和收付实现制原则计算 A 公司本月的收入和费用，并将结果填入下表。

A 公司本月的收入和费用　　　　金额：元

业务序号	权责发生制		收付实现制	
	收　入	费　用	收　入	费　用
1				
2				
3				
4				
5				
6				
7				
合计				

第3章 会计要素与会计恒等式

导论

本章主要介绍了会计要素的概念、会计要素包含的内容、会计要素计量属性及各要素之间的相互关系。通过本章的学习，明确会计所要反映和监督的内容，掌握会计要素的含义、内容、特点，以及会计要素的计量属性、会计恒等式及其转化形式，理解会计恒等式的基本原理，能够准确判断经济业务的变化类型。本章节的学习为深入掌握会计的基本方法奠定了理论基础。

导入案例

嘻嘻速食店老板赵明还有一个身份——××大学人文学院社会工作系的大三学生。早在2016年11月，他就开始张罗着要开一家自己的速食餐饮店。他从父母手中借到5万元，连同自己打工积攒的3万元作为最初的资本，盘下了学校附近的一家不太景气的餐馆。简单装修后即投入运营，由于定位准确，价格适宜，得到广大师生的认可。短短一年就攒足了人气，每天营业额有3 000多元，毛利1 000多元，不仅还上了父母的钱，还赚取了大约12万元的利润。为了改善就餐环境，赵明又从利润中拿出10万元对店面进行装修，内部装修得有模有样，米黄色的墙纸、柔和的灯光、墙体四周的烤漆玻璃，整体环境显得挺高雅。每天中午，慕名而来的师生会将小店挤得水泄不通。

问题：在本案例中都涉及了哪些会计要素？

3.1 会计要素

3.1.1 会计要素的概念

由于会计的对象这一概念涉及面过于广泛，而且又很抽象，因此，为了具体实施会计核算，就必须对会计对象的具体内容进行适当的分类，于是，会计要素这一概念应运而生。会计要素是会计对象按经济特征所作的最基本分类，即将会计内容分解成若干个要素，这些要素统称为会计要素。会计要素是会计内容的第一步分类，或者说是基本分类。其意义主要表现在以下两个方面：

第一，会计要素为会计分类核算提供了基础。把会计对象划分为会计要素将产生两方面作用：一是可以按会计要素的分类提供会计数据和会计信息，这使得相关的投资和经营决策对于经济管理来说变得切实可行；二是可以按照会计要素的分类，分别进行会计确认和会计计量，使会计确认和会计计量有了具体的对象。

第二，会计要素构筑了会计报表的基本框架。按照会计要素组成的会计报表，可以分别反映各个会计要素的基本数据，并科学、合理地反映会计要素之间的相互关系，从而提供了许多有用的经济信息，这对企业外部的信息使用者和企业内部的管理者都是十分必要的。

我国财政部颁发的《企业会计准则》将企业会计内容划分为六个会计要素，即反映企业财务状况的资产、负债、所有者权益；反映企业经营成果的收入、费用和利润，如图 3-1 所示。

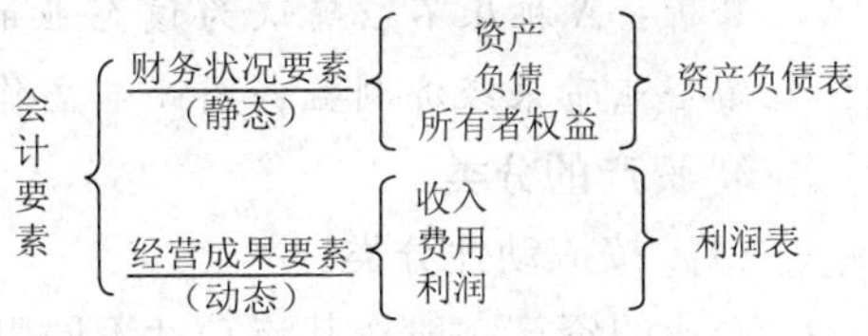

图 3-1　会计要素示意图

3.1.2　资产

1. 资产的概念与特征

（1）资产的概念

资产是指企业由于过去的交易或者事项形成的、由企业拥有或者控制的、预期会给企业带来经济利益的资源。资产是企业从事生产经营活动必须具备的物质资源，如库存现金、厂房场地、机器设备、原材料等，这些都是企业从事生产经营的物质基础，都属于企业的资产。此外，如以债权形态出现的各种应收款项及以特殊权利形态出现的专利权、商标权等无形资产，这些不具有实物形态的资产也属于企业的资产。

（2）资产的特征

从资产的概念可以看出，资产应该具有以下几个特征。

① 资产是由过去的交易或事项形成的。过去交易或事项包括购买、生产、建造行为或其他交易或事项。资产必须是现实的资产，而不是预期的资产，只有过去发生的交易或事项才能使企业的资产发生增减变化，而不能根据预期或未来发生的交易或者事项来确认资产。

【例 3-1】 2016 年12 月，企业计划在 2017 年 2 月份购买机器设备一台，且已经与销售方签订了意向性的购买合同。

分析：本例中，2016 年 12 月份只是计划购买，并没有发生实际购买的行为，因此企业在 12 月份不应该将此设备确认为企业的资产。

② 资产是由企业拥有或者控制的。由企业拥有是指企业享有某项资源的所有权；由企业控制是指企业虽然不享有某项资源的有所有权，但该资源实质上已经被企业所控制。

【例 3-2】 企业购入一台机器设备，价值 50 000 元；企业因临时生产经营需要，以经营租赁方式租入运输用卡车一辆；企业因资金紧张，采取融资租赁方式租入机器设备一台。不同方式取得的机器设备及运输卡车是否确认为企业的资产？

分析：本例中，企业购入的机器设备，因企业拥有其所有权，因此应确认为企业的资产；以经营租赁方式租入的运输卡车，企业对其既没有所有权也没有实际的控制权，因此不应确认为企业的资产；采用融资租赁方式取得的机器设备，虽然企业对其没有所有权，但是拥有实际的控制权，因此应确认为企业的资产。

③ 资产能够直接或间接地给企业带来经济利益。资产概念中预期能够给企业带来经济利益是指直接或间接导致现金或现金等价物流入企业的潜力。根据这一特征，判断一个资源是否构成资产，一定要看它是否潜存着未来的经济利益，这里的经济利益是指直接或间接流

入企业的现金或现金等价物，只有那些潜存着未来经济利益的资源才能确认为资产。

【例 3-3】A 公司的某工序上有两台机床，其中 A 机床型号较老，自 B 机床投入使用后，一直未使用；B 机床是 A 机床的替代产品，目前承担该工序的全部生产任务。A、B 机床是否都是企业的固定资产？

分析：A 机床不应确认为该企业的固定资产。该企业原有的 A 机床已长期闲置不用，不能给企业带来经济利益，因此不应作为资产反映在资产负债表中。

2. 资产的分类

（1）按流动性分类

企业的资产一般按其流动性不同可以分为流动资产和非流动资产两类。

① 流动资产是指主要为交易目的而持有的，预计在一个正常营业周期内变现、出售或耗用的资产或者在资产负债表日起一年内（含一年）变现的资产以及交换其他资产或清偿负债的能力不受限制的现金或现金等价物。流动资产主要包括货币资金、交易性金融资产、应收票据、应收账款、预付账款、应收利息、应收股利、存货等。

② 非流动资产是指除流动资产以外的资产，包括长期股权投资、固定资产、无形资产和其他非流动性资产等。

（2）按有无实物形态分类

企业的资产一般按其有无实物形态可以分为有形产和无形资产两类。

① 有形资产是指具有实物形态的资产，包括存货、固定资产等。

② 无形资产是指没有实物形态的资产，包括应收款项、专业权、商标权等。一般意义上的无形资产是指侠义的无形资产，包括商标权、专利权、非专利技术、土地使用权等。

3. 资产的确认条件

符合资产的特征且同时满足以下条件时，才能确认为企业的资产：

① 与该资源有关的经济利益很可能流入企业。

② 该资源的成本或者价值可以可靠地计量。

符合资产的特征及满足确认条件的项目，应当列入资产负债表。符合资产特征但不符合资产确认条件的项目，不应当列入资产负债表。

3.1.3 负债

1. 负债的概念与特征

（1）负债的概念

负债即债务，它是指企业由于过去的交易或事项所形成的现时义务，履行该义务预期会导致经济利益流出企业。一般的企业都会存在负债，即便是非常成功的企业。企业通常可以通过负债取得扩大规模所需资金，或以赊账的方式购买商品物资。

（2）负债的特征

从负债的概念可以看出，负债应该具有以下几个特征。

① 负债是由过去的交易或者事项形成的现时义务。现时义务是指企业在现行条件下已承担的义务，未来发生的交易或者事项形成的义务，不属于现时义务，不应当确认为负债。

例如，企业从银行贷款就需要偿还，因而承担了现时义务，没有贷款就没有现时义务；购入商品未付款就承担了现时义务，已付款就不存在付款的现时义务。对于企业正在筹划的未来交易或事项，如企业的业务计划等，并不构成企业的负债。

② 负债的清偿预期会导致经济利益流出企业。无论负债以何种形式出现，作为一种现时义务，企业必须在未来某个时日，以转移资产或提供劳务等方式加以清偿。负债偿还的方式有很多，或以现金偿还，或以实物资产偿还，或以提供劳务偿还，或将负债转为资本，或借新债偿还旧债等。

2. 负债的分类

企业的负债一般按其偿还期限的长短可分为流动负债和非流动负债两类。

① 流动负债是指主要为交易目的而持有，预计在一个正常营业周期中清偿的债务，或自资产负债表日起一年内到期应予以清偿的负债以及企业无权自主地将清偿推迟至资产负债表日后一年以内的负债。流动负债包括短期借款、应付票据、应付账款、预收货款、应付职工薪酬、应交税费、应付股利和其他应付款等。

② 非流动负债是指除流动负债以外的负债，包括长期借款、应付债券、长期应付款等。

3. 负债的确认条件

符合负债的特征且同时满足以下条件时，才能确认为企业的负债。

① 与该义务有关的经济利益很可能流出企业。

② 未来流出的经济利益的金额可以可靠地计量。

符合负债的特征及满足确认条件的项目，应当列入资产负债表。符合负债特征但不符合负债确认条件的项目，不应当列入资产负债表。

3.1.4　所有者权益

1. 所有者权益的概念与特征

① 所有者权益的概念。所有者权益是指企业资产扣除负债后由所有者享有的剩余权益。公司的所有者权益又称为股东权益。对于任何企业而言，其资产形成的资金来源不外乎两个：一个是债权人；另一个是所有者。债权人对企业资产的要求权形成企业负债，所有者对企业资产的要求权形成企业的所有者权益。

② 所有者权益的特征。所有者权益的特征可以表现为：首先，所有者对企业净资产享有所有权，净资产是资产减去负债后的余额；其次，所有者权益不是一个独立的要素，所有者权益金额的确认、计量需要依赖于资产和负债。

同时，负债与所有者权益虽然都是企业资产的来源，但却是两个不同的概念。负债是一项债务，它只能通过偿还债务才以取消，或者用新的债务来代替旧的债务。负债所反映的是企业作为债务人与债权人的关系，形成企业的债务资本。所有者权益反映的则是产权关系，即企业净资产归谁所有，形成企业的永久性资本。

2. 所有者权益的来源构成

所有者权益主要来源于所有者投入的资本、直接计入所有者权益的利得或损失、企业留存收益等，具体有以下几部分构成。

① 实收资本（股本）：是指投资者按照企业章程或合同、协议的约定，实际投入企业的

资本。它是企业注册成立的基本条件之一，也是企业承担民事责任的财力保证。

② 资本公积：是指投资者投入或企业由其他来源取得，而归投资者享有，属于公积金性质的资本金。资本公积并非由于企业生产经营活动所获得的利润转化形成的资本。它包括资本（或股本）溢价和直接计入所有者权益的利得和损失等。资本公积可以按照规定的程序转增为实收资本（或股本）。

③ 盈余公积：是指企业按国家和企业的有关规定从净利润中提取的公积金，包括法定盈余公积金和任意盈余公积金。企业的法定盈余公积金和任意盈余公积金可以用于弥补亏损、转增资本（或股本）。符合规定条件的企业，还可以用盈余公积金分派现金股利。

④ 未分配利润：是指企业的税后利润按照规定进行分配以后的剩余部分，这部分没有分配的利润留存在企业，可以在以后年度进行分配。

盈余公积和未分配利润统称为企业的留存收益。

由于资产、负债、所有者权益三大要素是构成静态资产负债表的基本要素，因此习惯上又将这三大要素称为资产负债表要素或静态要素。

3.1.5 收入

1. 收入的概念与特征

（1）收入的概念

收入是指企业在日常活动中形成的、会导致所有者权益增加的、与所有者投入资本无关的经济利益的总流入。对企业来说，收入是补偿费用、取得盈利的源泉，是企业经营活动取得的经营成果。

（2）收入的特征

从收入的概念可以看出，收入应该具有以下几个特征。

① 收入是企业在日常活动中形成的。日常经营活动是指企业为完成其经营目标所从事的经常性活动以及与之相关的活动，包括工业企业销售商品，商业企业销售产品、提供劳务及让渡资产使用权等。对于偶发的交易或事项，如其他企业违约而收取的罚款、接受捐赠等，不属于收入的范畴。

② 收入可以表现为资产的增加、负债的减少或两者兼有。收入的实现可能表现为企业资产的增加，如销售商品收到银行存款或形成的应收账款等；也可能表现为企业负债的减少，如以商品或劳务抵偿债务；或者二者兼而有之，如销售商品的货款中部分用于抵偿债务，部分收取现金。

③ 收入最终能导致企业所有者权益的增加。收入是企业经济利益的总流入，会引起企业利润的增加，从而导致所有者权益的增加。不会导致所有者权益增加的经济利益流入不应确认为收入。

④ 收入会导致经济利益的流入，该流入不包括所有者投入的资本。所有者投入资本的增加不应当确认为收入，应当将其直接确认为所有者权益。

2. 收入的分类

收入可以有不同的分类方法，主要有两种形式：

① 按照企业所从事的日常经营活动的性质不同，可分为销售商品收入、提供劳务收入和让渡资产使用权收入。销售商品取得的收入，企业销售其所生产的商品所取得的收入。提供劳务取得的收入，企业通过提供运输、服务等劳务方式所取得的收入。让渡资产使用权取得的收入，企业通过提供他人使用本企业资产所取得的收入，包括利息收入、使用费用收入等。

② 按照企业日常经营活动的主次，可分为主营业务收入和其他业务收入。主营业务收入是企业从事主要经营业务所取得的收入，如工业企业销售产品的收入、商业企业销售商品的收入。其他业务收入是指企业除主要业务以外的其他业务活动所取得的收入，如工业企业销售外购原材料、进行技术转让、出租固定资产和包装物、提供运输服务等非工业性劳务的收入。

3. 收入的确认条件

收入在确认时除了应当满足收入的特征外，还应当同时满足以下条件：

① 与收入相关的经济利益很可能流入企业。

② 经济利益流入企业的结果会导致企业资产的增加或者负债的减少。

③ 经济利益流入额能够可靠地计量。

3.1.6　费用

1. 费用的概念与特征

（1）费用的概念

费用是指企业在日常活动中所发生的、会导致所有者权益减少的、与所有者分配利润无关的经济利益的总流出。费用与收入是相对应的概念，也可以说是企业为取得收入而付出的代价。

（2）费用的特征

从费用的概念可以看出，费用应该具有以下几个特征。

① 费用是企业在日常活动中形成的。费用应当是日常经营活动是发生的，费用涉及的日常经营活动与收入涉及的日常经营活动相一致，包括销售产品成本、折旧费用、利息支出等。对于那些不是在日常交易或事项中产生的经济利益的流出，虽然也导致企业经济利益的流出，但不应确认为企业的费用。例如，出售固定资产净损失就不是日常交易或事项所形成的一种耗费，不属于费用会计要素，而应计入利润的损失。

② 费用会导致经济利益的流出，该流出不包括向所有者分配的利润。企业向所有者分配利润也会导致经济利益的流出，而该经济利益的流出显然属于所有者权益的抵减项目，不应确认为费用。

③ 费用最终会导致所有者权益的减少。与费用相关的经济利益流出最终应当会导致所有者权益的减少，不会导致所有者权益减少的经济利益流出不应确认为费用。

2. 费用的分类

按照经济用途分类，费用可分为生产费用和期间费用。费用中能够对象化的部分就是生产费用，不能对象化的部分就是期间费用。生产费用又分为直接费用和间接费用。

① 直接费用是指直接为生产商品和提供劳务等发生的费用，包括直接材料、直接人工、

商品进价和其他直接费用。这些费用发生时，直接计入生产经营成本。

② 间接费用是指企业各个生产单位（分厂、车间）为组织和管理生产经营活动而发生的费用，如车间管理人员的工资、车间固定资产的折旧费用和修理费用等。这些费用发生时，先按一定的方式进行归集，然后再选择一定的标准分配计入生产经营成本。

期间费用是指在某一个会计期间发生的，不计入产品成本而直接计入当期损益的各项费用。包括管理费用、销售费用和财务费用三部分。

① 管理费用是指企业行政管理部门为组织和管理整个企业的生产经营活动而发生的各项费用。如行政管理部门人员的工资、福利费、办公费、管理固定资产的折旧与维修费等。

② 销售费用是指企业在销售商品和材料、提供劳务的过程中发生的各项费用。包括企业在销售商品的过程中发生的运输费、装卸费、包装费、保险费、展览费和广告费，以及为销售本企业的商品而专设的销售机构（含销售网点、售后服务网点等）的职工工资及福利费、类似工资性质的费用、业务费等经营费用。

③ 财务费用是指企业为筹集生产经营所需资金等而发生的各项费用，包括利息支出、汇兑损失以及金融机构的手续费等。

3. 费用的确认条件

费用在确认时除了应当满足费用的特征外还应当同时满足以下条件：

① 与费用相关的经济利益很可能流出企业。

② 经济利益流出企业的结果会导致企业资产的减少或者负债的增加。

③ 经济利益的流出额能够可靠地计量。

3.1.7 利润

1. 利润的概念

利润是指企业在一定会计期间的经营成果。包括收入减去费用后的净额、直接计入当期利润的利得和损失等。利润反映的是企业的经营业绩情况，是业绩考核的重要指标，也是投资者、债权人做出决策的重要参考指标。

2. 利润的来源构成

利润是由收入减去费用的净额、直接计入当期利润的利得和损失等构成。其中，收入减去费用后的净额反映的是企业日常活动的业绩，直接计入当期利润的利得和损失反映的是企业非日常活动的业绩。利润形成的具体计算过程可分为三个层次：

① 营业利润的计算：

营业利润 = 营业收入 − 营业成本 − 营业税金及附加 − 管理费用 − 财务费用 − 销售费用 − 资产减值损失 + 公允价值变动收益（ − 公允价值变动损失） + 投资收益（ − 投资损失）

② 利润总额的计算：

利润总额 = 营业利润 + 营业外收入 − 营业外支出

③ 净利润的计算：

净利润 = 利润总额 − 所得税费用

3. 利润的确认条件

利润反映的是收入减去费用、利得减去损失后的净额，因此利润的确认主要依赖于收入和费用以及利得和损失的确认，其金额的确定也主要取决于收入、费用、利得、损失的金额。

由于收入、费用、利润是构成利润表的基本要素，因此习惯上又将这三大要素称为利润表要素或动态要素。

3.2 会计恒等式

会计恒等式也称为会计平衡公式，是指利用数学等式，对六大会计要素内在经济联系所做出的概括和科学表达。六大会计要素反映了资金运动的静态和动态两个方面，具有紧密的相关性，它们在数量上存在着特定的平衡关系，这种平衡关系用公式来表示，就是通常所说的会计恒等式。会计恒等式是复式记账和编制财务报表的理论基础。根据反映不同会计要素的内在关系，会计恒等式可以分为会计的基本等式和会计的扩展等式。

3.2.1 会计的基本等式

会计的基本等式是反映资产、负债、所有者权益三大要素关系的会计等式。企业为了从事生产经营活动，必须拥有一定数量的资产。企业所拥有资产的来源渠道有两个：一是由投资者提供，二是由债权人提供。无论是投资者还是债权人对企业的资产都拥有求偿权，这种求偿权在会计上称为权益。其中属于债权人的权益称为负债；属于投资者的权益称为所有者权益。资产与权益是相互依存的，有一定数额的资产，必然有相应数额的权益，在数量上二者是恒等的。这种恒等的关系可以用下面的等式表示。

资产 = 权益

权益包括债权人权益和所有者权益，即：

资产 = 负债 + 所有者权益

上述等式被称为会计的基本等式。它反映了会计主体在某一时点资产与负债和所有者权益之间的恒等关系，是相对静止状态的平衡关系，因此，也被称为静态会计等式。该等式也是编制资产负债表的理论依据。在理解上述等式时应注意以下两点：

① 资产和权益虽然存在着对应的关系，但是这种对应并不是逐项一一对应的，而是权益在整体上与资产保持数量上的关系。例如，投资者王红投资 A 企业 50 万元，不能认为这 50 万是对应机器设备的；A 企业拥有 200 万元的厂房，也不能认定其资金的来源是对应银行借款。资产和权益中存在总额的对应而不存在着具体项目的对应。

②“资产 = 权益”或“资产 = 负债 + 所有者权益”这两个等式在习惯上不能任意颠倒，必须先描述资产，后描述权益，不能写成“权益 = 资产”或“负债 + 所有者权益 = 资产”以及其他任何形式。这是基于国际惯例的一种做法。

3.2.2 会计的扩展等式

会计要素除了资产、负债、所有者权益之外，还有收入、费用、利润，这三项要素之间以及这三项要素和会计基本等式之间也存在相应的关系。

企业通过举债和接受投资筹集资金购置资产，其目的是利用这些经济资源为企业获取经济利益。获取利润是企业经营的主要目的，利润是企业最终的经营成果。利润是企业组织生产经营活动中取得的收入与发生的费用相抵减后产生的。收入若大于所发生的费用，其差额称为利润；反之，收入小于费用时，其差额为亏损。用等式可表示为：

收入 - 费用 = 利润（或亏损）

这个等式反映收入、费用、利润三项要素的数量关系，反映企业某一时期的动态平衡关系。因此，此等式也被称为动态会计等式。该等式也是编制利润表的理论依据。

企业在一定时期所取得的利润（或亏损）是经营者运用投资者投入的资金及债权人借入的资金所获得的，利润（或亏损）最终都要归所有者所有，因此，从性质上看利润应归属于所有者权益，其实质是所有者权益的重要组成部分。当企业利润增加时，所有者权益也会增加，当企业利润减少时，所有者权益也会减少。所以，如果考虑收入、费用和利润这三个会计要素，则会计的基本等式就会演变为：

资产 = 负债 + 所有者权益 + （收入 - 费用）

由于收入 - 费用 = 利润，利润最终归属于所有者权益。因此，在会计结算之后，会计的等式又恢复为基本等式：

资产 = 负债 + 所有者权益

因此，我们就将“资产 = 负债 + 所有者权益 + （收入 - 费用）”这个等式称之为会计的扩展等式。

会计要素之间的数量关系见图 3-2。

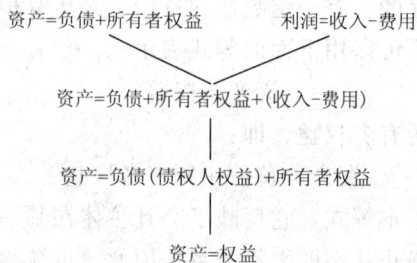

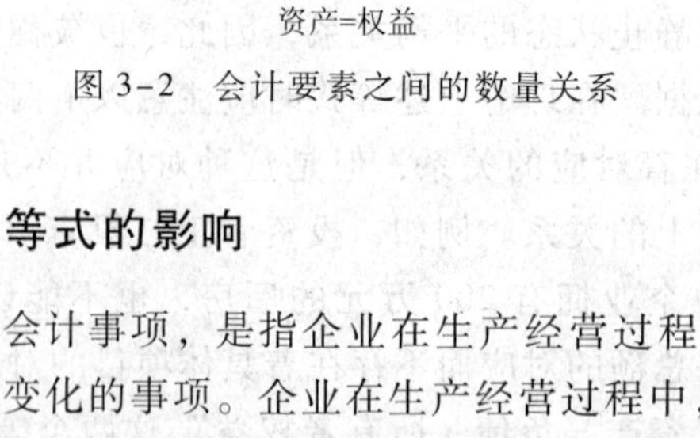

图 3-2　会计要素之间的数量关系

3.2.3　经济业务对会计等式的影响

企业的经济业务也称为会计事项，是指企业在生产经营过程中发生的能以货币计量的，并能引起会计要素发生增减变化的事项。企业在生产经营过程中，每天发生的经济业务是多种多样的，并且是不断变化的。任何一项经济业务的发生，都必然引起会计要素发生增减变化，但无论怎样变化，都不会破坏会计等式的恒等关系。

【例 3-4】假设 A 公司在××年 3 月 31 日有关资产、负债、所有者权益的情况如表 3-1 所示。

表 3-1

资产负债表

编制单位：A公司　　　　××年3月31日　　　　单位：元

资　产	金　额	负债及所有者权益	金　额
库存现金	2 000	短期借款	131 000
银行存款	600 000	应付账款	600 000
应收账款	49 000	实收资本	700 000
存货	80 000		
固定资产	700 000		
合计	1431 000	合计	1431 000

4月份发生下列经济业务：

① 4月2日，收到B公司投资60万元，其中，房屋投资价值为40万元，以现金投资20万元，已存入银行。

分析：该笔业务发生后，企业资产方的固定资产增加了40万元，银行存款增加了20万元。同时企业所有者权益实收资本增加了60万元。

② 4月10日，用银行存款10万元归还短期借款。

分析：该笔业务发生后，企业资产方的银行存款减少了10万元，同时负债方的短期借款也减少了10万元。

③ 4月20日，购入设备一台价值为5万元，以银行存款支付，设备已交付使用。

分析：该笔业务发生后，企业资产方的固定资产增加了5万元，同时资产方的银行存款也减少了5万元。

④ 4月25日，向银行借入短期借款20万元，归还以前采购产品的应付账款。

分析：该笔业务发生后，企业负债方的短期借款增加了20万元，同时负债方应付账款也减少了20万元。

⑤ 4月28日，从银行提取现金2 000元，以备零星开支。

分析：该笔业务发生后，企业资产方的库存现金增加了2 000元，同时资产方的银行存款减少了2 000元。

⑥ 4月30日，收回应收账款3万元存入银行。

分析：该笔业务发生后，企业资产方的银行存款增加了3万元，同时资产方的应收账款减少了3万元。

以上6笔经济业务所引起的资产、负债、所有者权益的增减变化情况如表3-2所示。

表 3-2

资产、负债和所有者权益变动表

编制单位：A公司　　　　单位：元

资　产	增减前金额	增加金额	减少金额	增减后金额	负债及所有者权益	增减前金额	增加金额	减少金额	增减后金额
库存现金	2 000	2 000		4 000	短期借款	131 000	200 000	100 000	231 000

续表

资　产	增减前金额	增加金额	减少金额	增减后金额	负债及所有者权益	增减前金额	增加金额	减少金额	增减后金额
银行存款	600 000	230 000	152 000	678 000	应付账款	600 000		200 000	400 000
应收账款	49 000		30 000	19 000	实收资本	700 000	600 000		1 300 000
存货	80 000			8 000					
固定资产	700 000	450 000		1 150 000					
合计	1431 000	682 000	182 000	1 931 000	合计	1 431 000	800 000	300 000	1 931 000

由上述例题可知，企业在正常的生产经营中发生具体的经济业务，这些业务必然会引起各个会计要素金额的增减变动，尽管企业经济业务多种多样，但按其对会计等式的影响可以归纳为以下四种基本类型。

① 引起等式左侧（资产）内部有关项目增减变动的业务。

② 引起等式右侧有关项目增减变动的业务。

③ 引起等式两边有关项目同时增加的业务。

④ 引进等式两边有关项目同时减少的业务。

从例题中可以看出会计要素金额发生什么样的变化都不会破坏会计等式的平衡关系。因此，经过变化以后的资产与负债和所有者权益的总额仍然保持着相等。由此，可以得出结论：资产和权益的平衡关系是客观存在的，无论经济业务发生何种变化，资产总额恒等于权益总额，经济业务的发生不会破坏会计恒等式。

如将以上四种类型的经济业务进一步具体化，可分为九种类型，如表 3-3 所示。

表 3-3

会计等式表

经济业务	资　产	负　债	所有者权益
1	（+）（-）		
2	+	+	
3	+		+
4	-	-	
5		（+）（-）	
6		-	+
7	-		-
8		+	-
9			（+）（-）

通过以上九种类型可以看出，经济业务发生会引起基本等式左右两边发生等额增加或等额减少，或引起会计等式的左边或右边内部要素的等额增减，无论哪类经济业务发生都不会破坏会计基本等式的平衡关系。正确把握和理解会计恒等式，对于今后正确理解及应用复式记账法具有十分重要的意义。

3.3 会计计量

会计计量也称会计要素计量，是指在会计核算过程中，对各项财产物资都应以某种尺度为标准确定它的量。会计计量包括计量单位和计量属性。货币计量通常以元、千元、万元等为计量单位。而计量属性是指计量对象可供计量的某种特性或标准，即按什么标准来记账。会计计量的最终目的是为了将符合确认条件的会计要素登记入账，并列入财务报表而确定金额的过程。

3.3.1 会计计量属性构成

会计在将符合确认条件的会计要素登记入账并列入财务报表时，应当按照规定的计量属性进行要素的计量，从而确定其金额。会计计量属性主要包括历史成本、重置成本、可变现净值、现值和公允价值。

1. 历史成本

历史成本是指按照形成某会计要素时所付出的实际成本计价。在历史成本下，资产按照购置时支付的现金或者现金等价物的金额，或者按照购置资产时所付出的对价的公允价值计量；负债按照因承担现时义务而实际收到的款项或者资产的金额，或者承担现时义务的合同金额，或者按照日常活动中为偿还负债预期需要支付的现金或者现金等价物的金额计量。历史成本具有可靠、方便等优点。但在市场经济条件下，历史成本也存在一定的缺陷，如在物价变动的情况下，不能真实地反映会计要素的实际价值。

2. 重置成本

重置成本是指按照现在形成某项会计要素可以付出的成本计价。在重置成本计量下，资产按照现在购买相同或者相似资产所需支付的现金或者现金等价物的金额计量，负债按照现在偿付该项债务所需支付的现金或者现金等价物的金额计量。

3. 可变现净值

可变现净值是指出售时可能收加的金额（扣除可能发生的费用）。在可变现净值计量下，资产按照其正常对外销售所能收到的现金或者现金等价物的金额扣减该资产至完工时估计将要发生的成本、估计的销售费用以及相关税费后的金额计量。可变现净值虽然在计量上有一定的难度，但是可以真实反映资产的价值。

4. 现值

现值是指未来现金流量的折现值。在现值计量下，资产按照预计从其持续使用和最终处置中所产生的未来净现金流入量的折现金额计量，负债按照预计期限内需要偿还的未来净现金流出量的折现金额计量。现值可以反映资产所带来经济利益的金额与偿还债务相关经济利益流出的金额，但受主观因素的影响较多。

5. 公允价值

公允价值是指在公平交易中，交易双方自愿形成的交易价格。在公允价值计量下，资产和负债按照公平交易中，熟悉情况的交易双方自愿进行交换或者债务清偿的金额计量。公允价值可以较真实地反映某些资产、负债的价值，但是具有不易操作的特点。

3.3.2 会计计量属性应用原则

会计计量属性通常要以历史成本为基础。在某些情况下，为了提高会计信息质量，实现财务报告目标，企业会计准则允许采用重置成本、可变现净值、现值、公允价值计量的，应当保证所确定的会计要素金额能够取得并可靠计量，如果这些金额无法取得或者可靠计量，则不允许采用其他计量属性。

课后习题

一、单项选择题

1. 下列反映资产、负债、所有者权益三个要素之间的数量关系的是（　　）。

A. 会计科目　B. 货币计量　C. 会计基本等式　D. 复式记账法

2. 每一项经济业务的发生，都会影响（　　）项目发生增减变动。

A. 一个　B. 两个　C. 两个或两个以上　D. 全部

3. 会计要素是对（　　）的基本分类，是会计核算内容的具体化。

A. 会计科目　B. 会计对象　C. 会计账户　D. 经济业务

4. 收入会计要素包括（　　）。

A. 营业收入　B. 营业外收入　C. 投资收益　D. 投入的资本

5. 下列不属于所有者权益的是（　　）。

A. 实收资本　B. 预收账款　C. 盈余公积　D. 未分配利润

6. 下列各项费用不属于生产费用的是（　　）。

A. 直接材料　B. 管理费用　C. 直接人工　D. 制造费用

7. 流动负债是指企业将在（　　）偿还的债务。

A. 一年内

B. 一年以上

C. 一年或长于一年的一个营业周期以上

D. 一年或长于一年的一个营业周期内

8. 下列项目不属于期间费用的是（　　）。

A. 生产产品领用材料费　B. 厂部管理人员工资

C. 理财筹资的手续费　D. 销售部门的广告费

9. 选择计量属性是会计核算的基础，一般情况下，日常核算应选择的会计属性是（　　）。

A. 历史成本　B. 公允价值　C. 可变现净值　D. 现值

10. 下列各项中，能同时引起资产和利润减少的是（　　）。

A. 以银行存款支付管理费用　B. 以银行存款偿还借款

C. 向投资者支付利润　D. 赊购材料

二、多项选择题

1. 下列项目中属于流动资产的是（　　）。

A. 预付款项　B. 交易性金融资产

C. 应收票据　　　　　　　　　　D. 存货

2. 资产与权益的平衡关系，可以用下面的（　　）等式表示。

A. 资产 = 权益　　　　　　　　B. 资产 = 所有者权益

C. 资产 = 负债 + 所有者权益　　D. 收入 - 费用 = 利润（或亏损）

3. 所有者权益包括（　　）。

A. 实收资本　　　　　　　　　B. 盈余公积

C. 未分配利润　　　　　　　　D. 资本公积

4. 下列经济业务中，（　　）会引起会计恒等式两边同时发生增减变动。

A. 用银行存款偿还前欠应付货款　　B. 购进材料未付款

C. 从银行提取现金　　　　　　　　D. 向银行借款，存入银行

5. 资产是（　　）的经济资源。

A. 企业拥有或控制　　　　　　　B. 能以货币计量其价值

C. 能给企业未来带来经济利益　　D. 具有实物形态

6. 下列会计要素反映经营成果的动态表现的是（　　）。

A. 资产　　B. 负债　　C. 收入　　D. 费用

7. 下列项目属于流动负债的是（　　）。

A. 应付账款　　B. 预收账款　　C. 应付职工薪酬　　D. 预付账款

8. A 公司本月营业利润为 220 000 元，营业外支出为 40 000 元，营业外收入为 20 000 元，该企业本月实现的利润总额为（　　）。

A. 200 000　　B. 280 000　　C. 160 000　　D. 180 000

9. 下列（　　）属于营业外支出的核算内容。

A. 购买固定资产的支出　　　　B. 非常损失

C. 罚款支出　　　　　　　　　D. 短期借款的利息支出

10. 构成并影响营业利润的项目有（　　）。

A. 主营业务成本　　　　　　　B. 投资收益

C. 营业税金及附加　　　　　　D. 管理费用

实 训 题

实训一

1. 实训目的：练习对会计要素的分类。

2. 实训资料：A 公司某月末各项目余额如下：

（1）银行存款 2 939 300 元。

（2）出纳员处存放现金 1 700 元。

（3）向银行借入长期借款 500 000 元。

（4）向银行借入短期借款 300 000 元。

（5）投资者投入资本金 13 130 000 元。

（6）库存原材料 417 000 元。

（7）生产车间半成品 584 000。

(8) 应收外单位货款 43 000 元。

(9) 应付外单位货款 45 000 元。

(10) 从二级市场购入某公司股票 60 000 元。

(11) 办公楼价值 5 700 000 元。

(12) 机器设备价值 4 200 000 元。

(13) 运输设备价值 530 000 元。

(14) 资本公积 960 000 元。

(15) 盈余公积 440 000 元。

(16) 应付账款 200 000 元。

(17) 拥有 3 年期债券 650 000 元。

(18) 库存产成品 520 000 元。

(19) 上年尚未分配的利润 70 000 元。

3. 要求:

(1) 划分各项目的类别(资产、负债、所有者权益)。

(2) 计算资产、负债、所有者权益各会计要素金额的合计。

实训二

1. 实训目的:练习经济业务发生对会计等式的影响。

2. 实训资料:美华公司 2017 年 4 月初资产为 7 000 000 元,负债为 1 900 000 元,所有者权益项目为 5 100 000 元。该企业 4 月份发生下列经济业务:

(1) 购入材料一批,价款 12 000 元,材料已入库,款项以银行存款支付。

(2) 收到银行借入的 190 000 元长期借款,存入开户银行账户。

(3) 收到投资人投入设备一台,价值 60 000 元。

(4) 采购员出差预借差旅费 5 000 元,以现金支付。

(5) 向职工发放工资 38 000 元。

(6) 从银行提取现金 38 000 元准备发放工资。

(7) 以银行存款 9 000 元偿还前欠货款。

(8) 购入材料一批已入库,金额 60 000 元,材料款暂欠。

(9) 收到购货单位归还前欠货款 40 000 元存入银行。

(10) 以银行存款 50 000 元归还短期借款。

(11) 预收购货单位购货款 15 000 元存入银行。

(12) 从银行取得长期借款 60 000 元,直接偿还到期的短期借款。

(13) 以银行存款 10 000 元缴纳应交税金。

3. 要求:

(1) 分析上述经济业务发生后对资产、负债和所有者权益三个要素增减变动的影响。

(2) 月末,计算资产、负债和所有者权益三个要素的总额,并列出会计等式。

第4章 会计科目与账户

导论

通过本章学习，使学生了解设置会计科目的意义和原则，明确会计科目的作用，掌握设置会计账户的必要性及其账户的基本结构，了解会计科目和账户的联系与区别。

导入案例

会计科目细推算　多转成本终现形

根据工作安排，江苏省无锡市地税局稽查局对某不锈中板有限公司20×7年、20×8年度地方税收缴纳情况进行专项检查。

稽查人员结合该公司业务流程特点、调取的资料以及报表分析结果，对其重点会计核算科目进行剖析。稽查人员拟定了“产成品——中宽板”产量理论计算公式，推算出该公司20×7年“库存商品——中宽板”理论完工入库数量应为883 238.39 t，与账面登记的入库数量相差5 757.515 t；20×8年“库存商品——中宽板”理论完工入库数量应为1 190 635.755 t，与账面登记的入库数量相差99.771 t。同时，经核对，20×7年报表记载的完工产品入库数量与账面一致，但20×8年1月入库数量故意少计了5 707.515 t。在铁证面前，该公司财务人员终于承认20×7年12月宽板生产线正式投产使用但没有统计当月未完工的在产品数量及金额。考虑到公司的资金压力，20×8年1月完工产品入库没有登记入账，少计入库数量可以提高产品单位成本，从而达到多转成本少缴企业所得税的目的。经计算，该公司20×7年、20×8年分别多转销售成本459.5万元、1 723.58万元。

此外，稽查人员还发现该公司以下违法事实：

① 20×7年全年收到保险公司保险赔款90 808.39元计入“应付福利费”贷方，未冲减当期费用。

② 20×7年“库存商品——普碳钢中、宽板”销售时，多转发出商品成本4 595 009.67元。

③ 20×8年“库存商品——普碳钢中、宽板”在入库时故意少计入库数量提高库存商品的单价，导致多计发出商品成本17 235 849.64元。

④ 20×8年，签订股权转让协议总金额1 800万元、探矿权转让协议总金额2 760万元未申报缴纳印花税。

⑤ 20×8年，在“管理费用”中列支拔河比赛赞助费2万元未进行纳税调整。

根据税法的相关规定，该局最终对该公司查补20×8年度印花税2.28万元，20×7年度企业所得税154.63万元，20×8年度企业所得税430.83万元，加收查补税款滞纳金合计51.35万元，同时对查补税款处罚款合计299.57万元。

4.1 会计科目

由于会计要素是会计对象的基本分类，是会计对象的具体化。因此，每一笔经济业务都是资金运动的一个具体过程，资金运动的每一个过程必然涉及相应的会计要素的变化。但是，在会计核算中，如果仅提供与会计要素相关的信息就会过于笼统，不能满足会计核算的需要。为了实现会计的基本职能，就有必要对会计对象及其具体内容进行更细致地分类。会计对象、会计要素与会计科目关系示意图见图 4-1。

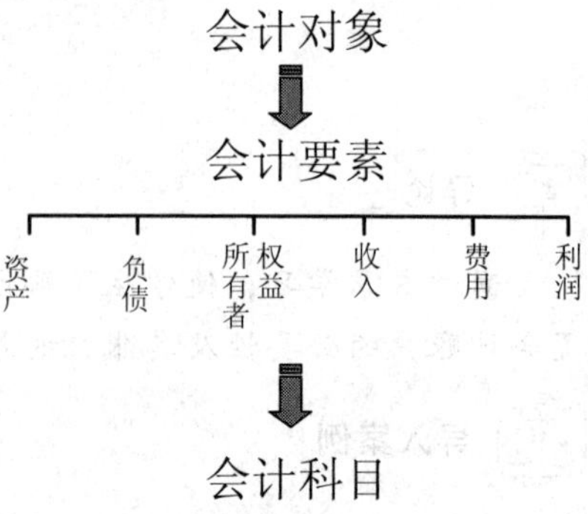

图 4-1　会计对象、会计要素与会计科目关系示意图

4.1.1 会计科目设置的意义和原则

1. 会计科目设置的意义

会计科目是对会计对象的具体内容进行分类的项目标志。每一会计科目对应着特定经济内容，如用“库存现金”科目对企业库存现金进行核算，而用“银行存款”科目对企业存放在银行的款项进行核算。

会计科目的设置包括规定会计科目的数量、名称、核算内容和层次关系等。设置系统、科学的会计科目，其意义主要表现在以下几个方面。

（1）会计科目的设置为核算经济业务和提供财务信息创建了条件

会计对象虽然可概括为六大会计要素，但每一要素反映的内容过于宽泛。为了满足信息使用者的需要，还须对会计要素进行进一步的分类，以反映有关各要素具体内容的经济信息。如企业的资产有很多类别，它们在外观上、功能上和对企业盈利的贡献等方面部有所不同，应该有所区分。我国将资产进一步分为流动资产、长期投资、固定资产、无形资产和其他资产。这一分类依然较为笼统，如流动资产又包含库存现金、银行存款、应收账款、库存商品等许多具体的类别。按照会计要素的具体内容设置会计科目，能够既全面又细致地反映一个会计主体（企业等）发生的各项经济业务及其财务影响。以会计科目为依据设置账户及报表项目，能够提供信息使用者需要的分类、系统的财务信息，为全面、细致、分类和系统地核算经济业务、提供财务信息创造了条件。

（2）会计科目是组织会计核算工作、统一会计核算方法的依据

会计信息的可比性，是对会计信息的质量要求之一。而会计科目的统一和规范，有利于增强会计信息的可比性，为会计核算工作提供了指南，为各企业提供口径一致、相互可比的财务信息创造了条件。

（3）会计科目是加强经济管理的重要手段

每一会计科目都有其特定的核算内容和范围，不能反映超过其核算范围的经济内容，因而它是检查和监督各类经济业务是否合乎法规、是否合理及会计处理是否正确的重要依据。无论是会计部门的内部稽核，还是企业外部有关部门的检查、审计，都要以会计科目的核算

内容和范围为依据来进行。

2. 会计科目设置的原则

科学合理地设置会计科目体系必须遵循以下原则。

（1）会计科目的设置要能全面、系统地反映会计要素的特点

会计科目作为对会计对象的具体内容进行分类的项目标志，要能全面、系统地反映会计要素的特点，只有在对会计要素的内容进行具体分类的基础上，才能分门别类地反映和监督各项经济业务，使所设置的会计科目能覆盖企业所有的要素，不会有任何遗漏。例如工业企业是制造产品的行业，根据其业务特点，工业企业的会计科目首先应反映产品的生产过程，在此前提下，再根据企业生产的特点及规模大小决定各个会计科目的具体设置；商业企业是组织商品流通的行业，从商业企业活动的特点看，它是以商品购销作为主营业务，其会计科目应该主要反映商品的购销过程。所以在成本核算方面，工业企业需要设置“生产成本”和“制造费用”等会计科目，而商业企业不进行产品生产，一般不需要设置“生产成本”科目，但需要设置反映商品采购、商品销售以及在购、销、存等环节发生的各项费用的会计科目。

（2）会计科目的设置要满足信息使用者的需要

在设置会计科目的内容和详尽程度时，要考虑信息使用者的需要。企业会计信息的使用者可以分为外部和内部两大类，不同的信息使用者对企业提供的会计信息要求有所不同。因此，在设置会计科目时，要兼顾对外报告和企业内部经营管理的需要，并根据需要提供数据的详细程度，分别设置总分类科目和明细分类科目。例如，不同企业的经营内容、收入类别、存货种类、固定资产的构成等各不相同，但外部信息使用者更为关注总括的可以在不同企业间比较的信息，企业按照有关规定设置的一级会计科目，基本上是考虑到了外部使用者的需要，而管理者需要的明细信息则可以通过设置明细科目来反映。

（3）会计科目要遵循完整性和互斥性相结合的原则

会计科目的数量要能满足全面反映各项经济业务的需要，形成一个完整的体系。同时，每个会计科目都是单独地反映特定的某一方面的经济内容，并有其核算和监督特定经济内容的方法和要求。会计科目之间在内容上是排斥的，互不相容。会计科目的名称要清晰明确，通俗易懂。例如“库存现金”和“银行存款”科目、“原材料”和“库存商品”科目、“制造费用”和“管理费用”科目等都有其特殊的性质，不能混同，避免错误地反映资金运动情况。因此，对会计科目反映的经济内容要有明确的界定，要满足互斥性的要求。

（4）会计科目的设置要做到统一性和灵活性相结合

由于企业生产经营的特点所决定，企业的经济业务千差万别，为了分别核算会计要素的增减情况，在设置会计科目时，需要将统一性和灵活性相结合。因此，在设置总分类核算科目时，要按照企业会计制度对一些主要会计科目的设置及其核算内容所作统一的规定，尽量符合中华人民共和国会计法企业会计准则以及企业会计制度的规定，以保证会计核算指标在一个部门，乃至全国范围内综合汇总，充分利用；在设置明细分类核算时，允许企业在保证提供统一核算指标的前提下，根据企业自身生产经营特点，适当地增加、减少和合并某些科目。反映企业经营特点的明细科目可由企业自行设置。会计科目的编号应留有空间，以备增加新的科目。

（5）会计科目的设置要保持相对的稳定性

为了便于在一定范围内汇总核算指标和在不同时期对会计核算指标进行比较分析，会计科目的设置应该保持相对的稳定性，不能经常变动，使会计科目核算指标具有可比性。

4.1.2 会计科目的内容和级次

1. 会计科目的内容

会计科目的内容是指会计科目之间的横向联系。每个会计科目既反映其核算的特定内容，又相互联系，共同组成一个完整的会计科目体系。我国会计科目及核算内容都是由财政部统一规定的。新的会计科目表首先将会计科目分为资产类、负债类、共同类、所有者权益类、成本类和损益类六大类。然后，以《企业会计准则》为依据，对每一个会计科目核算的内容和使用的方法都作了明确的规定。由于每个会计科目都反映了特定的经济内容，能够正确地反映企业的财务状况和经营成果，因此就能够保证会计核算所提供的指标在国民经济各部门之间口径一致，资料可比，便于会计指标的汇总、分析、比较，能够满足国家宏观经济管理的要求，满足会计信息的使用者了解企业财务状况和经营成果的需要，满足企业加强内部经济管理的需要。

（1）资产类科目

资产类科目是用以核算和监督各种资产增减变动的会计科目，如“库存现金”“短期投资”“原材料”“库存商品”“固定资产”“无形资产”等。

（2）负债类科目

负债类科目是用以核算和监督各种流动负债和长期负债增减变动的会计科目，如“短期借款”“应付账款”“长期借款”等。

（3）共同类科目

共同类科目是用以核算和监督兼有资产和负债双重性质增减变动情况的科目，如“清算资金往来”“汇兑损益”“衍生工具”等（这类科目将在中级和高级财务会计中讲述）。

（4）所有者权益类科目

所有者权益类科目是用以核算和监督各种所有者权益增减变动的会计科目，如“实收资本（或股本）”“资本公积”“盈余公积”“本年利润”“利润分配”等。

（5）成本类科目

成本类科目是用以核算和监督产品生产过程中发生的各种直接费用和间接费用的会计科目，如“生产成本”“制造费用”等。

（6）损益类科目

损益类科目是用以核算和监督企业生产经营过程中的收益（包括收入、利得等）和费用（包括营业成本、期间费用和损失等），计算确定损益的会计科目，如“主营业务收入”“其他业务收入”“营业外收入”“主营业务成本”“其他业务成本”“管理费用”“营业外支出”等。

以上六类会计科目构成了一个完整的会计科目体系，各类会计科目相互联系、相互补充，能够全面、系统、分类地核算和监督各项经济业务的发生情况，以及由此而引起的会计要素的增减变动过程和结果，为经济管理提供一系列的会计信息。

2006 年财政部规定的全国统一的企业会计科目表见表 4-1。

表 4-1

财政部规定的全国统一的企业会计科目表

序　号	编　号	会计科目名称	序　号	编　号	会计科目名称
一、资产类			二、负债类		
1	1001	库存现金	44	2001	短期借款
2	1002	银行存款	46	2201	应付票据
3	1012	其他货币资金	47	2202	应付账款
4	1101	交易性金融资产	48	2203	预收账款
5	1121	应收票据	49	2211	应付职工薪酬
6	1122	应收账款	50	2221	应交税费
7	1123	预付账款	51	2231	应付利息
8	1131	应收股利	52	2232	应付股利
9	1132	应收利息	53	2241	其他应付款
10	1221	其他应收款	56	2501	长期借款
11	1231	坏账准备	57	2502	应付债券
13	1401	材料采购	58	2701	长期应付款
14	1402	在途物资	三、所有者权益类		
15	1403	原材料	66	4001	实收资本（或股本）
17	1405	库存商品	67	4002	资本公积
21	1411	周转材料	68	4101	盈余公积
22	1471	存货跌价准备	69	4103	本年利润
23	1501	持有至到期投资	70	4104	利润分配
24	1402	持有至到期投资减值准备	四、成本类		
25	1503	可供出售金融资产	72	5001	生产成本
26	1511	长期股权投资	73	5101	制造费用
27	1512	长期投资减值准备	五、损益类		
29	1531	长期应收款	76	6001	主营业务收入
31	1601	固定资产	77	6051	其他业务收入
32	1602	累计折旧	79	6111	投资收益
33	1603	固定资产减值准备	80	6301	营业外收入
34	1604	在建工程	81	6401	主营业务成本
35	1605	工程物资	82	6402	其他业务成本
36	1606	固定资产清理	83	6403	营业税金及附加
37	1701	无形资产	84	6601	销售费用
38	1702	累计摊销	85	6602	管理费用
39	1703	无形资产减值准备	86	6603	财务费用
41	1801	长期待摊费用	88	6711	营业外支出
43	1901	待处理财产损溢	89	6801	所得税费用

对会计科目表中每一个会计科目核算的内容和使用的方法，将在其他章节结合经济业务实例详细介绍，此处不再赘述。

2. 会计科目的级次

会计科目的级次是指会计科目之间的纵向关系，即会计科目之间的隶属关系。会计科目按其提供核算指标详细程度，可分为一级科目、二级科目、三级科目等。

一级科目又称总分类科目或总账科目，是对会计要素初次分类的结果，是在总账中设置账户的依据。二级、三级等科目又称为明细科目，是对上一级科目的再分类。例如，“原材料”是一级科目，下设二级科目“原材料及主要材料”“辅助材料”，“原材料及主要材料”下设三级科目“钢材”“铝材”等。

总分类科目的设置主要侧重于提供总括指标，满足外部信息使用者了解企业财务信息的需要；明细科目则在于提供具体的明细指标，满足企业管理者经营管理的需要。总分类科目和明细分类科目相结合，使得会计科目体系清晰明了，不致显得过分庞杂。

下面以“原材料”和“固定资产”为例，举例说明会计科目按其提供核算指标详细程度分类，见表 4-2 和表 4-3。

表 4-2

会计科目按其提供核算指标详细程度分类例示（一）

总分类科目（一级科目）	明细分类科目		
	二级科目（子目）	三级科目（细目）	四级科目
原材料	原料及主要材料	钢材	圆钢
			方钢
			工字钢
		铝材	板材
			管材
			线材
	辅助材料	铜材	管材
			线材

表 4-3

会计科目按其提供核算指标详细程度分类例示（二）

总分类科目（一级科目）	明细分类科目		
	二级科目（子目）	三级科目（细目）	四级科目
固定资产	生产用固定资产	机器设备	车床
			铣床
			刨床
	非生产用固定资产	办公用设备	计算机
			打印机
			复印机

4.1.3　会计科目的编号

会计科目的编号，是用数字表示会计科目所属的类别及其在该类别中的位置。

现行企业会计科目表中共分六类；资产类、负债类、共同类、所有者权益类、成本类和损益类。每一类均以不同首位数字（分别是 1、2、3、4、5、6）加以识别。每一类别中的一级会计科目的编号采用 4 位制，其中性质相同的科目，前两位号码相同；二级科目采用 6 位制，其中性质相同的科目，前 4 位数字相同；三级科目采用 8 位制。科目编号留有空间，以备增添新的科目编号。

会计科目的编号，其作用表现在以下几个方面：

① 反映会计科目间的内在联系，明确每个科目的类别、顺序和位置，使会计科目体系科学化。

② 便于使用会计科目。在实际会计工作中，借助会计科目编号，为编制会计分录、登记账簿和查阅资料等提供了方便。

③ 为会计电算化创造了条件。

我国最新颁布的企业会计制度指出：会计科目和主要账务处理依据《企业会计准则》中确认和计量的规定制定。企业在不违反会计准则中确认、计量和报告规定的前提下，可以根据本单位的实际情况，自行增设、分拆、合并会计科目。企业不存在的交易或者事项，可不设置相关会计科目。会计科目编号供企业填制会计凭证、登记会计账簿、查阅会计账目、采用会计软件系统参考，企业可以结合实际情况自行确定会计科目编号。

4.1.4　会计科目的运用

【例 4-1】投资者投入银行存款 100 000 元。

这项经济业务的发生涉及银行存款和所有者权益的增加。因此：应设置“银行存款”和“实收资本”两个会计科目。

【例 4-2】用银行存款 300 000 元归还短期借款。

这项经济业务的发生涉及银行存款和短期借款的减少。因此，应设置“短期借款”和“银行存款”两个会计科目。

【例 4-3】用银行存款 10 000 元购买机器设备。

这项经济业务的发生涉及机器设备的增加和银行存款的减少。因此，应设置“固定资产”和“银行存款”两个会计科目。

【例 4-4】从银行借入短期借款 10 000 元直接偿还应付账款。

这项经济业务的发生涉及短期借款和应付账款的增加。因此，应设置“应付账款”和“短期借款”两个会计科目。

【例 4-5】购买原材料 60 000 元，用银行存款支付 40 000 元，其余贷款暂欠。

这笔经济业务的发生涉及原材料的增加、银行存款的减少和企业负债的增加。因此应设置“原材料”“银行存款”和“应付账款”三个会计科目。

4.2 会计账户

4.2.1 会计账户的概念

会计科目只是对会计对象具体内容进行详细分类。为了能够分门别类地将各项经济业务的发生所引起的会计要素的增减变动情况及结果进行全面、连续、系统、准确地反映和监督，并为会计信息的使用者提供所需要的各项会计信息，还必须设置会计账户，通过账户对各项经济业务进行分类、系统、连续的记录。每一个账户都有一个名称，用以说明在账户中所记录的经济业务。

会计账户是根据会计科目开设的，具有一定格式和结构，是用以分门别类地记录和汇集经济业务增减变动情况的工具。

设置账户是会计核算的专门方法之一。为了提供会计主体的财务状况和经营成果等方面的分类信息，必须按会计对象（会计要素）的具体内容分别设置户头，以便归集相关的信息。

4.2.2 会计账户与会计科目的关系

账户是根据会计科目开设的，会计科目就是账户的名称。但是，账户与会计科目是两个有着密切联系又有所区别的概念。从账户的角度看，会计科目是账户的名称。但在会计实务中，通常是先设置会计科目，再依据会计科目设置账户，从这个角度看，会计科目是会计要素进一步分类的具体体现。归纳起来，账户和会计科目的联系表现在：账户和会计科目都是按照相同的经济内容设置的，账户是根据会计科目开设的，会计科目是账户的名称，会计科目所规定反映的经济内容，就是账户所要核算的内容。会计科目和账户在有关账页中的有机结合，构成了会计账簿的统一体，正因为如此，在实际工作中，账户和会计科目经常互相通用，不作严格区分。二者的区别在于：首先，会计科目是会计制度规定的，是为了统一各会计主体的核算内容、口径和核算方法而规定的，是对特定经济项目赋予的称谓；账户则是各会计主体按照科目开设在账簿中的，具有一定结构，用以记录某一经济项目增减变动及其结存情况的载体。其次，会计科目是由国家统一制定，并在会计制度中以科目的形式列示，只是一个抽象概括的项目名称，不构成会计核算的方法。与会计科目相比，账户有着更为丰富的内容，账户的设置构成了会计核算的专门方法之一。

在我国目前实行统一会计制度的前提下．会计科目由国家财政部门统一制定，企业根据会计科目设置账户。

4.2.3 会计账户的基本结构

由经济业务所引起的各项会计要素的变动，从数量上看，不外乎是增加和减少两种情况。此外，用来分类记录经济业务的账户，在结构上也相应地分为两个基本部分，用以分别记录各项会计要素增加和减少的数额。账户与会计科目的重要区别在于，账户不仅有标准的名称，还要有一定的结构。账户的一般结构，即每一账户所记载的内容，主要包括以下几项。

① 账户的名称，即会计科目。

② 日期，即经济业务发生的时间。

③ 记账凭证的号数，说明账户记录的依据。

④ 摘要，概括说明经济业务的内容。

⑤ 增加和减少的金额。

账户的一般结构见表 4-4。

表 4-4

会计账户名称

年		凭　证		摘　要	左　方	右　方	余　额
月	日	字	号				

账户左、右两方记录的主要内容是增加额和减少额，增减相抵后的差额，称为强户的余额。如果将本期的期末余额转入下期，就是下一期的期初余额。因此，在每个账户中所记录的金额，一共有四种：期初余额、增加额、减少额和期末余额。作为会计对象的会计要素，随着经济业务的发生，不断产生数量上的增减变动，在一定会计期间内（如月份、季度、年度）发生的增加额或减少额的合计，就叫作本期增加额或本期减少额。它们之间的关系如下式所示：

期末余额 = 期初余额 + 本期增加额 - 本期减少额

在教学中，为了方便演示账户的结构，一般截取账户中最重要的部分，用简化的形式表示，如图 4-2 所示。

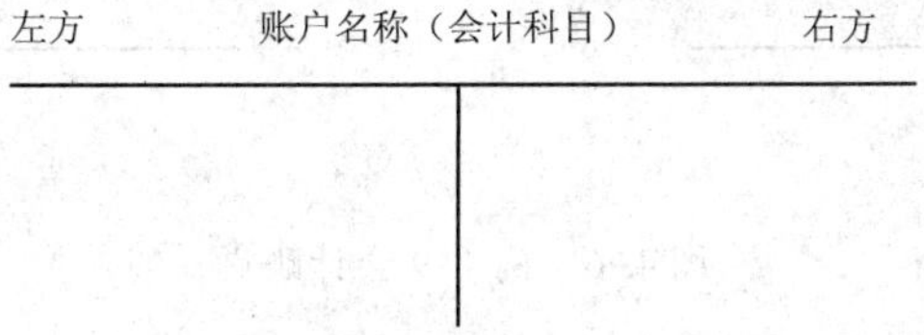

图 4-2　账户结构的简化形式

在西方会计中，由于这种格式非常像英文字母 T，所以称为 T 型账户。

4.2.4　会计账户的运用

【例 4-6】 投资者投入银行存款 100 000 元。这项经济业务的发生所涉及的会计科目是“银行存款”和“实收资本”。这项经济业务应设置“银行存款”和“实收资本”账户，如图 4-3 所示。

图 4-3　例 4-6 会计账户

【例 4-7】 用银行存款 300 000 元归还短期借款。这项经济业务的发生所涉及的会计科目是“短期借款”和“银行存款”；这项经济业务应设置“短期借款”和“银行存款账户，如图 4-4 所示。

图 4-4　例 4-7 会计账户

【例 4-8】 用银行存款 10 000 元购买机器设备。这项经济业务的发生所涉及的会计科目是“固定资产”和“银行存款”；这项经济业务应设置“固定资产”和“银行存款”账户，如图 4-5 所示。

图 4-5　例 4-8 会计账户

【例 4-9】 向银行借入短期借款 10 000 元直接偿还应付账款。这项经济业务的发生所涉及的会计科目是“应付账款”和“短期借款”；这项经济业务应设置“应付账款”和“短期借款”账户，如图 4-6 所示。

图 4-6　例 4-9 会计账户

【例 4-10】 购买原材料 600 000 元，用银行存款支付 400 000 元，其余货款暂欠。这笔经济业务的发生涉及原材料的增加、银行存款的减少和企业负债的增加。因此，应设置“原材料”“银行存款”和“应付账款”三个会计科目，如图 4-7 所示。

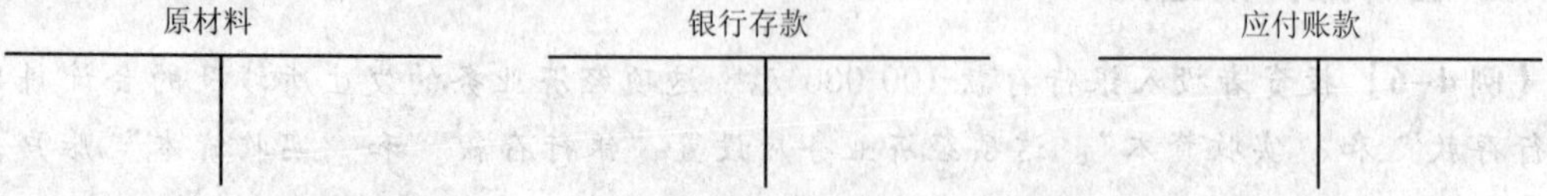

图 4-7　例 4-10 会计账户

4.2.5　会计账户的分类

账户是根据会计科目在账簿中开设的记账单元。每个账户只能记录特定的某项经济业务的某一方面，而企业全部资金运动的增减变动情况，必须通过在账簿中设置许多账户来综合反映，但是账户之间不是相互孤立的，它们之间必然存在着互为条件、相互依存的关系，也就是账户之间存在着某种共性账户的整体集合，构成了一个完整的有机整体。账户的分类就是在了解账户特性的基础上，研究账户体系中各账户之间存在的共性，进一步探明各个账户在整个账户体系中的地位和作用，以便加深对账户的认识，更好地正确运用账户对企业的经济业务进行反映。

按不同的标准对账户分类，可以从不同的角度认识账户。会计账户分类标准一般有按提供信息详细程度分类、按经济内容分类、按经济用途和结构分类等。

1. 按提供信息详细程度分类

企业经营管理所需要的会计核算资料是多方面的，不仅要求会计核算能够提供一些总括的指标，而且要求会计核算能够提供一些详细的指标。为了满足各方面的需要，就要对会计账户作进一步划分，形成不同层次的账户，提供各类经济活动的详细资料。

会计账户按其提供信息的详细程度不同，可以分为总分类账户和明细分类账户两大类。

（1）总分类账户

总分类账户亦称总账账户或一级账户，它是对会计要素的具体内容进行总括分类的会计账户，是进行总分类核算的依据，所提供的是总括指标或信息，因而一般只用货币计量。如“银行存款”“原材料”“应付账款”“固定资产”等都是总分类账户。在我国，为了保证会计核算指标口径规范一致，并具有可比性，总分类账户的名称、核算内容及使用方法通常是由财政部统一制定，以会计制度的形式颁布实施，每一个企业都要根据本企业业务的特点和统一制定的账户名称，设置若干个总分类账户。

（2）明细分类账户

明细分类账户也称明细账，是对总分类账户核算内容再作进一步详细分类的会计账户，它提供详细的信息。因而，明细分类账户除用货币量度外，有的还用实物量度（吨、千克、件、台等）。例如，“应付账款”总分类账户下，再按具体单位分设明细账户，具体反映应付哪个单位的货款；“原材料”总分类账户下，再按材料名称分设明细账户，具体反映库存的是哪种材料等。在实际工作中，除少数总分类账户，如“累计折旧”“所得税费用”账户不必设置明细分类账户外，大多数总分类账户都需设置明细分类账户。明细分类账户所提供的明细核算资料主要是满足企业内部经营管理的需要，各单位经济业务具体内容的不同，经营管理水平的不一致，明细分类账户的名称、核算内容及使用方法也就不能统一规定。因此，大多数明细分类账户都由各单位根据实际情况和需要自行设置。

如果总分类账户下面反映的内容较多，一般来讲，会计账户可分为二级、三级等级次，即总分类账户统辖下属数个明细账户，或者是统辖下属数个二级账户，再在每个二级账户下设置明细账户。例如，“原材料”总分类账户下，可按材料的类别设置“原料及主要材料”“辅助材料”“燃料”等二级账户，再在“原料及主要材料”二级账户下设置“钢材”“生铁”“木材”等三级账户。会计账户按其提供信息的详细程度分类示例见表 4-5。

研究账户按提供信息详细程度分类，目的在于把握不同层次账户提供核算指标的规律性，以便于准确地运用各级账户，提供全方位的核算指标，满足不同的信息需要。

表 4-5

会计账户按其提供信息详细程度分类

总分类账户（一级账户）	明细分类账户	
	二级账户（子目）	三级账户（细目）
原材料	原料及主要材料	钢材
		生铁
		木材
		……
原材料	辅助材料	油漆
		防锈剂
		……
	燃料	汽油
		柴油
		……
……	……	……

2. 按经济内容分类

会计账户的经济内容是指会计账户所核算和监督的会计对象的具体内容。会计账户之间最本质的差别在于反映经济内容的不同，按会计账户的经济内容进行分类，便于准确区分每个账户的经济性质，便于从账户中取得需要的核算指标，因而账户的经济内容是账户分类的基础。

账户按经济内容可分为：资产类、负债类、所有者权益类、收益类、成本类和费用损失类等六大类。

（1）资产类账户

资产类账户是核算企业各种资产增减变动及其余额的账户。按照资产流动性和经营管理核算的需要，资产类账户又分为流动性资产账户和非流动性资产账户两类。反映流动资产的账户有“库存现金”“银行存款”“应收账款”“应收票据”“其他应收款”“原材料”“库存商品”等；反映非流动性资产类账户有“长期股权投资”“固定资产”“累计折旧”“无形资产”“长期待摊费用”等。

资产类账户的特点是一般都有期末余额，且期末余额在账户的借方。

（2）负债类账户

负债类账户是核算企业各种负债增减变动及其余额的账户。按照负债的流动性，负债类的账户可分为流动负债账户和非流动负债账户两类。反映流动负债的账户有“短期借款”“应付账款”“预收账款”“应付票据”“其他应付款”“应付职工薪酬”“应交税费”“应付股利”等账户；反映非流动负债的账户有“长期借款”“应付债券”“长期应付款”等账户。

负债类账户的特点是一般都有期末余额，且期末余额在账户的贷方。

(3) 所有者权益类账户

所有者权益类账户是核算企业所有者权益增减变动及其余额的账户。按照所有者权益的来源和构成，所有者权益类账户又可分为反映所有者投入资本的账户、反映经营积累的账户和所有者权益类其他来源类账户。反映所有者投入资本的账户有“实收资本”等账户；反映经营积累的账户有“本年利润”“利润分配”“盈余公积”等账户；反映所有者权益类其他来源类账户有“资本公积”等账户。

所有者权益类账户的特点是一般都有期末余额，且期末余额在贷方。

(4) 收益类账户

收益类账户是核算企业一定时期经营活动和非经营活动所取得的各种经济利益的账户。按照收益与企业经营活动是否有关，收益类账户可分为经营收益账户和非经营收益账户。反映经营收益的账户有“主营业务收入”等账户；反映非经营收益的账户有“投资收益”等账户。

收益类账户的特点是期末无余额。

(5) 成本类账户

成本类账户是归集企业某成本计算对象在一定时期所发生的各项耗费，并计算该对象成本的账户。按照成本计算对象不同，可分为计算物资采购成本的账户，如“在途物资”账户；计算产品生产成本的账户，如“生产成本”“制造费用”账户；计算工程成本的账户，如“在建工程”账户。

成本类账户的特点是借方归集成本项目，期末一般无余额，若有余额，表示本过程尚未结束累计发生的费用数额，此时，该类账户也具有资产的性质。

(6) 费用损失类账户

费用损失类账户是核算企业在一定时期发生不计入成本的各项费用及损失的账户。反映经营费用账户的有“销售费用”“管理费用”“财务费用”“营业税金及附加”“主营业务成本”“所得税费用”等账户；反映损失账户的有“资产减值损失”等账户。

费用损失类账户的特点是期末无余额。

按账户经济内容分类建立的账户体系如图 4-8 所示。

3. 按经济用途和结构分类

账户的用途是指账户的记录能够提供哪些核算指标，开设账户的目的是什么。账户的结构是指在账户中怎样记录经济业务，以取得必要的核算指标。在借贷记账法下，账户的结构就是账户的借方登记什么、贷方登记什么，期末余额在哪一方，具体表示什么内容。

在借贷记账法下，账户按用途和结构分类，一般可分为盘存账户、资本账户、结算账户、集合汇转账户、跨期摊配账户、成本计算账户、计价对比账户、财务成果账户、调整账户等九类。

(1) 盘存账户

盘存账户是用来核算和监督各项财产物资和货币资金增减变动及其实有数的账户，这类账户的借方登记各种财产物资或货币资金的收入或增加数；贷方登记其支出或减少数；这类账户的余额总是在借方，表示各项财产物资和货币资金的结存数额。盘存账户的结构如图 4-9 所示。

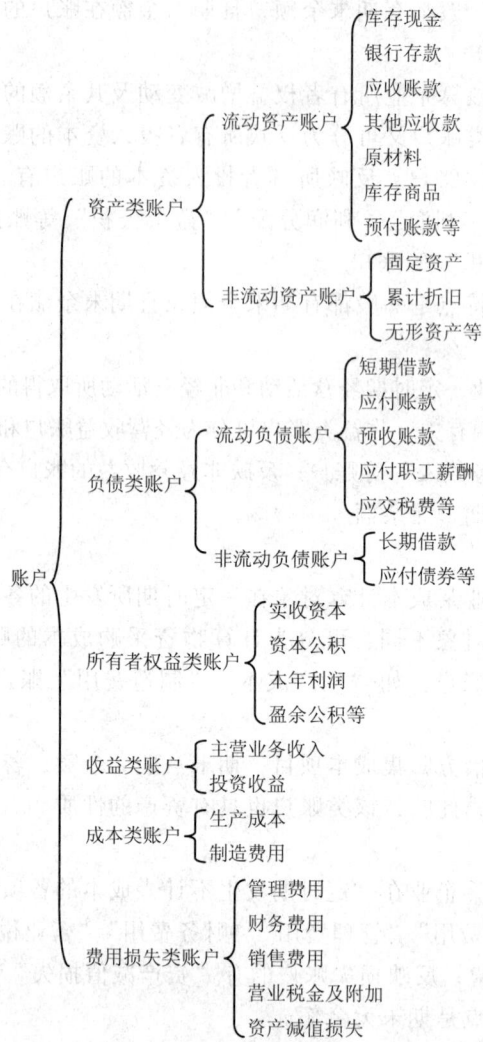

- 账户
  - 资产类账户
    - 流动资产账户
      - 库存现金
      - 银行存款
      - 应收账款
      - 其他应收款
      - 原材料
      - 库存商品
      - 预付账款等
    - 非流动资产账户
      - 固定资产
      - 累计折旧
      - 无形资产等
  - 负债类账户
    - 流动负债账户
      - 短期借款
      - 应付账款
      - 预收账款
      - 应付职工薪酬
      - 应交税费等
    - 非流动负债账户
      - 长期借款
      - 应付债券等
  - 所有者权益类账户
    - 实收资本
    - 资本公积
    - 本年利润
    - 盈余公积等
  - 收益类账户
    - 主营业务收入
    - 投资收益
  - 成本类账户
    - 生产成本
    - 制造费用
  - 费用损失类账户
    - 管理费用
    - 财务费用
    - 销售费用
    - 营业税金及附加
    - 资产减值损失

图 4-8　按账户经济内容分类建立的账户体系

盘存账户

借方	贷方
期初余额：期初财产物资或货币资金的结存额	
发生额：本期财产物资或货币资金的增加额	发生额：本期财产物资或货币资金减少额
期末余额：期末财产物资或货币资金的结存额	

图 4-9　盘存账户结构

属于盘存类账户的有“原材料”“库存商品”“固定资产”“库存现金”“银行存款”等。这类账户均可以通过财产清查的方法，如实地盘存法、核对账目法等方法，检查实存的财产物资及其在经营管理上存在的问题。这类账户除“库存资金”账户外，其实物明细账可以提供实物和价值两种指标。

（2）资本账户

资本账户是用来核算和监督企业从外部各种渠道取得的投资、增收的资本以及从内部形成的积累的增减变化及其实有情况的账户。这类账户的贷方登记各项投资和积累的增加数或形成数；借方登记各项投资和积累的减少数。这类账户的余额一般在贷方，表示各项投资和积累的结存数额；若没有余额或其余额在借方，在股份制企业形式下，表示投资者的权益已降至零。资本账户的结构如图 4-10 所示。

属于资本类的账户有“实收资本”“资本公积”“盈余公积”等。这类账户的总分类账及其明细分类账只提供价值指标。

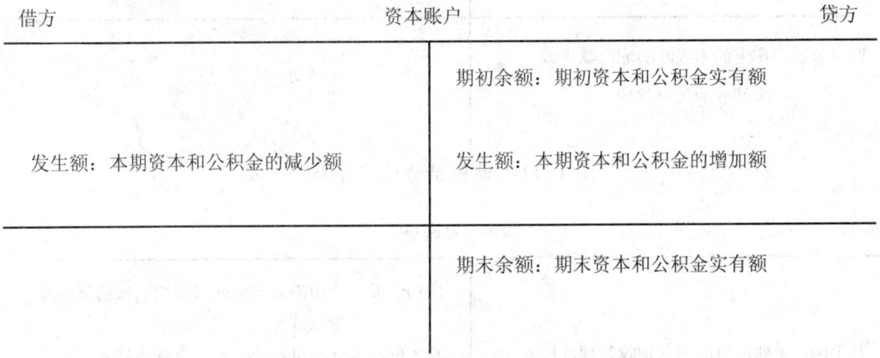
借方
资本账户
贷方
期初余额：期初资本和公积金实有额
发生额：本期资本和公积金的减少额
发生额：本期资本和公积金的增加额
期末余额：期末资本和公积金实有额

图 4-10　资本账户的结构

（3）结算账户

结算账户是用来核算和监督企业与其他单位和个人之间发生的结算关系而产生的应收、应付款项的账户。由于结算类账户的性质和内容不同，因而，结算账户按其性质和内容可分债权结算账户、债务结算账户和债权债务结算账户三类，各类结算账户又具有不同的用途和结构。

① 债权结算账户。债权结算账户也称“资产结算”账户，是用来核算和监督企业与其他债务单位或个人之间发生的各种应收及预付款项的账户。

这类账户的借方登记债权的增加数；贷方登记债权的减少数；余额在借方，表示期末企业已取得尚未收回的债权的实有数。债权结算账户的结构如图 4-11 所示。属于债权结算账户的有“应收账款”“其他应收款”“预付账款”等。

② 债务结算账户。债务结算账户也称负债结算账户，是用来核算和监督企业与其他债权单位或个人之间发生的各种应付及预收款项的账户。这类账户的贷方登记债务的增加数；借方登记债务的减少数；余额在贷方，表示期末企业尚未偿还的债务的实有数。债务结算账户结构如图 4-12 所示。属于债务结算账户的有“应付账款”“预收账款”“应付职工薪酬”“其他应付款”“短期借款”“应交税费”等。

③ 债权债务结算账户。债权债务结算账户也称资产负债结算账户，是用来核算和监督

企业与其他单位或个人之间发生的债权债务往来结算业务的账户。在实际工作中，与企业经常发生结算业务的往来单位，有时是企业的债权人，有时是企业的债务人。为了集中反映企业同其他单位或个人所发生的债权、债务的往来结算情况，可以在一个账户中核算应收、应付款项的增减变动和余额。这类账户的借方登记债权的增加数和债务的减少数；贷方登记债务的增加数和债权的减少数。这类账户的余额可能在借方，也可能在贷方。若余额在借方，表示债权大于债务的差额；若余额在贷方，表示债务大于债权的差额。债权债务结算账户的结构如图 4-13 所示。

债权结算账户

借方	贷方
期初余额：期初尚未收回的应收款项或预付款项 发生额：本期应收款项或预付款项的增加额	发生额：本期应收款项或预付款项的减少额
期末余额：期末尚未收回的应收款项或未结算的预付款项	

图 4-11　债权结算账户结构

债务结算账户

借方	贷方
发生额：本期应付款项、预收款项或借入款项的减少额	期初余额：期初尚未支付应付款项、未结算的预收款项或结欠的借入款项 发生额：本期应付款项、预收款项或借入款项的增加额
	期末余额：期末尚未支付应付款项、预收款项或尚未支付的借入款项

图 4-12　债务结算账户结构

债权债务结算账户

借方	贷方
期初余额：期初债权大于债务的差额 发生额：本期债权增加额或本期债务减少额	期初余额：期初债务大于债权的差额 发生额：本期债务的增加额或债权的减少额
期末余额：期末债权大于债务的差额	期末余额：期末债务大于债权的差额

图 4-13　债权债务结算账户结构

企业为了简化核算工作，对于预收款项业务不多的企业，可不单独设置“预收账款”账户，而直接通过“应收账款”账户，同时反映企业销售商品或提供劳务的应收和预收的款项，此时，“应收账款”账户就是债权债务结算账户；对于预付款项不多的企业，可不单独设置“预付账款”账户，而直接通过“应付账款”账户同时反映企业购买商品或接受劳务的应付和预付的款项，此时，“应付账款”账户就是债权债务结算账户。当企业不设置“其他应收款”“其他应付款”账户，而将其他应收、应付的款项集中通过“其他往来”账户核算时，“其他往来”账户就是一个债权债务结算账户。债权债务结算账户需根据账户余额的方向判断其账户的性质，余额在借方时说明是债权结算账户，余额在贷方时说明是债务结算账户。

（4）集合汇转账户

集合汇转账户是用来归集企业在某个会计期间的收入和费用，并如期结转的账户。这类账户按照归集的性质和经济内容，可分为收入集合汇转账户和费用集合汇转账户两类。

① 收入集合汇转账户。收入集合汇转账户是用来归集分配结转企业在经营过程中可取得的各项收入的账户。这类账户的贷方登记一定期间发生的收入数，借方登记收入的减少数或期末转入“本年利润”账户的数额。由于当期实现的全部收入都要在期末转入“本年利润”账户，所以该账户期末无余额。该账户的基本结构如图 4-14 所示。属于收入集合汇转账户的有“主营业务收入”等。收入集合汇转账户应设置总分类账户和明细分类账户进行核算。该账户只提供核算的价值指标。

借方　　　　收入集合汇转账户　　　　贷方

发生额：收入的减少款，结转到本年利润账户的数额	发生额：归集本期内各项收入的发生额

图 4-14　收入集合汇转账户结构

② 费用集合汇转账户。费用集合汇转账户是用来归集和分配结转企业在经营过程中发生的各项费用的账户。这类账户的借方登记一定期间费用支出的增加数，贷方登记费用支出的减少数或期末转入“本年利润”账户的数额。由于当期发生的全部费用支出都要在期末转入“本年利润”账户，所以，该账户期末无余额。费用集合汇转账户的结构加图 4-15 所示。属于费用集合汇转账户的有“制造费用”“主营业务成本”“销售费用”“管理费用”“财务费用”等，费用集合汇转账户应设置总分类账户和明细分类账户进行核算，该账户只提供核算的价值指标。

借方　　　　费用集合汇转账户　　　　贷方

发生额：归集本期内各项费用支出的数额	发生额：冲减的费用，结转本年利润账户的数额

图 4-15　费用集合汇转账户结构

（5）跨期摊配账户

跨期摊配账户是用来核算和监督应由若干个会计期间共同负担的费用，并将这些费用摊到各个相应的会计期间的账户。在企业的生产经营过程中，有些费用在某个会计期间支付，但应由几个会计期间共同负担，以正确计算各个会计期间的损益。按权责发生制原则，为严格划分费用的归属期，合理地将费用分摊到各个会计期间，需要设置跨期摊配账户。跨期摊配账户主要有“长期待摊费用”账户。“长期待摊费用”账户属于资产类账户，其借方是用来登记费用的实际支出数；贷方是用来登记各会计期间负担的费用的摊配数。“长期待摊费用”账户的期末余额在借方，表示已支付而尚未摊销的长期待摊费用数额。跨期摊配账户只提供价值指标，其结构如图 4-16 所示。

借方　　　　跨期摊配账户	贷方
期初余额：期初已支付而尚未摊销的长期待摊费用数额	
发生额：本期费用的支出额	发生额：本期费用的摊销数额
期末余额：已支付而尚未摊销的待摊费用数额	期末余额：已预提而尚未支付预提费用数额

图 4-16　跨期摊配账户结构

（6）成本计算账户

成本计算账户是用来核算和监督企业经营过程中某一阶段所发生的全部费用，并借以确定该阶段各成本计算对象实际成本的账户。这类账户的借方汇集应计入特定成本对象的全部费用；贷方登记转出已完成某个阶段成本计算对象的实际成本。期末余额在借方，表示尚未完成某个阶段成本计算对象的实际成本。成本计算账户的结构如图 4-17 所示。属于成本计算对象账户有“在途物资”“生产成本”账户等。这类账户除设置总分类账户外，还应按照各个成本对象和成本项目分别设置多栏式分类账，进行明细分类核算。成本计算账户既提供实物指标，又提供价值指标。

借方　　　　成本计算账户	贷方
期初余额：期初尚未完成某个经营阶段的成本计算对象的实际成本	
发生额：经营期发生的应由成本计算对象承担的全部费用	发生额：结转已完成某个经营阶段的成本计算对象的实际成本
期末余额：期末完成该阶段的成本计算对象的实际成本	

图 4-17　成本计算账户结构

（7）计价对比账户

计价对比账户是用来对某一阶段某项经济业务按照两种不同的计价标准进行对比，借以确定其业务成果的账户。

原材料按计划成本进行日常核算的企业所设置的“材料采购”账户，就是属于计价对比账户。这类账户的借方登记购入材料物资的实际成本及入库材料结转“材料成本差异”的节约差异；贷方登记入库材料的计划成本及入库材料结转至“材料成本差异”的超支差异；期末余额在借方，表示已采购而尚未入库的在途物资的实际成本。即期末通过借贷的两方两种计价对比，可以确定材料采购的成果。计价对比账户的结构（以材料采购为例）如图 4-18 所示。计价对比账户特点是借贷双方的计价标准不一致，期末确定成果转出后，其借方余额反映的是剔除了计价差异后的按借方计价方式计价的资产价格。

借方　　　　计价对比账户	贷方
期初余额：未入库材料的实际成本 发生额：本期未入库材料的实际成本及转入材料成本差异账户贷方的实际成本小于计划成本节约数	发生额：入库材料的计划成本及转入材料成本差异账户借方的实际成本大于计划成本的超支数
期末余额：尚未入库材料（在途物资）的实际成本	

图 4-18　计价对比账户结构

（8）财务成果账户

财务成果账户是用来计算并确定企业在一定时期（月份、季度或年度）内全部经营活动最终成果的账户。这类账户的贷方登记一定期间发生的各项收入数，借方汇集一定期间发生的与收入相配比的各项费用数。期末，如为贷方余额，表示收入大于费用的差额，为实现的利润净额；如为借方余额，表示费用大于收入的差额，为企业实现的亏损总额。财务成果账户的结构如图 4-19 所示。属于财务成果账户的有“本年利润”。这类账户只反映企业在 1 年内财务成果的形成，平时（1 ~ 11 月份）的余额为本年的利润净额或亏损总额，年终结转后，无余额。财务成果只提供价值指标。

借方　　　　财务成果账户	贷方
发生额：转入的各项费用	发生额：转入的各项收入
期末余额：发生的亏损总额	期末余额：实现的净利润

图 4-19　财务成果账户结构

（9）调整账户

调整账户是用以调整有关账户的原始数额而设置的账户。在会计核算中，某些类别的经济业务，需要设置两个账户，提供两种数据资料。

其中一个账户记录和反映该类的原始数额，另一个账户记录和反映对该类原始数额进行的调整，将记录原始数额的账户与记录调整数额的账户相加（或相差）就可求得该类业务的实际余额。我们把记录和反映原始数据的账户，称之为被调整账户；把记录和反映对原始数据进行调整的账户称之为调整账户。

调整账户一方面是对某一特定经济业务数额增减变动的单独反映，有其独立意义；另一方面与被调整账户相结合，反映新的经济内容，又具有新的意义。

调整账户按其不同的调整方式可分为抵减账户、附加账户和抵减附加账户三种。

① 抵减账户。抵减账户亦称备抵账户，是用来抵减被调整账户的余额，以求得被调整账户实际余额的账户，其调整方式可用下列公式表示：

被调整账户余额－抵减账户余额＝被调整账户实际余额

由于备抵账户是对被调整账户的抵减，因此，被调整账户的余额方向与备抵账户的余额方向必定相反，如果被调整账户的余额在借方（或贷方），抵减账户的余额一定在贷方（或借方）。

按照被调整账户性质，抵减账户又可分为资产抵减账户和权益抵减账户两类。

a. 资产抵减账户。资产抵减账户是用来抵减某一资产账户的余额，以求得该资产账户实际余额的账户。如“累计折旧”账户就是“固定资产”账户的备抵账户。“固定资产”账户的账面余额（原始价值）与“累计折旧”账户的账面余额相抵减，可以取得有关固定资产耗损方面的数据，其差额就是固定资产现有的实际价值（净值）。通过对比分析，可以了解固定资产的新旧程度、资产占用状况和生产能力。被抵减资产账户与资产抵减账户的关系及结构如图 4-20 所示。

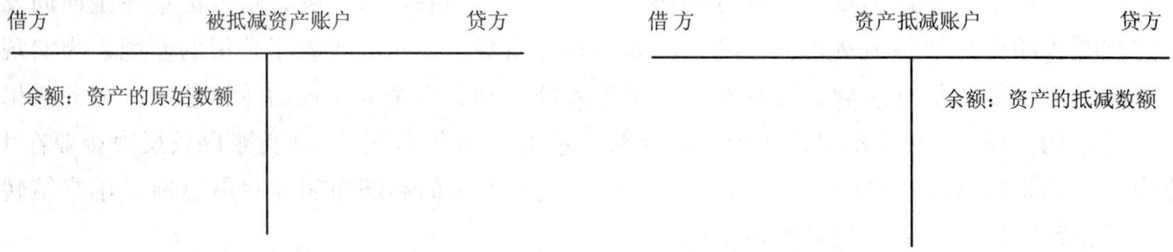

图 4-20　被抵减资产账户与资产抵减账户的关系及结构

其调整方式可用公式表示：

资产原始数额－资产抵减数额＝该项资产的实际数额

b. 权益抵减账户。权益抵减账户是用来抵减某一权益的余额，以求得该权益账户的实际余额的账户，如“利润分配”账户就是用来抵减“本年利润”账户的抵减账户。被抵减账户与权益抵减账户的关系及结构如图 4-21 所示。

其调整方式用公式表示：

权益的原始数额－权益的抵减数额＝该项权益的实际数额

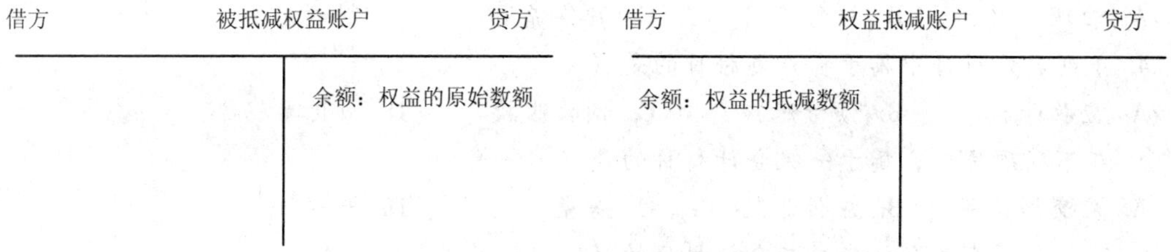

图 4-21　被抵减权益账户与权益抵减账户的关系及结构

② 附加账户。附加账户是用来增加被调整账户的余额，以求得被调整账户实际余额的账户。其调整方式，可用下列公式表示；

被调整账户余额 + 附加账户余额 = 被调整账户的实际余额

附加账户与被调整账户的方向是相同的，如果被调整账户的余额在借方（或贷方），则附加账户的余额一定在借方（或贷方）。被调整账户与附加账户的关系及结构如图 4-22 所示。

在实际工作中，很少设置单纯的附加账户。

③ 抵减附加账户。抵减附加账户也称备抵附加账户，是既可以抵减又可用来增加被调整账户的余额，以求得被调整账户实际余额的账户，是兼有抵减账户和附加账户两种功能的调整账户。当其余额与被调整账户的余额方向相反时，该类账户起抵减账户的作用，其调整方式与抵减账户相同；当其余额与被调整账户余额方向相同时，该类账户起附加作用，其调整方式与附加账户相同。如“材料成本差异”就是“原材料”账户的抵减附加调整账户。应当指出的是，调整账户不能离开被调整账户而单独存在，有调整账户一定有被调整账户。

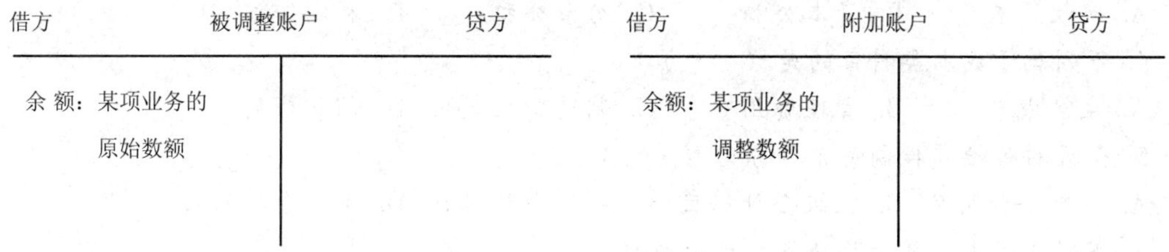

图 4-22　被调整账户与附加账户的关系及结构

课后习题

一、单项选择题

1. 会计科目是对（　　）的具体内容进行分类核算的项目标志。

A. 经济业务　　B. 会计主体　　C. 会计对象　　D. 会计要素

2. 会计账户是根据（　　）分别设置的。

A. 会计对象　　B. 会计要素　　C. 会计科目　　D. 经济业务

3. 下列会计科目中，属于成本类的是（　　）。

A. 管理费用　B. 销售费用　C. 财务费用　D. 制造费用

4. 下列会计科目中属于资产类科目的是（　　）。

A. 应收账款　B. 预付账款　C. 预收账款　D. 应付票据

5. 在下列项目中，属于一级会计科目的是（　　）。

A. 应交增值税　B. 应付账款　C. 房屋　D. 专利权

6. 下列各项有关会计账户与会计科目的说法错误的是（　　）。

A. 两者反映的内容是一致的，性质相同

B. 会计科目以会计账户为名称。

C. 没有会计科目，会计账户便失去了设置的依据。

D. 没有账户，就无法发挥会计科目的作用。

7. “应收账款”账户的期初余额为 8 000 元，本期增加额为 12 000 元，期末余额为 6 000元，则该账户的本期减少额为（　　）元。

A. 10 000　B. 4 000　C. 2 000　D. 14 000

8. 流动负债是指企业将在（　　）偿还的债务。

A. 一年内　B. 一年或长于一年的一个营业周期以上

C. 一年以上　D. 一年或长于一年的一个营业周期内

二、多项选择题

1. 下列各项会计科目属于反映流动资产的科目是（　　）。

A. 应收账款　B. 银行存款　C. 固定资产　D. 预付账款

2. 下列各项会计科目属于反映长期负债的科目是（　　）。

A. 应付票据　B. 应付债券　C. 长期应付款　D. 长期借款

3 下列项目中，用于所有者权益的会计科目是（　　）。

A. 实收资本　B. 资本公积　C. 盈余公积　D. 利润分配

4. 下列属于成本类科目的是（　　）。

A. 生产成本　B. 管理费用　C. 制造费用　D. 销售费用

5. 会计科目按其控制关系可分为（　　）。

A. 一级会计科目　B. 上级会计科目　C. 明细会计科目　D. 下级会计科目

6. 下列各项中，属于总分类科目的是（　　）。

A. 原材料——甲材料　B. 应收账款

C. 应交税费　D. 库存商品

7. 所有者以一台设备增加对本企业投资，这项经济业务的核算会涉及下列（　　）会计账户。

A. 资产类账户　B. 负债类账户

C. 所有者权益类账户　D. 收入类账户

8. 会计账户反映的内容包括（　　）。

A. 会计要素的增加额　B. 会计要素的减少额

C. 会计要素的期初余额　D. 会计要素的期末余额

9. 账户的基本结构内容包括（　　）。

A. 账户的名称　　B. 日期和摘要

C. 增减金额、余额　　D. 凭证号数

10. 有关会计科目与账户的叙述，正确的是（　　）。

A. 账户是会计要素分类的项目或标志

B. 所有企业所使用的会计科目都是相同的

C. 会计科目与账户反映的经济内容相同，账户是根据会计科目设置的

D. 会计科目是账户的名称，账户是具有一定格式的

实 训 题

实训一

1. 实训目的：分析会计账户的名称及其所归属的会计要素。

2. 实训资料：大森公司 2017 年 6 月 30 日有关财务内容如下：

（1）由出纳人员保管的款项 500 元。

（2）存放在银行里的款项 140 000 元。

（3）向银行借入 6 个月的款项 180 000 元。

（4）仓库中存放的材料 380 000 元。

（5）仓库中存放的已完工产品 60 000 元。

（6）正在加工中在产品 75 000 元。

（7）向银行借入 1 年以上期限的借款 720 000 元。

（8）房屋及建筑物 2 400 000 元。

（9）所有者投入的资本 2 360 000 元。

（10）机器设备 750 000 元。

（11）应收外单位的贷款 125 000 元。

（12）应付给外单位的材料款 120 000 元。

（13）以前年度积累的未分配利润 220 000 元。

（14）欠交的税金 60 000 元。

（15）采购员预借的差旅费 4 500 元。

（16）本月实现的利润 140 000 元。

（17）运输部门运货用的卡车 80 000 元。

（18）专利权一项 220 000 元。

（19）提取的职工福利费 100 000 元。

（20）客户预付的购货款 15 000 元。

（21）已宣告发放但尚未支付的现金股利 200 000 元。

（22）以前年度提取的盈余公积 120 000 元。

3. 要求：

（1）判断上列各财务事项的账户名称及所属的会计要素填入下表中。

会计要素及账户名称归属表 单位：元

序 号	项 目	账户名称	会计要素		
			资 产	负 债	所有者权益
1 2 3					

（2）计算该公司的资产总额、负债总额和所有者权益总额。

实训二

1. 实训目的：练习掌握调整账户与被调整账户的关系。

2. 实训资料：绿野公司2017年8月31日有关账户余额如下：

“固定资产”账户借方余额4 000 000元，“累计折旧”账户贷方余额160 000元，“原材料”账户借方余额15 000元，“材料成本差异”账户借方余额2 000元。

3. 要求：

（1）计算该公司8月末的固定资产账面净值，并说明“累计折旧”账户与“固定资产”账户的关系。

（2）计算该公司8月末原材料的实际成本，并说明“材料成本差异”账户与“原材料”账户的关系。

第5章 复式记账法

导语

在了解复式记账原理的基础上，掌握借贷记账法的内容，理解总分类账户与明细分类账户的关系，掌握总分类账户与明细分类账户平等登记的要点。能熟练运用借贷记账法编制会计分录；能正确编制总分类账户试算平衡表。

导入案例

试算平衡表不是万能的

小马从某财经大学会计系毕业后入职A公司任会计员。上班的第一天，会计科的同事们忙得不可开交，一问才知道，大家正在忙于月末结账。会计科长安排小马编制试算平衡表。并将公司所有的总账账簿交给他。不到一个小时，一张“总分类账户发生额及余额试算平衡表”就完整地编制出来了。

这时，会计小刘说：“呀，昨天车间领材料的单据还没记到账上去呢，这也是这个月的业务啊!”。话音未落，会计员小赵递过来一些会计凭证，对科长说，“这笔账我核对过了，应当记入‘原材料’和‘生产成本’的是10 000元，而不是9 000元。已经入账的那部分数字还得改一下。”

“试算平衡表不是已经平衡了吗？怎么还有错账呢？”小马不解地问。

科长看他满脸疑惑的神情，就耐心地开导说：“试算平衡表也不是万能的，比如在账户中把有些业务漏记了，借贷金额记账方向彼此颠倒了，还有记账方向正确但记错了账户，这些都不会影响试算表的平衡。会计员小赵才发现的把两个账户的金额同时记多了或记少了，也不会影响试算表的平衡。”

小马边听边点头，心里想：“这些内容好像老师在上‘基础会计’课的时候也讲过。以后在实践中还得好好琢磨呀。”

经过一番调整，一张真实反映本月业务的试算平衡表又在小马的手里诞生了。

5.1 复式记账原理

5.1.1 记账方法的概念及种类

记账方法是指对所发生的经济业务在有关账户中进行记录所采用的方法。记账方法一般都是由记账符号、所记账户、记账规则、过账、结账和试算平衡几部分构成。

记账方法随着会计的产生和发展，经历了一个从简单到复杂、从不完善到逐渐完善的过程。在历史的早期，记账的方法是单式记账法，后来，随着生产力的发展，客观上也要求会计上突破原来落后的单式记账方法，逐渐出现了复式记账方法。

1. 单式记账法

所谓单式记账法，是指对每项经济业务一般只在一个账户中进行单方登记的一种记账方法。这种方法除了对人欠（应收款项）、欠人（应付款项）所引起的现金和银行存款收付业务在两个或两个以上账户中进行双重登记外，对于其他经济业务都只在一个账户中登记或不予登记。其特点就是平时只登记现金、银行存款的收付业务和各种应收、应付款项，而对于各项材料物资的耗用等则不予登记。

【例 5-1】 企业用银行存款 4 300 元支付管理费用，只记“银行存款”账户减少 4 300 元，而不记“管理费用”增加了 4 300 元；销售产品 5 000 元收到银行存款，只记“银行存款”增加 5 000 元，不记“主营业务收入”增加 5 000 元。

单式记账法在运用中具有记账过程和方式简单的优点，但它也存在着严重的缺陷，一方面，单式记账法不能全面、系统地反映每笔经济业务的来龙去脉，因而不利于经济管理，不利于实行会计监督；另一方面，单式记账法下各账户之间没有严密的对应关系，账户记录不能相互平衡，因而不便于检查账户记录的正确性和完整性。目前，仅有经济活动十分简单的个体企业采用，其他单位很少采用这种记账方法。

2. 复式记账法

所谓复式记账法，就是对每一项经济业务都以相等的金额，同时在两个或两个以上的相互联系的账户中进行记录的一种记账方法。复式记账法是从单式记账法发展起来的一种比较完善的记账方法，为世界各国所普遍采用。

复式记账法不同于单式记账方法的地方在于，它针对每一笔经济业务都要在两个或两个以上相互联系的账户中以相等的金额进行记录，相互联系地反映价值运动。在复式记账方法下，各账户之间客观上存在着对应关系，对账户记录的结果可以进行试算平衡；它较好地体现了资金运动的内在规律，能够全面地、系统地反映资金增减变动的来龙去脉及经营成果，并有助于检查账户处理和保证账簿记录结果的正确性。复式记账法是现代会计核算的一种重要的方法。在我国的会计实务中，曾经出现过三种复式记账法，即增减记账法、收付记账法、借贷记账法。经过会计工作者长期反复的实践和研究，借贷记账法被证明是复式记账法中最科学、最完善的记账方法，我国会计准则规定记账必须采用借贷记账法。

5.1.2 复式记账的原理

复式记账是以会计等式为理论依据所设计的一种记账方法，它从会计等式的平衡关系开始，中间的增减变化尽管千变万化，但最终仍然是以会计等式平衡而结束，复式记账法体现了会计等式的平衡。

企业任何经济业务的发生，都有其来龙去脉，都会引起资产、负债、所有者权益等会计要素至少两个项目发生增减变动，这种增减变动对会计等式的影响不外乎以下四种情况：

① 资产和负债、所有者权益同时等额增加。

② 资产和负债、所有者权益同时等额减少。

③ 资产内部各项目之间有增有减，增减金额相等。

④ 负债及所有者权益内部各项目之间有增有减，增减金额相等。

以上四种情况或者引起会计等式两边同时等额增加或减少，或者引起会计等式一边一增一减，增减相等，因此，任何经济业务的发生，都不会破坏会计等式的平衡关系，会计等式是一个恒等式。根据会计等式的这个平衡原理，在会计核算中就要为每个会计要素的每一个项目设置账户，当经济业务发生时，就对其所引起的会计要素及其项目的增减变动数据，在两个或两个以上相互联系的账户中做成双重记录，以便全面反映经济活动存在的相互依存的内在联系。这就是复式记账的基本原理。例如，企业用银行存款 2 340 元购入原材料。这笔经济业务，涉及会计等式一边的资产要素内部银行存款和原材料项目一增一减，增减金额都是 2 340 元。为了完整地反映该业务的来龙去脉，一方面在“银行存款”账户减少 2 340 元，另一方面在“原材料”账户增加 2 340 元，这就是复式记账的方法。

5.2　借贷记账法

5.2.1　借贷记账法的基本内容

借贷记账法是复式记账法的一种。它是以“借”“贷”为记账符号，以“资产 = 负债 + 所有者权益”的会计等式为理论依据，以“有借必有贷，借贷必相等”为记账规则的一种科学的记账方法。

借贷记账法起源于 13 ~ 14 世纪的意大利，它是为了适应借贷资本和商业资本经营的需要而产生的。“借”“贷”二字的含义，最初是从借贷资本家的角度解释的，表示借贷资本家的债权和债务的增减变动。借贷资本家一方面从商人和官吏手中吸收货币资本，一方面又将货币资本借给需要的人，从中谋取利润。借贷资本家对于借进的款项，记在贷主的名下，表示自身债务的增加；对于贷出的款项，则记在借主的名下，表示自身债权的增加。这样就形成了反映债权、债务关系的“借”“贷”二字。后来随着商品货币经济的发展，经济活动范围的日益扩大，经济活动内容日益复杂，借贷记账法得到广泛的运用，记账内容不再局限于债权、债务关系，而是扩大到记录商品、收入、支出的增减变化和计算经营损益等方面。原来仅局限于记录债权、债务关系的“借”“贷”二字已不能概括经济活动的全部内容，它们逐渐失去了原来字面上的含义，而成为单纯的记账符号，会计上的一种专门术语，并获得了新的经济含义。到了 15 世纪，借贷记账法逐渐成为一种比较完备的复式记账法。

借贷记账法的理论依据是“资产 = 负债 + 所有权益”这个会计等式所包含的经济内容及恒等关系。它是根据这个依据来设置账户、确定账户结构、记账方向和记账规则，并进行试算平衡的。借贷记账法的基本内容包括四个方面，即记账符号、账户设置和结构、记账规则、试算平衡。

1. 记账符号

借贷记账法以“借”“贷”二字作为记账符号，即用“借”“贷”表示会计要素具体内容数量方面的增减变动情况，但借、贷二字并不固定地表示增加或减少，只有针对某一特定的会计要素而言才具有明确的含义。“借”表示资产、费用成本的增加，负债、所有者权益、收入的减少；“贷”表示负债、所有者权益、收入的增加，资产、费用成本的减少。

2. 账户设置和结构

在借贷记账法下，除了按所反映的经济内容设置资产类账户、负债类账户、成本类账户、所有者权益类账户和损益类账户外，还可以设置双重性质的账户，这也是其他复式记账法所不具备的特点，如对于预收账款或预付账款业务不多的企业，可以不单独设置“预收账款”账户或“预付账款”账户，而将发生的预收账款业务通过“应收账款”账户核算，将预付账款业务通过“应付账款”账户核算。这样“应收账款”和“应付账款”两个账户就具有了双重性质。我们可以通过账户余额的方向来判断该账户的性质，若期末余额在借方就确定为债权；若期末余额在贷方就确定为负债。设置双重性质的账户既不影响对账户的确认，又可以减少账户设置的数量，增加账户运用的灵活性。

在借贷记账法下，所有账户都固定地分为左右两方，左方规定为借方，右方规定为贷方，其中一方登记增加额，另一方登记减少额。至于用哪一方登记增加额，用哪一方登记减少额，则取决于账户的性质，即账户所反映的经济内容。对于一个账户来说，在一定会计期间内（月、季、年），借方登记的发生额合计数称为借方发生额；贷方登记的发生额合计数称为贷方发生额；在每一个会计期末，将借方发生额与贷方发生额相比较，其差额就是该账户的期末余额，若借方发生额大于贷方发生额，则期末余额在借方；若贷方发生额大于借方发生额，则期末余额在贷方。将本期的期末余额结转下一会计期间，即为下一会计期间的期初余额。期初余额的方向与期末余额的方向相同。不同性质的账户，其结构是不同的。

（1）资产类账户的结构

用来记录资产类会计要素增减变动情况的账户称为资产类账户。资产类账户的结构为：借方登记资产的增加额，贷方登记资产的减少额，账户若有余额，一般在借方。

资产类账户的结构如表 5-1 所示。

资产类账户的期末余额计算公式如下：

资产类账户期末余额 = 期初借方余额 + 本期借方发生额 - 本期贷方发生额

（2）负债及所有者权益类账户的结构

用来记录负债类会计要素增减变动情况的账户称为负债类账户；用来记录所有者权益会计要素增减变动情况的账户称为所有者权益类账户。由于资产与负债及所有者权益是同一资金的两个不同的侧面，在经济性质上是对立的，因而负债及所有者权益类账户与资产类账户的结构必然相反，即账户贷方登记负债及所有者权益的增加额，借方登记负债及所有者权益的减少额，账户若有余额，一般在贷方。

负债及所有者权益类账户的结构如表 5-2 所示。

负债及所有者权益类账户的期末余额计算公式如下：

负债及所有者权益类账户期末余额 = 期初借方余额 + 本期借方发生额 - 本期贷方发生额

表 5-1

资产类账户

借（方）	贷（方）
期初余额 ×××	
本期增加额 ×××	本期减少额 ×××
⋮	⋮
本期发生额 ×××	本期发生额 ×××
期末余额 ×××	

表 5-2

负债及所有者权益类账户

借（方）	贷（方）
	期初余额 ×××
本期增加额 ×××	本期减少额 ×××
⋮	⋮
本期发生额 ×××	本期发生额 ×××
	期末余额 ×××

（3）成本类账户的结构

成本类账户是用来归集和分配企业为制造产品而发生的各项费用，并据以计算产品生产成本的账户。企业产品的生产过程实际上是资产的耗费过程，成本费用是资产的转化形式，因而其账户的性质和结构与资产类账户基本相同。即账户的借方登记增加额，贷方登记减少额，账户若有余额，一般在借方。成本类账户的结构和期末余额的计算公式与资产类账户基本相同，可参照资产类账户进行登记。

（4）损益类账户的结构

损益类账户是用来归集企业在一定会计期间内所取得的收入和收益、费用和支出，据以计算经营成果的账户。

损益类账户按反映的具体内容的不同，可以分为记录各项收入的账户和记录各项费用的账户。企业在一定会计期间所取得的收入收益必然会发生各种费用支出，收入减去费用的差额就是企业的利润。利润的形成会使企业的所有者权益增加，因此，收入收益类账户的性质和结构与所有者权益基本相同，即贷方登记收入收益的增加额，借方登记收入收益的减少额；由于收入收益类账户与费用支出类账户在经济性质上对立，所以，费用支出类账户的结构与收入收益类账户相反；与资产类账户的结构相同，即借方登记增加额，贷方登记减少额。由于期末损益类账户的本期发生额应全部转入“本年利润”账户，因而这类账户期末均无余额。损益类账户的结构如表 5-3 和表 5-4 所示。

表 5-3

收入收益类账户

借（方）	贷（方）
本期增加额 ×××	本期减少额 ×××
⋮	⋮
本期发生额 ×××	本期发生额 ×××
期末无余额	

表 5-4

费用支出类账户

借（方）	贷（方）
本期增加额 ×××	本期减少额 ×××
⋮	⋮
本期发生额 ×××	本期发生额 ×××
	期末无余额

根据上述对各类账户的说明将全部账户的结构归纳如表 5-5 所示。

表 5-5

账户结构表

账户类别		账户结构		
		借方	贷方	余额方向
资产类账户		增加额	减少额	借方
负债类账户		减少额	增加额	贷方
所有者权益类账户		减少额	增加额	贷方
成本类账户		增加额	减少额	借方
损益类账户	收入收益类账户	减少额	增加额	无余额
	费用支出类账户	增加额	减少额	无余额

3. 记账规则

记账规则是指运用某种记账方法记录经济业务时所应遵循的规律，不同的记账方法具有不同的记账规则，借贷记账法的记账规则是“有借必有贷，借贷必相等”。就是对发生的每一笔经济业务都要以相等的金额，在两个或两个以上相互联系的账户中进行登记，而且既有记入账户借方的，也有记入账户贷方的，记入借、贷两方账户的金额必须相等。换句话说，就是任何一项经济业务，一方面记入一个或几个账户的借方，另一方面必然要记入一个或几个账户的贷方，并且借方与贷方的数额是必然相等的。

现举例说明借贷记账法的记账规则。

【例 5-2】 华章有限责任公司 20××年 3 月发生以下经济业务。

① 5 日，收到投资者作为投资的汽车一辆，价值 150 000 元。

该项经济业务的发生，一方面使企业资产项目中的固定资产增加了 150 000 元，另一方面使企业的所有者权益项目中的实收资本增加了 150 000 元。因此，这项经济业务应当记入“固定资产”和“实收资本”两个账户。“固定资产”是资产类账户，增加了应记入账户的借方，“实收资本”是所有者权益类账户，增加了应记入贷方。这项经济业务记入账户的结果如下：

借 实收资本	贷		借 固定资产	贷
	（1）150 000	←→	（1）150 000	

② 8 日，企业用银行存款 30 000 元归还已到期的银行短期借款。

这项经济业务的发生，一方面使企业资产项目中的银行存款减少了 30 000 元，另一方面使企业的负债项目中的短期借款减少了 30 000 元。因此，这项经济业务应当记入“银行存款”和“短期借款”两个账户。“银行存款”是资产类账户，减少了应记入账户的贷方，“短期借款”是负债类账户，减少了应记入借方。这项经济业务记入账户的结果如下：

借 银行存款	贷		借 短期借款	贷
	（2）30 000	←→	（2）30 000	

③ 12 日，企业用银行存款 10 000 购进一批原材料。

这项经济业务的发生，一方面使企业资产项目中的原材料增加了 10 000 元，另一方面使企业的资产项目中银行存款的减少了 10 000 元。因此，这项经济业务应当记入“原材料”和“银行存款”两个账户。“原材料”是资产类账户，增加了应记入账户的借方，“银行存款”也是资产类账户，减少了应记入贷方。这项经济业务记入账户的结果如下：

④ 20 日，企业开出一张面值为 5 000 元的商业承兑汇票偿还前欠购货款。

这项经济业务的发生，一方面使企业负债项目中的应付账款减少 5 000 元，另一方面使企业的负债项目中的应付票据增加了 5 000 元。因此，这项经济业务应当记入“应付账款”和“应付票据”两个账户。“应付账款”是负债类账户，减少了应记入账户的借方，“应付票据”也是负债类账户，增加了应记入贷方。这项经济业务记入账户的结果如下：

企业每天所发生的经济业务虽然千差万别，但归纳起来不外乎四种类型。采用借贷记账法记录任何一类经济业务时，都体现了“有借必有贷，借贷必相等”的记账规则。这个记账规则可以归纳如图 5-1 所示。

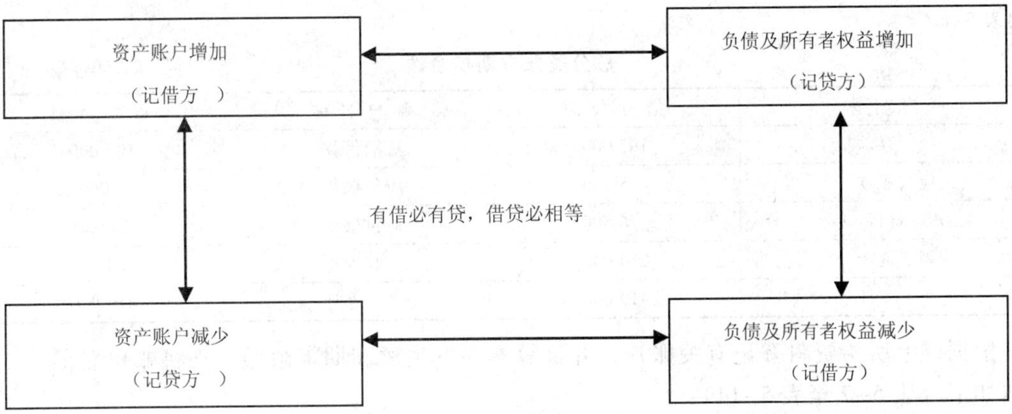

图 5-1　借贷记账法记账规则

4. 试算平衡

在借贷记账法下，每笔经济业务都按照“有借必有贷，借贷必相等”的记账规则记入有关账户的借方和贷方，且借贷两方的发生额必然相等，那么一定会计期间的全部经济业务登记到有关账户之后，全部账户的本期借方发生额合计和贷方发生额合计也必然相等。以此类推，全部账户的期末借方余额合计与贷方余额合计也必然相等。在记账过程中，如果出现了记账差错，就可能破坏借贷双方的等量关系，如果借贷金额不平衡，则意味着账户记录产生了差错。因此，为了保证账户记录的正确性，必须定期进行账户之间的试算平衡，以便及时找出记账差错及其原因，并予以更正。

借贷记账法下的试算平衡，是指在把本期的经济业务全部登记入账，并计算出借贷方的本期发生额和期末余额的基础上，通过编制“试算平衡表”来进行的。账户记录的试算平衡可以采用以下两种不同的方法。

（1）发生额试算平衡法

发生额试算平衡法是通过检查全部账户本期借贷方发生额合计是否相等，来检查账户记录是否正确的方法。它是以全部总分类账户的本期发生额为依据，通过编制“总分类账户本期发生额试算平衡表”来进行试算平衡。其平衡公式如下：

全部账户本期借方发生额合计 = 全部账户本期贷方发生额合计

（2）余额试算平衡法

余额试算平衡法是通过检查全部账户本期借贷方余额合计是否相等，来检查账户记录是否正确的方法。它是以全部总分类账户的期末余额为依据，通过编制“总分类账户期末余额试算平衡表”来进行试算平衡。其平衡公式如下：

全部账户本期借方余额合计 = 全部账户本期贷方余额合计

在实际工作中，企业可以将“总分类账户本期发生额试算平衡表”和“总分类账户期末余额试算平衡表”合并为一张试算平衡表，即“总分类账户本期发生额及余额试算平衡表”。现举例说明账户记录的试算平衡。

【例 5-3】 假定 A 公司 6 月份全部总分类账户的期初余额如表 5-6 所示，所发生的经济业务参见【例 5-2】。

表 5-6

总分类账户期初余额

单位：元

账户名称	借方余额	账户名称	贷方余额
银行存款	197 000	短期借款	100 000
应收账款	5 500	应付账款	5 000
原材料	6 500	应付票据	14 000
固定资产	210 000	实收资本	300 000
合　计	419 000	合　计	419 000

根据以上所给资料登记有关账户，并计算本期发生额和期末余额，现将账户登记的结果归纳如下（表 5-7 至表 5-14）：

表 5-7

总分类账户

会计科目：应收账款

单位：元

20××年		凭证号	摘要	借方	贷方	借或贷	余额
月	日						
6	1	略	月初余额			借	5 500
	30		本期合计			借	5 500

表 5-8

总分类账户

会计科目：银行存款　　　　　　　　　　　　　　　　　　　　　　　　单位：元

20××年		凭证号	摘要	借方	贷方	借或贷	余额
月	日						
6	1	略	月初余额			借	197 000
	8		还银行借款		30 000	借	167 000
	12		购原材料		10 000	借	157 000
	30		本期合计		40 000	借	157 000

表 5-9

总分类账户

会计科目：原材料　　　　　　　　　　　　　　　　　　　　　　　　单位：元

20××年		凭证号	摘要	借方	贷方	借或贷	余额
月	日						
6	1	略	月初余额			借	6 500
	12		购进	10 000		借	16 500
	30		本期合计	10 000		借	16 500

表 5-10

总分类账户

会计科目：固定资产　　　　　　　　　　　　　　　　　　　　　　　　单位：元

20××年		凭证号	摘要	借方	贷方	借或贷	余额
月	日						
6	1	略	月初余额			借	210 000
	5		接受投资	150 000		借	360 000
	30		本期合计	150 000		借	360 000

表 5-11

总分类账户

会计科目：短期借款　　　　　　　　　　　　　　　　　　　　　　　　单位：元

20××年		凭证号	摘要	借方	贷方	借或贷	余额
月	日						
6	1	略	月初余额			贷	100 000
	8		归还借款	30 000		贷	70 000
	30		本期合计	30 000		贷	70 000

表 5-12

总分类账户

会计科目：应付账款　　　　　　　　　　　　　　　　　　　　　　　　单位：元

20××年		凭证号	摘要	借方	贷方	借或贷	余额
月	日						
6	1	略	月初余额			贷	5 000
	20		偿还欠款	5 000		平	0
	30		本期合计	5 000		平	0

表 5-13

总分类账户

会计科目：应付票据　　单位：元

20××年		凭证号	摘要	借方	贷方	借或贷	余额
月	日						
6	1	略	月初余额			贷	14 000
	20		开出汇票		5 000	贷	19 000
	30		本期合计		5 000	贷	19 000

表 5-14

总分类账户

会计科目：实收资本　　单位：元

20××年		凭证号	摘要	借方	贷方	借或贷	余额
月	日						
6	1		月初余额			贷	300 000
	5		接受投资		150 000	贷	450 000
	30		本期合计		150 000	贷	450 000

根据上述账户的登记结果，编制“总分类账户本期发生额及余额试算平衡表”，见表 5-15 所示。

表 5-15

总分类账户本期发生额及余额试算平衡表

会计科目：实收资本　　单位：元

账户名称	期初余额		本期发生额		期末余地额	
	借方	贷方	借方	贷方	借方	贷方
银行存款	197 000			40 000	157 000	
应收账款	5 500				5 500	
原材料	6 500		10 000		16 500	
固定资产	210 000		150 000		360 000	
短期借款		100 000	30 000			70 000
应付账款		5 000	5 000			0
应付票据		14 000		5 000		19 000
实收资本		300 000		150 000		450 000
合计	419 000	419 000	195 000	195 000	539 000	539 000

编制以上试算平衡表时，应当体现三个平衡关系：

① 全部账户期初借方余额合计 = 全部账户期初贷方余额合计。

② 全部账户本期借方发生额合计 = 全部账户本期贷方发生额合计。

③ 全部账户期末借方余额合计 = 全部账户期末贷方余额合计。

应当说明的是，通过试算平衡表来检查账簿记录是否平衡并不是绝对的，如果借贷不平衡，就可以肯定账户的记录或计算有错误，应找出原因，予以更正。但是，如果借贷试算平衡，却不能肯定记账没有错误，因为有些错误并不影响借贷双方的平衡关系。比如一笔经济业务全部重记或漏记；某项经济业务记错账户或应借应贷账户相互颠倒；借贷双方账户记错了相同的金额等，所有这些错账都不能通过试算平衡来发现，因而需要进行日常或定期的复核，以保证账户记录的正确性。

5.2.2 会计分录与账户的对应关系

1. 会计分录

在借贷记账法下，为减少错账的发生，保证账户记录的正确性，对于发生的每一笔经济业务都不直接记入相应的账户，而是先把每项经济业务应记入的账户名称、应借贷的方向及金额做出记录，再据以登记账户。这种记录就是会计分录。

会计分录（也称记账公式）包括账户名称、记账方向和记账金额三个要素，在书写形式上应先借后贷，借贷相错一格。

【例 5-4】 借：现金　　300

　　贷：银行存款　　300

在实际工作中，会计分录是在记账凭证上编制的。编制会计分录应按以下步骤进行：

① 确认每项经济业务涉及的账户名称。

② 分析涉及的账户属于哪类性质的，是增加还是减少。

③ 根据账户性质和结构，确定应记入账户的方向（借或贷）。

④ 确定应记入账户的金额。

⑤ 检查、复核会计分录的正确性。

现将本章【例 5-2】中所举的经济业务，用借贷记账法做出会计分录列示如下：

① 借：固定资产　　150 000

　　贷：实收资本　　150 000

② 借：短期借款　　30 000

　　贷：银行存款　　30 000

③ 借：原材料　　10 000

　　贷：银行存款　　10 000

④ 借：应付账款　　5 000

　　贷：应付票据　　5 000

以上编制的会计分录都比较简单，每个分录都是由一个借方账户和一个贷方账户相对应组成的，这种只涉及两个账户的会计分录，称为简单分录；若涉及两个以上账户的分录，则称为复合分录。例如，企业购进原材料价值 5 000 元，其中，用银行存款支付 3 000 元，其余货款尚未支付。这笔经济业务可以编制复合分录如下：

借：原材料　　5 000

　　贷：银行存款　　3 000

　　　　应付账款　　2 000

复合分录实际上是由几个简单分录组成的。如上述复合分录可以分为：

① 借：原材料　　3 000

　　贷：银行存款　　3 000

② 借：原材料　　2 000

　　贷：应付账款　　2 000

在借贷记账法下，为了清晰地反映经济业务的来龙去脉，可以编制“一借一贷”或“一借多贷”“一贷多借”的会计分录，尽量避免编制不能体现账户之间对应关系的“多借多贷”的会计分录。

2. 账户对应关系

运用借贷记账法的记账规则处理经济业务时，一笔业务所涉及的几个账户之间就形成了应借、应贷的相互关系，这种关系称为“账户对应关系”，存在对应关系的账户称为“对应账户”。通过账户对应关系，能够正确地反映资金运动的来龙去脉，清楚地了解经济业务的内容，便于进行监督。

5.3　总分类账户与明细分类账户的平行登记

5.3.1　总分类账户与明细分类账户的关系

会计科目按反映经济内容的详细程度不同可以分为总分类科目和明细分类科目，账户是根据会计科目开设的，所以账户也可以分为总分类账户和明细分类账户。总分类账户是根据总分类科目开设的，是对会计要素具体内容进行总括地分类核算和监督，提供会计要素总括核算资料的账户。明细分类账户是根据明细分类科目开设的，是对会计要素具体内容进行详细的分类核算和监督，提供会计要素详细资料的账户。例如，设置并登记“应收账款”总分类账户，可以了解企业赊销产品的货款总额、已收回的货款额和尚未收回的货款额等情况；设置并登记“应收账款”明细分类账户，可以了解各个购货企业的赊销总额、偿还赊销款的数额和尚未偿还的货款数额等情况。

总分类账户与所属明细分类账户核算的经济业务是相同的，只是提供的数据资料的详细程度不同。总分类账户对所明细分类账户起统驭作用，是对明细分类账户的综合；明细分类账户从属于总分类账户，对总分类账户起着辅助和补充说明的作用。总分类账户采用货币计量单位登记，明细分类账户除采用货币计量单位外，有些明细分类账户还采用实物计量单位登记。总分类账户和明细分类账户相互联系，相互配合，共同为企业管理者和外部投资者、债权人提供各种详略有别的会计信息。

5.3.2　总分类账户与明细分类账户平行登记的要点

总分类账户与所属明细分类账户之间的关系，决定了二者在核算经济业务时必须进行平行登记。

所谓平行登记，就是对需要明细核算的每一项经济业务，既要记入有关的总分类账户，又要记入所属的明细分类账户。

平行登记的要点：

① 同时登记：就是对于每项经济业务，既要记入有关总分类账户，又要记入其所属的明细分类账户。

② 方向相同：就是对于同一项经济业务，记入总分类账户和记入所属明细分类账户的方向相同。若总分类账户记借方，则所属明细分类账户也记借方；若总分类账户记贷方，则所属明细分类账户也记贷方。

③ 金额相等：就是对于同一项经济业务，记入总分类账户的金额与记入所属明细分类账户的金额之和相等。

下面以 A 公司的“原材料”“应付账款”两个账户为例，说明总分类账户与明细分类账户的平行登记的方法。

【例 5-5】 A 公司 20××年 4 月份“原材料”和“应付账款”账户的期初余额如下：

“原材料”总分类账户期初余额 5 000 元，其中：甲材料 300 kg，单价 10 元，金额3 000 元，乙材料 1000 件，单价 2 元，金额 2 000 元。

“应付账款”总分类账户期初余额 8 000 元，其中：红星工厂 6 000 元，南平工厂 2 000元。

A 公司 4 月份发生下列经济业务：

① 3 日，向红星工厂购入甲材料 100 kg，单价 10 元，货款 1 000 元，尚未支付。

② 12 日，仓库发出甲材料 200 kg，单价 10 元，金额 2 000 元；乙材料 700 件，单价 2 元，金额 1 400 元，用于 A 产品生产。

③ 20 日，用银行存款 6 000 元偿还前欠红星工厂货款 4 000 元，偿还南平工厂2 000元。

④ 23 日，向南平工厂购入乙材料 750 件，单价 2 元，货款 1 500 元，尚未支付。

根据上述资料进行平行登记，具体步骤如下：

① 开设“原材料”和“应付账款”总分类账户及所属明细分类账户，并登记期初余额，见表 5-16 ~ 表 5-21。

② 编制会计分录

借：原材料——甲材料　　1 000
　贷：应付账款——红星工厂　　1 000
借：生产成本——A 产品　　3 400
　贷：原材料——甲材料　　2 000
　　　　　　——乙材料　　1 400
借：应付账款——红星工厂　　4 000
　　　　　　——南平工厂　　2 000
　贷：银行存款　　6 000
借：原材料——乙材料　　1 500
　贷：应付账款——于南平工厂　　1 500

③ 根据会计分录平行登记总分类账户和所属各明细分类账户，并计算各账户的本期发生额和期末余额。登记结果见表 5-16 ~ 表 5-21。

表 5-16

原材料总分类账户

会计科目：原材料　　　　单位：元

20××年 月	日	凭证号	摘要	借方	贷方	借或贷	余额
4	1		月初余额			借	5 000
	3	①	购进	1 000		借	6 000
	12	②	生产领用		3 400	借	2 600
	23	④	购进	1 500		借	4 100
	30		本月合计	2 500	3 400	借	4 100

表 5-17

原材料明细分类账户

明细科目：甲材料　　　　单位：元

20××年		凭证号	摘要	单价	收入		发出		结存	
月	日				数量	金额	数量	金额	数量	金额
4	1		月初余额	10					300	3 000
	3	①	购进	10	100	1 000			400	4 000
	12	②	生产领用	10			200	2 000	200	2 000
	30		本月合计		100	1 000	200	2 000	200	2 000

表 5-18

原材料明细分类账户

明细科目：乙材料　　　　单位：元

20××年		凭证号	摘要	单价	收入		发出		结存	
月	日				数量	金额	数量	金额	数量	金额
4	1		月初余额	2					1 000	2 000
	12	②	生产领用	2			700	1 400	300	600
	23	④	购进	2	750	1 500			1 050	2 100
	30		本月合计		750	1 500	700	1 400	1 000	2 100

表 5-19

应付账款总分类账户

会计科目：应付账款　　　　单位：元

20××年 月	日	凭证号	摘要	借方	贷方	借或贷	余额
4	1		月初余额			贷	8 000
	3	①	欠货款		1 000	贷	9 000
	20	③	归还欠款	6 000		贷	3 000
	23	④	欠货款		1 500	贷	4 500
	30		本月合计	6 000	2 500	贷	4 500

表 5-20

应付账款明细分类账户

会计科目：红星工厂　　　　　　　　　　　　　　　　　　　　　　　单位：元

20××年		凭证号	摘要	借方	贷方	借或贷	余额
月	日						
4	1		月初余额			贷	6 000
	3	①	欠货款		1 000	贷	7 000
	20	③	归还欠款	4 000		贷	3 000
	30		合计	4 000	1 000	贷	3 000

表 5-21

应付账款明细分类账户

会计科目：南平工厂　　　　　　　　　　　　　　　　　　　　　　　单位：元

20××年		凭证号	摘要	借方	贷方	借或贷	余额
月	日						
4	1		月初余额			贷	2 000
	20	③	归还欠款	2 000		贷	0
	23	④	欠货款		1 500	贷	1 500
	30		本月合计	2 000	1 500	贷	1 500

5.3.3　总分类账户与明细分类账户平行登记的试算平衡

月末，为了检验总分类账户与明细分类账户平行登记是否相符，应根据明细分类账户的本期及期末核算资料，编制“明细分类账户本期发生额及余额明细表”，并与总分类账户核对，进行试算平衡。详见表 5-22 和表 5-23。

表 5-22

原材料明细分类账户本期发生额和余额表　　　　　　　　　　单位：元

明细分类账户	计量单位	单价	月初余额		本期发生额				月末余额	
			数量	金额	收入		发出		数量	金额
					数量	金额	数量	金额		
甲材料	kg	10	300	3 000	100	1 000	200	2 000	200	2 000
乙材料	件	2	1 000	2 000	750	1 500	700	1 400	1 050	2 100
合计	×	×	×	5 000	×	2 500	×	3 400	×	4 100

表 5-23

应付账款明细分类账户本期发生额和余额表　　　　　　　　　　单位：元

明细分类账户	月初余额		本期发生额		月末余额	
	借方	贷方	借方	贷方	借方	贷方
红星工厂		6 000	4 000	1 000		3 000
南平工厂		2 000	2 000	1 500		1 500
合计		8 000	6 000	2 500		4 500

平行登记结果应存在以下等式关系：

① 总分类账户期初余额 = 所属明细分类账户期初余额之和。

② 总分类账户本期借（或贷）方发生额 = 所属明细分类账户本期借（或贷）方发生额之和。

③ 总分类账户期末余额 = 所属明细分类账户期末余额之和。

教学过程中，可通过开设总分类账户及所属明细分类账户的“T”型账户进行总分类账户与明细分类账户的平行登记。

课后习题

一、单项选择题

1. 复式记账的理论依据是（　　）。

A. 会计目标　　B. 会计要素　　C. 会计假设　　D. 会计等式

2. 账户的“借方”表示增加，还是“贷方”表示增加，取决于账户的（　　）。

A. 性质和需要　　B. 结构和格式　　C. 性质和结构　　D 结构和需要

3. 在借贷记账法下，账户的借方表示（　　）。

A. 资产的增加和负债的减少　　B. 负债的增加和资产的减少

C. 收入的增加和负债的减少　　D. 利润和所有者权益的增加

4. 关于借贷记账法，下述各种观点正确的是（　　）。

A. 账户的借方登记增加额，贷方登记减少额

B. 从每个账户看，其借方发生额等于贷方发生额

C. 从每个企业看，其借方账户与贷方账户之间互为对应账户

D. 以“有借必有贷，借贷必相等”作为记账规则

5. “银行存款”账户的期初余额为 8 000 元，本期借方发生额为 12 000 元，期末余额为 6 000 元，则该账户的本期贷方发生额为（　　）元。

A. 2 000　　B. 10 000　　C. 14 000　　D. 4 000

6. “实收资本”账户期初贷方余额为 100 万元，本期增加发生额 110 万元，本期减少发生额 20 万元，该账户期末余额为（　　）。

A. 贷方余额 10 万元　　B. 借方余额 10 万元

C. 贷方余额 190 万元　　D. 借方余额 190 万元

7. A 公司“长期借款”账户期初余额为 100 000 元，本期贷方发生额为 60 000 元，本期借方发生额为 80 000 元，则该账户的期末余额为（　　）。

A. 借方 80 000 元 B. 贷方 20 000 元 C. 借方 12 000 元 D. 贷方 80 000 元

8. 在复式记账法下，对每项经济业务都以相等的金额在（　　）中进行登记。

A. 不同的账户　　B. 两个账户

C. 两个或两个以上的账户　　D. 一个或一个以上账户

9. 下列表述正确的是（　　）。

A. 损益类账户的借方登记增加额　　B. 损益类账户的借方登记减少额

C. 损益类账户的期末无余额　　D. 损益账户可以称为收入、收益类账户

10. 在“企业以现金 800 元预付采购员差旅费借款”这笔经济业务中，形成对应关系的

账户是（　　）

A. 库存现金和管理费用　　B. 库存现金和其他应收款

C. 库存现金和预付账款　　D. 库存现金和短期借款

11. 试算平衡，是指以资产和权益的（　　）为依据，检查账户记录是否正确的工作。

A. 对应关系　　B. 制约关系　　C. 平衡关系　　D. 隶属关系

12. 总分类账户和所属明细分类账户平行登记的要点是（　　）。

A. 同内容、同方向、同日期、同科目

B. 同方向、同日期、同金额

C. 同方向、同依据、等金额、同期间

D，同日期、同金额、同内容

13. 以银行存款 3 000 元偿还前欠货款，这笔经济业务正确的分录是（　　）。

A. 借：应收账款　　3 000
　　贷：银行存款　　3 000

B. 借：银行存款　　3 000
　　贷：银行存款　　3 000

C. 借：应付账款　　3 000
　　贷：应付账款　　3 000

D. 借：预收货款　　3 000
　　贷：银行存款　　3 000

14. 下列各表述中，正确的是（　　）。

A. 负债类账户与所有者权益类账户相同，其余额均在贷方

B. 总分类账户与所属明细分类账户之间互为对应账户

C. 一借多贷、一贷多借和多借多贷的会计分录均属于复合会计分录

D. 在试算平衡表中，如果借贷金额相等，则表明账户记录正确无误

15. 借：短期借款　　30 000
　　贷：银行存款　　30 000

该会计分录反映的经济业务内容是（　　）。

A. 用银行存款 30 000 元偿还 A 公司的借款

B. 用银行存款 30 000 元偿还银行的短期借款

C. 用银行存款 30 000 元归还到期债券

D. 从银行借入期限不到一年的借款 30 000 元

二、多项选择题

1. 在借贷记账法下，账户借方登记的内容有（　　）。

A. 资产的增加　　B. 负债及所有者权益的增加

C. 收入的增加和费用的减少　　D. 负债及所有者权益的减少

2. 借贷记账法下试算平衡的方法有（　　）。

A. 发生额试算平衡法　　B. 余额试算平衡法

C. 差额试算平衡法　　D. 加权平衡法

3. 下列错误中能通过试算平衡发现的有（　　）。

A. 某项业务未记账

B. 应借应贷账户中有一方记错了金额

C. 借贷双方中一方多计金额，一方少计金额

D. 借贷双方同时多计了经济业务的金额

4. 每一笔会计分录都包括（　　）。

A. 应记账户名称　B. 记账方向　C. 记账金额　D. 记账时间

5. 通过试算平衡表，可以检查账户记录正确性，但下列事项通过试算平衡不能检查的有（　　）。

A. 漏记某项经济业务　　B. 某项经济业务记录中，颠倒了记账方向

C. 重记某项经济业务　　D. 某项经济业务记错有关账户

6. 借方登记减少发生额的账户有（　　）。

A. 资产类账户　B. 负债类账户　C. 收入类账户　D. 费用类账户

7. 运用平行登记法登记总分类账户和所属明细分类账户时，必须做到（　　）。

A. 详简程度相同　B. 记账方向相同　C. 记账金额相等　D. 记账期间相同

8. 在借贷记账法下，对于发生的每笔经济业务可以编制的会计分录有（　　）。

A. 一借一贷的会计分录　　B. 一借多贷的会计分录

C. 一贷多借的会计分录　　D. 多借多贷的会计分录

9. 在借贷记账法下，账户贷方登记的内容有（　　）。

A. 资产的减少　　B. 负债及所有者权益的增加

C. 收入的增加和费用的减少　　D. 负债及所有者权益的减少

10. 下面关于总分类账户与明细分类账户关系的表述，正确的有（　　）。

A. 总分类账户对所属明细分类账户起控制、统驭的作用

B. 明细分类账户对总分类账户起补充说明的作用

C. 总分类账户的余额方向与所属明细分类账户的余额方向相同

D. 总分类账户与所属明细分类账户的核算内容相同，只是核算的详细程度不同

11. 下列分录中属于复合会计分录的有（　　）。

A. 借：库存现金　500
　　贷：银行存款　500

B. 借：生产成本　4560
　　　　制造费用　1140
　　贷：应付职工薪酬　5700

C. 借：生产成本　5000
　　　　制造费用　1200
　　贷：原材料　6200

D. 借：制造费用　4000
　　　　管理费用　1000
　　贷：累计折旧　5000

12. 借贷记账法的基本内容包括（　　）。

A. “借”“贷”记账符号　　B. “有借必有贷，借贷必相等”的记账规则

C. 账户设置和结构　　D. 账户的试算平衡

13. 对于“收到A公司归还的前欠货款3 000元，存入银行”这笔经济业务，下列说法正确的是（　　）。

A. 现金增加　B. 银行存款增加　C. 应付账款增加　D. 应收账款减少

14. 总分类账户余额试算平衡表中平衡数字有（　　）。

A. 期初借方余额合计数和期末借方余额合计数相等

B. 期初贷方余额合计数和期末贷方余额合计数相等

C. 期初借方余额合计数和期初贷方余额合计数相等

D. 期末借方余额合计数和期末贷方余额合计数相等

15. 从金额上看，总分类账户与所属明细分类账户之间的关系是（　　）。

A. 总分类账户的期初余额 = 所属明细分类账户的期初余额之和

B. 总分类账户的本期（借或贷）发生额 = 所属明细分类账户的本期（借或贷）发生额之和

C. 总分类账户的期末余额 = 所属明细分类账户的期末余额之和

D. 全部总分类账户的期末余额之和 = 全部明细分类账户的期末余额之和

实 训 题

实训一

1. 目的：掌握借贷记账法下，账户设置及账户结构。

2. 资料：

(1) 20××年3月1日，A公司“银行存款”账户的期初余额为30 000元，本月又发生下列与存款有关的经济业务：

① 将现金1 000元存入银行。

② 以银行存款8 500元购入一台计算机。

③ 收到投资者投入的资本20 000元，存入银行。

④ 以银行存款10 000元归还前欠的应付账款。

(2) 20××年3月1日，A公司“应付账款”账户的期初余额为7 000元，本月又发生下列与欠款有关的经济业务：

① 以银行存款2 000元归还前欠的购货款。

② 购入原材料一批价值4 000元，货款尚未支付。

③ 开出一张面值5 000元的商业汇票抵付前欠的货款。

④ 从银行借入短期借款4 000元，直接偿还前欠货款。

(3) 20××年3月1日，A公司“实收资本”账户的期初余额为400 000元，本月又发生下列与投资有关的经济业务：

① 接受甲企业投入的机器一批，价值100 000元。

② 收到乙企业投入资金200 000元，存入银行。

③ 用资本公积6 000元转增实收资本。

④ 将应付投资者的利润5 000转为实收资本。

3. 要求

① 根据资料“1”开设“银行存款”T型账户，将期初余额和本期发生额登入“T”型账户，并计算出账户的期末余额。

② 根据资料“2”开设“应付账款”T型账户，将期初余额和本期发生额登入“T”型账户，并计算出账户的期末余额。

③ 根据资料“3”开设“实收资本”T型账户，将期初余额和本期发生额登入“T”型账户，并计算出账户的期末余额。

实训二

1. 目的：练习借贷记账法。

2. 资料：20××年4月份A公司发生下列经济业务：

① 从银行提取现金50 000元，以备发放工资。

② 购进原材料一批，价值8 000元，款项尚未支付。

③ 以银行存款40 000元，购入机器设备一台。

④ 接受A公司投入的资本200 000元，存入银行。

⑤ 从银行借入期限为一年的借款100 000元，存入银行。

⑥ 以银行存款45 000元购入一项专利权。

⑦ 车间领用原材料3 800元，用于A产品的生产。

⑧ 以银行存款6 000元偿还前欠的购货款。

⑨ 以银行存款1 200元预付下年度的报刊杂志费。

⑩ 以银行存款7 000元支付应付投资者的利润。

3. 要求：根据上述资料编制会计分录。

实训三

1. 目的：进一步练习账户结构及借贷记账法下账户发生额和余额的计算。

2. 资料：A公司20××年6月末有关账户资料如下表：

单位：元

账户名称	期初余额	本期增加发生额	本期减少发生额	期末余额
银行存款		50 000	6 000	28 000
原材料	30 000	15 000	21 000	
库存商品	20 000		9 000	31 000
应收账款	1 000	1 500		500
生产成本	40 000	6 800		3 200
短期借款		20 000	46 000	21 000
应付票据	6 400	2 500	3 600	
实收资本	340 000		320 000	100 000
资本公积	18 000	5 300		12 000

3. 要求：根据上表资料，正确计算并填制下表。

账户名称	期初余额		本期发生额		期末余额	
	借方	贷方	借方	贷方	借方	贷方

实训四

1. 目的：进一步练习借贷记账法和试算平衡。

2. 资料：

(1) 20××年 9 月 1 日，A 公司各账户的期初余额如下表：

单位为元

账户名称	金额	账户名称	金额
现金	2 000	实收资本	300 000
银行存款	40 000	应付账款	9 000
应收账款	28 000	短期借款	20 000
固定资产	200 000	应交税金	1 000
原材料	10 000		
生产成本	50 000		
合计	330 000	合计	330 000

(2) 该厂 9 月份发生下列经业务：

① 收到其他单位投入的资本 300 000 元，存入银行。

② 将现金 1 500 元存入银行。

③ 生产 A 产品领用材料价值 4 000 元。

④ 用银行存款 5 000 元偿还前欠某单位的货款。

⑤ 从银行借入期限为 6 个月的款项 60 000 元，存入银行。

⑥ 以银行存款购入汽车一辆，价值 100 000 元。

⑦ 收回上月赊销产品的货款 20 000 元，存入银行。

⑧ 用银行存款 20 000 元归还短期借款。

⑨ 以银行存款 1 000 元支付应交纳的税金。

3. 要求：

① 根据上述经济业务，编制会计分录。

② 开设各T型账户，登记期初余额和本期发生额，并计算期末余额。

③ 编制“总分类账户发生额及余额试算平衡表”。

实训五

1. 目的：熟悉账户的对应关系。

2. 资料：A公司20××年6月份有关账户的登记情况如下：

库存现金

借	贷
期末余额：500	
（1） 800	（2）1 000

银行存款

借	贷
期末余额：20 000	
（6）10 000	（1） 800
（8）30 000	（3）2 000
	（7）6 000

其他应收款

借	贷
期末余额：2 000	
（2）1 000	

应交税费

借	贷
	期末余额：2 000
（3）2 000	

原材料

借	贷
期初余额：4 500	
（4）3 500	（9）4 000

应付账款

借	贷
	期末余额：8 000
（7）6 000	（4）3 500

固定资产

借	贷
期初余额：100 000	
（5） 50 000	

实收资本

借	贷
	期末余额：100 000
	（5）50 000

短期借款

借	贷
	期末余额：20 000
	（6）10 000
	（8）30 000

生产成本

借	贷
期末余额：3 000	
（9） 4 000	

3. 要求：

① 根据上述账户记录内容，写出会计分录。

② 按照会计分录中的账户对应关系说明各项经济业务的内容。

③ 计算各账户的本期发生额和期末余额。

④ 编制“总分类账户发生额和余额试算平衡表”。

实训六

1. 目的：练习总分类账户和明细分类账户平行登记的方法。

2. 资料：

(1) 20××年 5 月 1 日，天元工厂有关总分类账户及所属明细分类账户的期初余额如下：

①“原材料”账户的期初余额为 56 000 元。

其中：甲材料，500 kg，单价 20 元，共计 10 000 元。

　　　乙材料，3 000 kg，单价 15 元，共计 45 000 元。

②“应付账款”账户的期初余额为 6 800 元。

其中：兴旺工厂 4 000 元。

　　　星光工厂 2 800 元。

(2) 该厂 5 月份发生下列相关经济业务：

① 5 月 3 日，以银行存款 3 000 元偿还前欠兴旺工厂的材料款。

② 5 月 6 日，向星光工厂购入甲材料 200 kg，单价 20 元，计 4 000 元材料，已验收入库，货款尚未支付。

③ 5 月 15 日，生产 A 产品领用甲材料 600 kg，单价 20 元，计 12 000 元；乙材料2 000 kg，单价 15 元，计 30 000 元。

④ 5 月 20 日，向兴旺工厂购入甲材料 400 kg，单价 20 元，计 8 000 元，材料已验收入库，货款尚未支付。

⑤ 5 月 30 日，以银行存款偿还前欠兴旺工厂货款 6 000 元，偿还前欠星光工厂货款 5 000 元。

3. 要求：

① 根据资料“1”开设“原材料”和“应付账款”总分类账户和所属明细分类账户，并登记期初余额。

② 根据资料“2”编制会计分录，并进行“原材料”和“应付账款”总分类账户和所属明细分类账户的平行登记。

③ 根据账户登记的结果，编制“原材料明细分类账户本期发生额和余额平衡表”和“应付账款明细分类账户本期发生额和余额平衡表”。

原材料总分类账户

会计科目：

20××年		凭证号	摘要	借方	贷方	借或贷	余额
月	日						

续表

20××年		凭证号	摘要	借方	贷方	借或贷	余额
月	日						

应付账款总分类账户

会计科目：

20××年		凭证号	摘要	借方	贷方	借或贷	余额
月	日						

原材料明细分类账户

明细科目：　　　　　　　　　　　　计量单位：

20××年		凭证号	摘要	收入			发出			结存		
月	日			数量	单价	金额	数量	单价	金额	数量	单价	金额

原材料明细分类账户

明细科目：　　　　　　　　　　　　计量单位：

20××年		凭证号	摘要	收入			发出			结存		
月	日			数量	单价	金额	数量	单价	金额	数量	单价	金额

应付账款明细分类账户

会计科目：

20××年		凭证号	摘要	借方	贷方	借或贷	余额
月	日						

应付账款明细分类账户

会计科目：

20××年		凭证号	摘要	借方	贷方	借或贷	余额
月	日						

原材料明细分类账户本期发生额和余额表

明细分类账户	计量单位	单价	月初余额		本期发生额				月末余额	
			数量	金额	收入		发出		数量	金额
					数量	金额	数量	金额		

应付账款明细分类账户本期发生额和余额表

明细分类账户	月初余额		本期发生额		月末余额	
	借方	贷方	借方	贷方	借方	贷方

第6章 工业企业主要经营过程的核算

导语

通过本章的学习使学生在了解工业企业经济活动内容的基础上，重点掌握借贷记账法的有关理论。能熟练进行制造企业主要经济业务的账务处理。

导入案例

王先生开设了一家公司，投资10万元，因为公司业务较少，再加上为了减少办公费用，他决定不聘用会计，由自己记账。20×2年年末公司设立时没有发生业务，除了记录银行存款10万元之外，没有其他账簿记录。20×3年公司则支付各种办公费28 000元，取得收入88 000元，购置了计算机等设备20 000元，房屋租金15 000元，支付工资25 000元，王先生只是记了银行存款日记账，企业现在的账面余额仍然是10万元。他认为没有赚钱所以没有缴税，20×4年1月15日税务局检查认为该公司账目混乱，有偷税嫌疑。请问你如何看待这件事？王先生在什么地方出错了？应该如何改正？

工业企业是按照社会主义市场经济的要求独立核算、自负盈亏的产品生产企业。其基本任务是根据市场需要生产产品，并在生产经营中获得利润，使企业的所有者权益不断增值。企业设立时必须筹集资金，企业扩大规模也需要筹集资金。随着生产经营活动的进行，资金经过供应、生产、销售三个过程，依次以货币资金——储备资金——生产资金——成品资金——货币资金的形态不断循环。收回的货币资金一般要大于垫支的货币资金，超额部分形成企业的财务成果。因此，工业企业在资金的筹集过程、供应过程、生产过程、销售过程及分配财务成果等过程的经济活动，构成了工业企业经营核算的主要内容。在企业经营过程的不同阶段，资金运动的方式和表现的形态也不同，相应地核算的内容也就不同。接下来，我们将结合企业资金化的形态，针对工业企业的供应过程、生产过程、销售过程和财务成果的形成与分配过程这四个过程的主要业务核算进行分别说明。

6.1 筹集资金过程的核算

6.1.1 资金筹集的内容及方式

一个企业的生存和发展，离不开资产要素的存在，资产是企业进行生产经营活动的物质基础。对于任何一个企业而言，其资产形成的资金来源主要有两条渠道：一是投资人的投资；二是从债权人借入的资金。投资者将资金投入企业，获得对企业资产的要求权，从而形成了企业的所有者权益；债权人将资金借给企业，获得对企业资产的要求权，从而形成了企业的负债。会计上一般将债权人对企业的要求权和投资人对企业的要求权统称为权益。但是，这两种权益又存在着一定的区别，区别主要表现在二者的性质不同、偿还期限不同、享受的权利不同等方面。

6.1.2　资金筹集核算需要设置的主要账户

1. “实收资本”或“股本”账户

该账户是所有者权益类账户，用来核算投资人按照企业章程规定投入企业的资本，即企业在工商行政管理部门登记的注册资本。企业实际收到投资人投入的货币资金以及房屋、机器设备、材料物资等非现金实物资产或无形资产时，记入“实收资本”或“股本”账户的贷方；投资人收回资本时，记入该账户的借方；该账户的贷方余额表示投资人投入企业的资本总额。除企业将资本公积、盈余公积转作资本外，“实收资本”或“股本”数额一般情况下不能随意变动。该账户应按投资人、投资单位设置明细分类账。

2. “短期借款”账户

该账户是负债类账户，用来核算企业向银行或其他金融机构借入的偿还期限在 1 年以内（含 1 年）或超过 1 年的一个营业周期以内的各种借款。该账户的贷方登记企业借入的各种借款；借方登记企业归还的各种借款；其贷方余额表示企业尚未归还的各种短期借款。该账户应按贷款单位和贷款种类设置明细分类账。

3. “长期借款”账户

该账户是负债类账户，用来核算企业向银行或其他金融机构借入的偿还期限在 1 年以上（不含 1 年）或超过 1 年的一个营业周期以上的各种借款。该账户的贷方登记企业借入的各种长期借款；借方登记企业归还的各种长期借款。其贷方余额表示企业尚未归还的各种长期借款。该账户应按贷款单位和贷款种类设置明细分类账。

4. “财务费用”账户

该账户的性质是损益类，用来核算企业为筹集所需要资金而发生的各项费用，包括银行借款的利息支出（减存款利息收入）以及相关手续费等。其借方登记发生的各项财务费用，贷方登记冲减的财务费用和期末转入“本年利润”账户的财务费用，经结转后，该账户期末没有余额。该账户应按照费用项目设置明细账户，进行明细分类核算。

5. “固定资产”账户

该账户是资产类账户，用来核算企业使用期限在 1 年以上的与生产经营有关的主要设备、器具、工具等以及单位价值在 2 000 元以上并且使用期在 2 年以上的非主要生产经营设备的物品价值。该账户的借方登记企业增加的固定资产的原始价值；贷方登记企业减少的固定资产的原始价值。期末借方余额表示企业结存的固定资产原始价值。该账户应按固定资产的种类设置明细账。

6. “无形资产”账户

该账户是资产类账户，用来核算企业通过各种方式取得的无形资产价值。该账户借方登记企业通过各种方式取得的无形资产价值；贷方登记企业因出售、摊销、对外投资等减少的无形资产价值。期末借方余额反映企业尚未摊销的无形资产价值。该账户应按无形资产的类别设置明细账。

6.1.3 资金筹集过程的核算举例

1. 投入资本的核算

接受投资，即接受投资者投入资本。按照我国《公司法》的规定，投入资本是企业得以成立的首要条件。投入资本按投资主体不同，可分为国家投入资本、法人投入资本、个人投入资本、外商投入资本等。

（1）投入资本核算的内容

投入资本是投资者按照企业章程或合同、协议的约定，实际投入企业经营活动的各种财产物资的货币表现。我国《民法通则》规定设立企业法人必须要有必要的财产。《公司法》也对不同类型的企业组织形式的最低资金数额作了限制。另外，法律还规定，投资者的投资必须经过会计师事务所验资确认，经工商行政管理部门注册登记。因此，投入资本又被称为法定注册资本金。企业的资本金按照投资者投入资本的不同物质形态可以分为货币资金投资、实物投资、有价证券投资和无形资产投资等。

（2）投入资本的确认

企业应按照企业章程、合同、协议或有关规定，根据实际收到的货币、实物及无形资产的价值来确认投入资本。

① 对于以货币资金投资的，主要根据收款凭证对投入资本加以确认与验证。应以实际收到或者存入企业开户银行的金额，借记“银行存款”科目，贷记“实收资本”科目。对于外方投资者的外汇投资，应取得利润来源地外汇管理局的证明。

② 对于以房屋建筑物、机器设备、材料物资等实物资产作价出资的，应以各项有关凭证为依据进行确认，并应进行实物清点、实地勘察以核实有关投资实物资产的情况。房屋建筑物应具备产权证明。企业应按投资各方确认的实物资产价值，借记有关资产科目，贷记“实收资本”科目和“资本公积”科目。

③ 对于以专利权、专有技术、商标权、土地使用权等无形资产作价出资的，应以各项有关凭证及文件资料作为确认与验证的依据。外方合营者出资的工业产权与专有技术，必须符合规定的条件。企业应按投资各方确认的价值，借记有关“无形资产”科目，贷记“实收资本”科目和“资本公积”科目。

（3）投入资本的核算

① 接受现金投资。

【例 6-1】 A 公司、B 公司共同出资设立大通有限责任公司，注册资本为 40 000 元，A 公司出资 10 000 元，B 公司出资 30 000 元，款项已汇入大通公司账户。

借：银行存款	40 000	
贷：实收资本——A 公司		10 000
——B 公司		30 000

② 接受非现金资产投资。投资者除用现金资产投资外，还往往以法律规定的实物（固定资产、材料物资）、无形资产等可用货币估价并可依法转让的非现金资产投资。

【例 6-2】 收到甲公司投入不需要安装的设备一套入股，合约确认其价值为 2 000 000

元，不允许抵扣的增值税进项税额为 340 000 元。

借：固定资产　　2 340 000

　贷：实收资本——甲公司　　2 340 000

【例 6-3】收到乙公司作为资本投入的一批原材料，合约确认其价值为 4 000 000 元，允许抵扣的增值税进项税额 680 000 元。

借：原材料　　4 000 000

　　应交税费——应交增值税（进项税额）　　680 000

　贷：实收资本——乙公司　　4 680 000

【例 6-4】收到丙公司作为资本投入的专利权及土地使用权，投资合约确定的价值分别为 2 000 元和 50 000 元。

借：无形资产——专利权　　2 000

　　　　　　——土地使用权　　50 000

　贷：实收资本——丙公司　　52 000

2. 借入资金的核算

企业在生产经营过程中，由于周转资金不足，可以向国家银行或其他金融机构借款，以补充资本的不足。企业从银行或其他金融机构借入的款项，必须与贷款单位按借款规定办理借款手续，支付借款利息，到期归还借款本金。借入资金核算内容包括：取得借款、借款利息的处理、到期归还借款本金等（本书不考虑利息费用）。借入资金按偿还期不同，分为短期借款和长期借款。分别通过“短期借款”和“长期借款”两个负债类账户进行核算。

（1）短期借款

核算企业向银行或其他金融机构借入的偿还期限在 1 年以内（含 1 年）或超过 1 年的一个营业周期以内的各种借款。

【例 6-5】甲公司因流动资金不足，从建设银行取得为期 8 个月的借款 70 000 元，已存入银行账户。

借：银行存款　　70 000

　贷：短期借款　　7 000

（2）长期借款

核算企业向银行或其他金融机构借入的期限在 1 年以上或超过 1 年的一个营业周期以上的各种借款。

【例 6-6】乙公司为建设一条新的生产线向工行贷款 200 000 元，期限 3 年，已经存入银行账户。

借：银行存款　　200 000

　贷：长期借款　　200 000

【例 6-7】企业以银行存款归还到期的短期借款 70 000 元，并支付当月利息 350 元。

借：短期借款　　70 000

　　财务费用　　350

　贷：银行存款　　70 350

6.2 供应过程的核算

6.2.1 供应过程核算的内容

我们一般将企业的生产经营过程划分为供应过程、生产过程、销售过程和财务成果的形成与分配过程。在企业经营过程的不同阶段，资金运动的方式和表现的形态也不同，相应地核算的内容也就不同。供应过程的主要任务是进行材料采购，为企业生产产品准备各种材料物资。因此，供应过程核算的主要内容是采购原材料，并与销货方办理货款结算；确定材料采购成本，并将材料验收入库。

企业要进行正常的生产经营，就必须购买和储备一定数量的原材料。材料是指直接用于制造产品并构成产品实体，或有助于产品形成但不构成产品实体的物品。材料包括原料及主要材料、辅助材料、外购半成品、修理用备件、包装材料、燃料等。如纺纱用原材料及主要材料是原棉、炼铁用的原材料及主要材料是矿石等；辅助材料如机油、染料等；修理用备件如齿轮和阀门等；包装材料如纸、铁丝、绳等。

在材料采购核算过程中，一个非常重要的问题就是原材料成本的确定，包括取得原材料成本的确定和发出原材料成本的确定。按照《企业会计制度》的规定，原材料的日常收发及结存，可以采用实际成本核算，也可以采用计划成本核算，具体采用哪一种方法，由企业根据自身具体情况决定。本书主要以实际成本核算为例。

企业取得原材料的来源主要有外购材料、自制材料、委托加工材料和材料盘盈等。不同方式取得的原材料，其成本的确定方法不同，成本构成内容也不同。本书只讨论一般纳税人以外购方式取得材料的核算方法。购入的原材料，其实际采购成本由以下几项内容组成：

① 买价。指购货发票所注明的货款金额。

② 采购费用。指采购过程中发生的运输费、包装费、装卸费、保险费、仓储费等。

③ 材料在运输途中发生的合理损耗。

④ 材料入库之前发生的整理挑选费用。

⑤ 按规定应计入材料采购成本中的各种税金。如从国外进口材料支付的关税，但不包括国内采购时支付的增值税。

⑥ 其他费用。如大宗物资的市内运杂费等。这里需要注意的是，市内零星运杂费、采购人员的差旅费以及采购机构的经费等不构成材料的采购成本，而是计入期间费用。

6.2.2 供应过程核算的账户设置

1. “在途物资”账户

该账户的性质属于资产类，用来核算企业采购材料的买价和采购费用，并据以计算确定材料采购成本。材料按实际成本核算的企业，应设置此科目。该账户借方登记购入材料的买价和采购费用；贷方登记验收入库材料的实际采购成本。期末余额在借方，表示尚未运达企业或者已经运达企业但尚未验收入库的在途材料的成本。“在途物资”账户应按材料种类设置明细分类账户，以具体反映各类材料的采购成本。

2. “原材料” 账户

该账户的性质属于资产类，用来反映和监督各种材料的收发结存情况，借方登记验收入库材料成本，贷方登记领用材料成本，期末借方余额表示期末库存材料的实际或计划成本。“原材料” 账户应按材料的保管地点、材料类型或规格等分设明细分类账户，以反映每种材料的收发结存情况。

3. “应交税费” 账户

该账户的性质属于负债类，用以核算企业应交纳的各种税费，如增值税、消费税、城市维护建设税、资源税、教育费附加、所得税等。贷方登记应交纳的税金额；借方登记实际交纳的税金额，余额在贷方，为应交未交的税金额；余额在借方，为多交或尚未抵扣的税金额。在材料采购和产品销售过程中主要涉及增值税。为了核算企业应交增值税的发生、抵扣和缴纳，需要设置以下明细分类账户：

应交税费——应交增值税（进项税额）
　　　　——应交增值税（销项税额）
　　　　——应交增值税（已交税金）

本期应交纳的增值税 = 本期销项税额 - 本期进项税额

4. “应付账款” 账户

该账户的性质属于负债类，用于核算企业因购买材料、商品和接受劳务等而发生的应付未付的款项。其贷方登记债务的增加，借方登记债务的偿还，期末贷方余额表示尚未清偿的债务。“应付账款” 账户应按债权人（供应单位）名称分设明细账，进行明细核算。

5. “应付票据” 账户

该账户的性质属于负债类，是用来核算企业因购买材料、商品和接受劳务等开出、承兑的商业汇票。其贷方登记企业开出、承兑的商业汇票，借方登记到期付款的商业汇票。期末余额在贷方，表示尚未到期的商业汇票的期末结余额。

6. “预付账款” 账户

该账户的性质属于资产类，用来核算企业因购买材料、商品和接受劳务按照合同规定预付给供应单位的款项。其借方登记因购货而预付或补付给供应单位的款项；贷方登记收到供应单位提供的材料等物资而应冲销的预付款或退回的预付款。期末余额一般在借方，表示实际预付的款项。该账户应按照供应单位的名称设置明细账户，进行明细分类核算。

6.2.3 供应过程业务的核算举例

企业向供应单位购买材料，由于距离采购地点的远近不同、货款结算方式不同，可能会出现材料入库时间与货款结算时间不一致。若支付货款和材料入库同时完成，则该材料按实际采购成本计入“原材料” 账户；若货款已支付，但材料尚未验收入库，则该材料按实际采购成本计入“在途物资” 账户。在计算材料的采购成本时，需区分两种情况：一是一次只购买了一种材料，其采购成本就等于该材料的买价加上采购费用；二是一次购买了多种材料，并共同支付了采购费用，则需要将采购费用按一定的标准在各种材料之间进行分配（可以按材料的重量比例和材料的买价比例分配），再将每种材料的买价加上应负担的采购费用来计算各种材料的采购成本。

【例 6-8】向某单位购入材料 2 000 kg，每千克 100 元，计 200 000 元。增值税税率 17%，计 34 000 元。支付保险费 10 000 元，材料尚未到达，货款以银行存款支付。

借：在途物资　　210 000

　　应交税费——应交增值税（进项税额）　　34 000

　贷：银行存款　　244 000

承上例，上述购入的材料已收到，并验收入库。

借：原材料　　210 000

　贷：在途物资　　210 000

【例 6-9】企业购入 A、B 两种材料，购入 A 材料 2000 t，单价 100 元，买价 200 000 元；购入 B 材料 3 000 t，单价 200 元，买价为 600 000 元，增值税进项税额共计 136 000 元，价税合计 936 000 元，两种材料共同发生的运杂费 10 000 元（按重量比例分摊），款项均用银行存款支付。

采购费用分配率 = 采购费用总额 ÷ 采购的各种材料的重量（或买价）之和

= 10 000 ÷ （2 000 + 3 000） = 2

A 材料应分配的运杂费 = 2 000 × 2 = 4 000（元）

B 材料应分配的运杂费 = 3 000 × 2 = 6 000（元）

以上分配过程见表 6-1 所示。

表 6-1

采购费用分配表

材料名称	分配标准（材料重量 kg）	分配率	分配金额（元）
A 材料	2 000	2	4 000
B 材料	3 000		6 000
合计	5 000		10 000

借：原材料——A 材料　　204 000

　　　　　——B 材料　　606 000

　　应交税费——应交增值税（进项税额）　　136 000

　贷：银行存款　　946 000

【例 6-10】甲公司购入 A 材料一批，增值税专用发票上记载的货款为 500 000 元，增值税进项税额 85 000 元，对方代垫包装费 10 000 元，银行转来的结算凭证已到，款项尚未支付，材料已验收入库。

借：原材料——A 材料　　510 000

　　应交税费——应交增值税（进项税额）　　85 000

　贷：应付账款　　595 000

【例 6-11】大业公司购入 A 材料一批，增值税专用发票上注明买价 10 000 元，增值税额进项税额 1 700 元，价税合计 11 700 元，材料运到验收入库，货款尚未支付。

借：原材料——A 材料　　10 000

　　应交税费——应交增值税（进项税额）　　1 700

　贷：应付账款——大业公司　　11 700

【例 6-12】大业公司购入 A 材料 1 000 t，单价 1 00 元，增值税进项税额 17 000 元，开出并承兑商业汇票一张，另用库存现金支付运杂费 5 000 元，材料运到并已验收入库。

借：原材料——A 材料　105 000
　　应交税费——应交增值税（进项税额）　17 000
　贷：应付票据　117 000
　　　银行存款　5 000

上述票据到期，支付票款

借：应付票据　117 000
　贷：银行存款　117 000

【例 6-13】企业向飞鸿公司采购一批 B 材料，所需支付的价款总额 220 000 元，按照合同规定向大鸿公司预付货款的 50%，增值税税率为 17%，验收货物后补付剩余款项。

① 预付 50% 货款时：

借：预付账款　110 000
　贷：银行存款　110 000

② 收到发来的材料，验收无误后入库，增值税专用发票上注明价款 220 000 元，增值税进项税额 37 400 元。

借：原材料——B 材料　220 000
　　应交税费——应交增值税（进项税额）　37 400
　贷：预付账款　257 400

③ 以银行存款补付不足款项。

借：预付账款　147 400
　贷：银行存款　147 400

6.3　生产过程业务的核算

6.3.1　生产过程核算的内容

制造企业的主要经济活动是生产产品。企业在生产经营过程中发生各项耗费，这是企业为获得收入而预先垫支的资金耗费，需要取得收入进行补偿。企业要生产产品就要发生各种生产费用，这些费用最终都要归集、分配到一定种类的产品中，从而形成各种产品的成本。

生产费用按其计入产品成本方式的不同，可以分为直接费用和间接费用。直接费用是指企业生产产品过程中实际消耗的直接材料、直接工资和其他直接支出，它可以直接计入产品的生产成本；间接费用是指企业为生产产品和提供劳务而发生的各项间接支出，也称制造费用，它需要按一定标准分配后再计入产品的生产成本。上述各个项目在会计上被称为成本项目，它们是产品成本的构成内容。生产过程核算的主要内容是归集和分配各项生产费用，计算完工产品的成本。

6.3.2 生产过程核算设置的账户

1. “生产成本”账户

该账户的性质属于成本类，用于归集和分配产品生产过程中所发生的各项生产费用，确定产品实际生产成本。借方登记应计入产品生产成本的全部生产费用，包括直接计入产品生产成本的直接材料费、直接工资费和其他直接支出，以及期末按照一定的方法分配计入产品生产成本的制造费用；贷方登记结转完工入库产品的实际成本。期末如有余额在借方，表示尚未完工产品（在产品）的生产成本。为了确定每一种产品的成本，该账户应按产品品种分别开设明细分类账进行明细核算。

2. “制造费用”账户

该账户的性质属于成本类，用于核算生产部门（分厂和车间）为组织和管理产品生产活动而发生的各项间接费用，包括管理人员和技术人员工资及福利费，生产用厂房和机器设备的折旧费、维修费、保险费、水电费、办公费、机物料消耗等。由于这些费用是生产部门内部的各产品生产中共同发生的，又由于这些费用是间接用于产品生产，所以应先在“制造费用”账户归集，期末再分配转入“生产成本”账户和所属的明细分类账户。“制造费用”账户借方登记上述各项费用的实际发生数；贷方登记期末分配结转至“生产成本”账户借方的制造费用金额。除季节性生产企业，期末该账户一般无余额。“制造费用”账户应按各生产部门设置明细分类账户，进行明细分类核算。

3. “管理费用”账户

该账户的性质是损益类，用来核算企业行政管理部门为组织和管理企业的生产经营活动而发生的各项费用。管理费用包括董事会和行政管理部门在企业的经营管理中发生的，或者应当由企业统一负担的公司经费（包括行政管理部门职工工资、修理费、物料消耗、低值易耗品、办公费和差旅费等）、业务招待费、职工教育经费、研究与开发费、无形资产摊销、计提的坏账准备和存货跌价准备、咨询费、诉讼费、办公费、差旅费、劳动保险费、待业保险费、工会经费、财产及特种行为税金（印花税、土地使用税、车船使用税、房产税等）、技术转让费、矿产资源补偿费、存货跌价准备、排污费、董事会费、存货盘亏或盘盈（不包括应当计入营业外支出的存货损失）及其他管理费用。其借方登记发生的各项管理费用，贷方登记期末转入“本年利润”账户的管理费用额，经过结转之后，本账户期末没有余额。该账户应按照费用项目设置明细账户，进行明细分类核算。

4. “应付职工薪酬——工资”账户

该账户的性质属于负债类，用于反映企业应付职工工资总额的计算与实际发放，核算和监督企业与职工工资的结算情况。“应付职工薪酬——工资”账户贷方登记本月计算的应付职工工资总数，包括各种工资、奖金、津贴等，同时对应付的工资额，应作为一项费用按其经济用途分配计入有关的成本、费用账户；借方登记本月实际支付的工资数。企业应设置“应付职工薪酬明细账”，按照职工类别分设账页，按照工资的组成内容分设专栏，根据“工资单”或“工资结算汇总表”进行登记。

5. “应付职工薪酬——福利费”账户

该账户的性质是负债类，它是用于核算企业职工福利费的提取、使用和结存情况的账户，企业应按照工资总额的规定比例每月提取职工福利费，用于职工福利事业，如医疗、生活困难补助等。职工福利费由于先提后用，所以在未使用之前形成企业的一笔负债。“应付职工薪酬——福利费”账户贷方登记月末按照职工工资额的一定比例提取的职工福利费，借方登记职工福利费的使用数（包括职工医药费、困难补助、医务福利人员工资等），期末贷方余额表示职工福利费的结存数，属于企业欠职工的一项流动负债。

6.“库存商品”账户

该账户的性质是资产类账户，用来核算企业库存的外购商品、自制产品（产成品）、自制半成品等的实际成本的增减变动及其结余情况。其借方登记验收入库完工产品的生产成本；贷方登记发出产品的生产成本。期末余额在借方，表示库存商品成本的期末结余额。“库存商品”账户应按照商品的种类、名称以及存放地点等设置明细账，进行明细分类核算。

7.“累计折旧”账户

资产（调整）类账户，用来核算企业固定资产累计折旧的提取情况。贷方登记固定资产折旧的增加金额，即固定资产每期转移到产品成本或期间费用中的磨损价值；借方登记因各种原因转出固定资产（如出售、报废、盘亏等）注销的折旧，即已提固定资产折旧的减少或转销数额；余额在贷方，表示现有固定资产累计提取的折旧数（或者说累计磨损价值）。

6.3.3　生产过程业务的核算举例

【例 6-14】 本月仓库发出 A 材料 575 000 元，B 材料 240 000 元，其中生产甲产品耗用 320 000 元，生产乙产品耗用 330 000 元；车间一般性消耗 165 000 元。

借：生产成本——甲产品	320 000	
——乙产品	330 000	
制造费用	165 000	
贷：原材料——A 材料		575 000
——B 材料		240 000

【例 6-15】 企业本月应付职工工资总额 642 000 元，其中甲产品生产工人工资为300 000元；乙产品生产工人工资为 200 000，车间管理人员工资为 70 000 元，企业行政管理人员工资为 60 400 元，销售人员工资为 11 600 元。

借：生产成本——甲产品	300 000	
——乙产品	200 000	
制造费用	70 000	
管理费用	60 400	
贷：应付职工薪酬——工资		630 400

【例 6-16】 按工资总额的 14% 计提本月职工福利费。

借：生产成本——甲产品	42 000	
——乙产品	28 000	
制造费用	9 800	
管理费用	8 456	
贷：应付职工薪酬——应付福利费		88 256

【例 6-17】企业开出现金支票从银行提取现金 642 000 元，以备发放工资。

借：库存现金　　642 000

　贷：银行存款　　642 000

【例 6-18】企业以现金 642 000 元支付企业职工工资。

借：应付职工薪酬——工资　　642 000

　贷：库存现金　　642 000

【例 6-19】企业按规定计提固定资产折旧 6 000 元，其中，车间用固定资产提折旧4 000 元，行政管理部门用固定资产提折旧 2 000 元。

借：制造费用　　4 000

　　管理费用　　2 000

　贷：累计折旧　　6 000

【例 6-20】月末计算结转制造费用 248 800 元（其中甲产品生产工时 4000 h；乙产品的生产工时 6000 h）。

制造费用分配率 = 制造费用总额 ÷ 各种产品的生产工时（或生产工人工资）之和

= 248 800 ÷（4 000 + 6 000）= 24.88

甲产品应分配的制造费用 = 4 000 × 24.88 = 99 520（元）

乙产品应分配的制造费用 = 6 000 × 24.88 = 149 280（元）

以上分配过程见表 6-2 所示。

表 6-2

制造费用分配表

产品名称	分配标准（生产工时 h）	分配率	分配金额（元）
甲产品	4 000	24.88	99 520
乙产品	6 000		149 280
合计	10 000		248 800

借：生产成本——甲产品　　99 520

　　　　　　——乙产品　　149 280

　贷：制造费用　　248 800

【例 6-21】企业结转本月完工产品成本，其中甲产品 6 346 件全部完工，乙产品 3 400 件全部未完工。完工产品成本的计算过程见表 6-3 和表 6-4。

表 6-3

产品生产成本明细账

产品名称：甲产品　　单位：元

×× 年		摘要	直接材料	直接人工	制造费用	合计
月	日	生产领料	320 000			320 000
		分配工资		300 000		300 000
		计提福利费用		42 000		42 000
		分配制造费用			99 520	99 520

续表

单位：元

×　× 年		摘　要	直接材料	直接人工	制造费用	合　计
		生产费用合计	320 000	342 000	99 520	761 520
		结转完工产品成本	320 000	342 000	99 520	761 520
		完工产品的单位成本	50.43	53.89	15.68	120

表 6-4

产品生产成本明细账

产品名称：乙产品　　　　单位：元

×　× 年		摘　要	直接材料	直接人工	制造费用	合　计
月	日	生产领料	330 000			330 000
		分配工资		200 000		200 000
		计提福利费用		28 000		28 000
		分配制造费用			149 280	149 280
		生产费用合计	330 000	228 000	149 280	707 280
		月末在产品成本	330 000	228 000	149 280	707 280

借：库存商品——甲产品　　761 520

　贷：生产成本——甲产品　　761 520

6.4　销售过程业务的核算

6.4.1　销售过程业务核算内容

企业经过生产过程，生产出符合要求、可供对外销售的产品，这些产品形成了存货。接下来就进入销售过程。销售过程是企业资金循环的第三阶段，也是企业再生产过程的最后一个阶段。在销售过程中，企业要将在生产过程所完成的产品销售出去并收回货币，以补偿生产产品的资金耗费，保证再生产正常进行的资金需要。因此，销售过程核算的主要内容包括售出产品确认实现的销售收入、与购货单位办理货款结算、支付各项销售费用、结转已售产品的销售成本、计算应向国家交纳的销售税金及附加、确定销售的经营成果。

6.4.2　销售过程账户设置

1. “主营业务收入”账户

该账户是收入类账户，用来核算企业销售产品和提供劳务所实现的收入。其贷方登记企业实现的产品销售收入，即主营业务收入的增加，借方登记发生销售退回和销售折让时应冲减本期的主营业务收入和期末转入“本年利润”账户的主营业务收入额（按净额结转），结转后该账户期末无余额。“主营业务收入”账户应按产品类型或品种设置明细账户，进行明细分类核算。

2. “应收账款”账户

该账户的性质是资产类，用于核算企业与购货方进行货款结算时有关债权的账户，代购买单位垫付的各种款项也在该账户中核算。其借方登记由于销售商品以及提供劳务等而发生的应收账款的增加数，包括应收取的价款、税款和代垫款等；贷方登记已经收回的应收账款，即应收账款的减少数。期末余额如果在借方，表示企业尚未收回的应收账款；期末余额如果在贷方，表示预收的账款。“应收账款”账户应按照债务人（用户）设置明细账，加强其明细核算。

3. “应收票据”账户

该账户的性质是资产类，用于核算企业与购货方进行货款结算时收到的商业汇票，包括商业承兑汇票和银行承兑汇票。借方登记企业收到的商业汇票的面值，贷方登记企业因商业汇票到期收回的票款或背书转让等情况而减少的商业汇票的面值。期末余额在借方，表示企业持有的尚未到期的商业汇票的面值。企业应设置应收票据备查簿，对商业汇票进行详细记录。

4. “预收账款”账户

该账户的性质是负债类，用于核算企业按照合同的规定预收购买方单位订货款的增减变动及其结余情况。其贷方登记预收购买单位订货款的增加数，借方登记销售实现时冲减的预收货款。期末余额如果在贷方，表示企业预收款的结余额。期末余额如果在借方，表示购货单位应补付给本企业的款项。本账户应按照购货单位设置明细账户，进行明细分类核算。

5. “主营业务成本”账户

该账户的性质是损益类，是用于核算已经销售的产品的实际生产成本及其结转情况的账户。其借方登记已销售产品的实际生产成本，贷方登记期末转入“本年利润”账户的结转数。结转后，该账户期末无余额。“主营业务成本”账户应按照产品类别或品种设置明细分类账，进行明细分类核算。

6. “营业税金及附加”账户

该账户的性质是损益类，是用于核算企业经营主要业务（包括销售商品、提供劳务等）而应由主营业务负担的各种税金及附加的计算及其结转情况的账户。其借方登记按照有关的计税依据计算出的各种税金及附加额，贷方登记期末转入“本年利润”账户的经营业务税金及附加额。结转之后，该账户期末没有余额。

7. “其他业务收入”账户

该账户的性质是损益类，用于核算企业除主营业务以外的其他业务收入（如销售材料取得的收入）的实现及其结转情况。其贷方登记企业实现其他业务收入的金额，借方登记期末转入“本年利润”账户的其他业务收入额，结转后，该账户期末没有余额。本账户应按照其他业务的种类设置明细账户，进行明细分类核算。

8. “其他业务成本”账户

该账户的性质是损益类，用于核算企业除主营业务以外的其他业务经营活动所发生的支出，包括材料销售成本、出租包装物的成本或推销额等。其借方登记企业发生的其他业务成本，贷方登记期末转入“本年利润”账户的其他业务成本，结转后，期末没有余额。本账户应按照其他业务的种类设置明细账户，进行明细分类核算。

9. “销售费用”账户

该账户的性质是损益类，用于核算产品销售过程中发生的费用，包括运输费、装卸费、包装费、保险费、展览费和广告费等。其借方登记销售费用的发生数，贷方登记销售费用在期末转入“本年利润”账户的数额，结转后，期末无余额。“销售费用”账户应按费用项目设置明细分类账户，进行明细分类核算。

6.4.3　销售过程业务的核算举例

【例6-22】企业销售甲产品100件，单位产品售价240元，开出增值税发票，该产品的增值税税率为17%，发票上注明增值税销项税额为4 080元，收到款项存入银行。

借：银行存款	28 080	
贷：主营业务收入——甲产品		24 000
应交税费——应交增值税（销项税额）		4 080

【例6-23】用银行存款支付本月广告费13 574元。

借：销售费用	13 574	
贷：银行存款		13 574

【例6-24】企业销售300件乙产品给开达公司，每件售价300元，共计90 000元，增值税专用发票上注明增值税税率为17%，销项税额15 300元，合同约定运费由开达公司负担，企业用银行存款代垫运费2 000元，产品已发出，款项尚未收到。

借：应收账款——开达公司	107 300	
贷：主营业务收入——乙产品		90 000
应交税费——应交增值税（销项税额）		15 300
银行存款		2 000

【例6-25】企业预收远大公司转来的货款50 000元，该款项已存入银行。

借：银行存款	50 000	
贷：预收账款——远大公司		50 000

【例6-26】企业收到开达公司转来的销货款107 300元，存入银行。

借：银行存款	107 300	
贷：应收账款——开达公司		107 300

【例6-27】企业销售给远大公司甲产品700件，单位产品售价240元，乙产品100件，单位产品售价300元，全部价款共计198 000元，增值税专用发票注明产品销项税额33 660元。冲销已预收的货款，差额款收到存入银行。

借：银行存款	181 660	
预收账款——远大公司	50 000	
贷：主营业务收入——甲产品		168 000
——乙产品		30 000
应交税费——应交增值税（销项税额）		33 660

【例 6-28】企业销售的甲产品按规定需缴纳 10% 的消费税，计算应交缴的销售税金。

应交消费税 = 主营业务收入 × 适用税率

通过以上业务可以看出，企业共销售甲产品 800（100 + 700）件，销售额为 192 000（800 × 240）元，则：

应交消费税 = 192000 × 10% = 19 200（元）

消费税是一项价内税，是“营业税金及附加”账户的核算内容，故应借记该账户；由于款项尚未缴纳，形成企业一项负债，应记入“应交税费——应交消费税”账户的贷方。其编制的会计分录是：

借：营业税金及附加　19 200
　贷：应交税费——应交消费税　19 200

【例 6-29】企业销售材料 A 材料一批，价款 10 000 元，增值税项项税 1 700 元，款已收到，存入银行。

借：银行存款　11 700
　贷：其他业务收入　10 000
　　应交税费——应交增值税（销项税额）　1 700

【例 6-30】月末结转已销甲、乙产品的生产成本，甲产品单位成本 120 元，乙产品单位成本 220 元。

通过以上业务资料可以得知，甲产品的销售量为 800（700 + 100）件，乙产品的销售量为 400（300 + 100）件，则两种产品的销售成本计算如下：

甲产品的销售成本 = 800 × 120 = 96 000（元）

乙产品的销售成本 = 400 × 220 = 88 000（元）

这笔经济业务编制的会计分录是：

借：主营业务成本——甲产品　96 000
　　　　　　——乙产品　88 000
　贷：库存商品——甲产品　96 000
　　　　　——乙产品　88 000

【例 6-31】结转销售 A 材料的成本 8 000 元。

借：其他业务成本　8 000
　贷：原材料——A 材料　8 000

【例 6-32】月末计提本月城市维护建设税和教育费附加。

企业适用的城市维护建设税率和教育费附加征收比率分别为 7% 和 3%。假如本期应交的增值税为 800 元，应交的消费税 19 200 元。则：

应交城建税 =（800 + 19 200）× 7% = 1400（元）

应交教育费附加 =（800 + 19 200）× 3 = 600（元）

借：营业税金及附加　2 000
　贷：应交税费——应交城建税　1 400
　　　　　——应交教育费附加　600

6.5　财务成果形成与分配业务的核算

6.5.1　财务成果核算的内容

所谓财务成果是指企业在一定会计期间所实现的最终经营成果，也就是企业所实现的利润或亏损总额。利润是按照配比原则的要求，将一定时期内存在因果关系的收入与费用进行配比而产生的结果，收入大于费用支出的差额部分为利润，反之则为亏损。利润是综合反映企业在一定时期内生产经营成果的重要指标。企业各方面的情况，诸如劳动生产率的高低、产品是否适销对路、产品成本和期间费用的节约与否，都会通过利润指标得到综合反映。因此，获取利润就成为企业生产经营的主要目的之一。一个企业获利与否，不仅关系到企业的稳定发展和职工生活水平的提高问题，而且也会影响到社会财富的积累与发展。所以，企业必须采取一切措施，增收节支，增强企业的盈利能力，提高经济效益。

6.5.2　财务成果核算的账户设置

1. "营业外收入" 账户

该账户的性质是损益类，用来核算企业发生的与其日常活动无直接关系的各项利得，主要包括非流动资产处置利得、盘盈利得、捐赠利得等。贷方登记确认的各项利得，借方登记会计期末转入"本年利润"账户的余额，结转之后，该账户期末无余额。该账户也可分设明细账，进行明细核算。

2. "营业外支出" 账户

该账户的性质是损益类，用来核算企业发生的与其日常活动无直接关系的各项损失，主要包括非流动资产处置损失、盘亏损失、罚款支出、公益性捐赠支出、非常损失等。借方登记确认的各项损失，贷方登记期末转入"本年利润"账户的余额，结转之后，该账户期末无余额。该账户应按支出项目分设明细账，进行明细核算。

3. "所得税费用" 账户

该账户的性质是损益类，用来核算企业有关所得税的情况。根据国家规定，企业的生产经营所得和其他所得都要缴纳企业所得税，该账户的借方反映企业计算应缴纳的所得税的数额，贷方反映其结转到"本年利润"账户的结转数，该账户结转后期末一般无余额。

4. "投资收益" 账户

该账户的性质是损益类，用来核算企业对外投资所获得收益的实现或损失的发生及其结转情况。其贷方登记实现的投资收益和期末转入"本年利润"账户的投资净损失，借方登记发生的投资损失和期末转入"本年利润"账户的投资净收益。经过结转之后该账户期末没有余额。该账户应按照投资的种类设置明细分类账户，进行明细分类核算。

5. "本年利润" 账户

该账户的性质是所有者权益类，用来核算企业利润的形成。贷方登记会计期末转入的各项收入，包括"主营业务收入""其他业务收入""投资收益""营业外收入"等账户的结转数，借方登记会计期末转入的各项支出，包括“主营业务成本”“营业税金及附加”“营业费用”“管理费用”“财务费用”“其他业务支出”“营业外支出”“所得税费用”等账户的结转数，以及年末利润的结转数（结转至“利润分配”账户）。该账户年内期末余额如果在贷方，表示实现的累计净利润，如果在借方，表示累计发生的亏损。年末应将该账户的余额转入“利润分配”账户（如果是净利润，应自该账户的借方转入“利润分配”账户的贷方，如果是亏损，应自该账户的贷方转入“利润分配”账户的借方），经过结转之后，该账户年末没有余额。关于“本年利润”账户的核算内容，应结合利润形成核算“账结法”和“表结法”加以理解。

6. “利润分配”账户

该账户的性质是所有者权益类，用于核算企业一定时期内经过利润分配或亏损弥补以及历年结转的未分配利润（或为弥补亏损）情况。其借方登记实际分配的利润额，包括提取的盈余公积金和分配给投资人的利润以及年末从“本年利润”账户转入的全年累计亏损额；贷方登记用盈余公积金弥补的亏损额等其他转入数以及年末从“本年利润”账户转入的全年实现的净利润额。年末余额如果在借方，表示未弥补的亏损额；年末余额如果在贷方，表示未分配利润额。“利润分配”账户一般应设置以下几个主要的明细科目：“提取法定盈余公积”“提取法定公益金”“应付优先股股利”“提取任意盈余公积”“应付普通股股利”“未分配的利润”等。年末，应将“利润分配”账户下的其他明细科目的余额转入“未分配利润”明细科目，经过结转后，除“未分配利润”明细科目有余额外，其他各个明细科目均无余额。

7. “盈余公积”账户

该账户的性质是所有者权益类，用于核算企业从税后利润中提取的盈余公积金，包括法定盈余公积金和任意盈余公积金的增减变动及其结余情况。其贷方登记提取的盈余公积金即盈余公积金的增加，借方登记实际使用的盈余公积金即盈余公积金的减少。期末余额在贷方，表示结余的盈余公积金。“盈余公积”应设置下列明细科目“法定盈余公积”“任意盈余公积”。

8. “应付股利”账户

该账户的性质是负债类，用于核算企业按照董事会或股东大会决议分配给投资人股利（现金股利）或利润的增减变动及其结余情况。其贷方登记应付给投资人股利（现金股利）或利润的增加，借方登记实际支付给投资人的股利（现金股利）或利润，即应付股利的减少。期末余额在贷方，表示尚未支付的股利（现金股利）或利润。这里需要注意的是，企业分配给投资人的股票股利不在本账户核算。

6.5.3 利润形成的核算举例

企业的利润总额由营业利润和营业外收支净额两部分构成。利润总额扣除所得税费用后形成净利润。其计算公式如下：

营业利润 = 营业收入 - 营业成本 - 营业税金及附加 - 销售费用 - 管理费用 - 财务费用 - 资产减值损失 + 公允价值变动收益（ - 公允价值变动损失） + 投资收益（ - 投资损失）

利润总额 = 营业利润 + 营业外收入 - 营业外支出

净利润 = 利润总额 - 所得税费用

利润形成的账务处理如下：

【例 6-33】企业收到国家返还的教育费附加款 25 000 元。

借：银行存款　　25 000
　贷：营业外收入　　25 000

【例 6-34】企业用银行存款 2 000 元支付罚款。

借：营业外支出　　2 000
　贷：银行存款　　2 000

【例 6-35】取得联营企业分来的利润 15 000 元，存入银行。

借：银行存款　　15 000
　贷：投资收益　　15 000

【例 6-36】月末归集本期损益类账户的发生额如下：主营业务收入 528 000 元，主营业务成本 184 000 元，营业务税金及附加 21 200 元，销售费用 13 574 元，管理费用 70 856 元，财务费用 350 元，其他业务收入 10 000 元，其他业务支出 8 000 元，营业外收入 25 000 元，营业外支出 2 000 元，投资收益 15 000 元。企业所得税税率为 25%，计算本月应交所得税（假设无纳税调整事项）。

若想计算所得税额，应先计算本月利润总额。

本月利润总额 = 528 000 + 25 000 + + 10 000 + 15 000 − 184 000 − 8 000 − 21 200 − 13 574 − 70 856 − 350 − 2 000 = 278 020（元）

本月应交所得税额 = 278 020 × 25% = 69 505（元）

所得税列为当期费用，这笔经济业务编制的会计分录是：

借：所得税费用　　69 505
　贷：应交税费——应交所得税　　69 505

【例 6-37】用银行存款上交缴纳本月应交所得税 69 505 元。

借：应交税费——应交所得税　　69 505
　贷：银行存款　　69 505

【例 6-38】结转本月各损益类账户的发生额，计算本月净利润。

会计期末，应将本期实现的全部收入从各收入账户借方结转到“本年利润”账户的贷方，将本期发生的各项费用从费用账户的贷方结转到“本年利润”账户的借方，这样，“本年利润”账户的贷方就登记了本期的全部收入，借方登记了本期的全部成本费用，以贷方的金额与借方数额相比较，其余额在贷方表示企业本期实现的净利润，若余额在借方表示本期发生的亏损。这笔经济业务应编制的会计分录是：

结转收入账户发生额：

借：主营业务收入　　528 000
　　其他业务收入　　10 000
　　营业外收入　　25 000
　　投资收益　　15 000
　贷：本年利润　　578 000

结转成本费用账户发生额：

借：本年利润　369 485
　贷：主营业务成本　184 000
　　　其他业务成本　8 000
　　　营业税金及附加　21 200
　　　销售费用　13 574
　　　管理费用　70 856
　　　财务费用　350
　　　营业外支出　2 000
　　　所得税费用　69 505

本期净利润＝578 000－369 485＝208 515（元）

也可以根据本期利润总额减去所得税费用推算：278 020－69 505＝208 515（元）

6.5.4 利润分配的核算举例

利润分配是指企业根据国家有关规定和企业章程、投资者协议等，对企业当年可供分配的利润所进行的分配。当年可供分配的利润包括当年实惠的净利注与年初未分配利润。

企业利润分配的顺序依次是：

① 弥补以前年度亏损。

② 提取法定盈余公积。

③ 提取任意盈余公积。

④ 向投资者分配利润。

根据《公司法》的规定，公司制企业应当按照净利润的10%计提法定盈余公积，法定盈余公积累计额达到注册资本的50%时可以不再提取。

公司制企业可以根据股东大会的决议提取任意盈余公积各向投资者分配股利，计提的基数与比例由企业处行决定。

【例6-39】结转净利润。

借：本年利润　208 515
　贷：利润分配——未分配利润　208 515

【例6-40】按照税后利润的10%提取盈余公积。

提取盈余公积＝208 515×10%　＝20 851.5（元）

借：利润分配——提取盈余公积　20 851.5
　贷：盈余公积　20 851.5

【例6-41】企业决定将100 000元的利润分派给投资者。

借：利润分配——应付利润　100 000
　贷：应付股利　100 000

【例6-42】将已分配的各项利润转入到“利润分配——未分配利润”明细分类账，计算年末未分配利润。

借：利润分配——未分配利润　120 851.5
　贷：利润分配——提取盈余公积　20 851.5
　　　　　　　——应付股利　100 000

这样结转以后，“利润分配”账户的“提取盈余公积”和“应付股利”两个明细账户的余额已经结平。“利润分配——未分配利润”明细账的贷方与借方发生额分别为 208 515 元和 120 851.5 元，相抵后“未分配利润”贷方余额 87 663.5 元，即为期末未分配利润。

课后习题

一、单项选择题

1. “利润分配”账户年终结转后，借方余额表示历年积存的（　　）。

A. 未分配利润额 B. 已分配利润额 C. 未弥补亏损额 D. 已实现利润额

2. 车间用固定资产计提的折旧，应借记（　　）账户。

A. 累计折旧　　B. 生产成本　　C. 制造费用　　D. 固定资产

3. 不构成生产成本的组成项目是（　　）。

A. 直接材料　　B. 直接人工

C. 制造费用　　D. 管理费用

4. “本年利润”账户的各月末余额（　　）。

A. 肯定在借方　　B. 肯定在贷方

C. 可能在借方，也可能在贷方　　D. 盈余则余额在借方，亏损则余额在贷方

5. 材料的采购成本包括（　　）。

A. 材料买价　　B. 材料采购费用

C. 运输途中的合理损耗　　D. 材料验收入库后的保管费用

6. 制造费用在期末应分配计入（　　）。

A. 本年利润　　B. 生产成本　　C. 管理费用　　D. 库存商品

7. 下列账户年终结账后无余额的是（　　）。

A. 利润分配　　B. 累计折旧　　C. 本年利润　　D. 实收资本

8. “累计折旧”账户属于（　　）类账户。

A. 资产　　B. 负债　　C. 费用　　D. 收入

9. A 公司购入一批原材料，价款 50 000 元，其中增值税进项税额 8 500 元，发生材料运杂费 300 元。该批材料的采购成本应为（　　）元。

A. 49 000　　B. 58 500　　C. 50 300　　D. 58 800

10. 企业销售产品获得的收入应（　　）。

A. 贷记主营业务收入　　B. 贷记营业成本

C. 借记本年利润　　D. 贷记营业外收入

11. 企业本期发生的业务招待费应（　　）。

A. 分期计入损益　　B. 直接计入生产成本

C. 直接计入制造费用　　D. 直接计入管理费用

12. 应计入产品成本的费用是（　　）。

A. 销售费用　　B. 财务费用　　C. 制造费用　　D. 管理费用

13. 产品销售过程的广告费应计入（　　）。

A. 销售费用　B. 生产成本　C. 主营业务成本　D. 管理费用

14. “生产成本”账户借方余额表示（　　）。

A. 完工产品成本　B. 期末在产品成本

C. 本期生产费用合计　D. 库存产成品成本

15. “库存商品”账户的期末借方余额表示（　　）。

A. 期末库存产成品的实际成本

B. 期末在产品的实际成本

C. 本期生产完工产品的实际成本

D. 本期发出产成品的实际成本

16. （　　）账户在期末费用分配以后，一般没有余额。

A. 材料采购　B. 生产成本　C. 制造费用　D. 累计折旧

17. 累计折旧账户余额反映了固定资产的（　　）。

A. 原价　B. 净值　C. 本年损耗价值　D. 累计损耗价值

二、多项选择题

1. 下列各项中，应计入材料采购成本的有（　　）。

A. 买价　B. 采购费用

C. 运输途中责任人丢失的材料成本　D. 厂部采购人员工资

2. 关于“本年利润”账户，下列说法正确的是（　　）。

A. 各月末余额反映自年初开始至当月末为止累计实现的净利润或净亏损

B. 年终结转后无余额

C. 平时月份期末余额可能在借方，也可能在贷方

D. 各月末余额反映在当月实现的净利润或净亏损

3. 下列（　　）属于营业外支出的核算内容。

A. 购买固定资产的支出　B. 非常损失

C. 罚款支出　D. 短期借款的利息支出

4. 下列应计入“管理费用”账户的是（　　）。

A. 厂部固定资产的折旧费　B. 业务招待费

C. 车间管理人员工资　D. 厂部管理人员工资

5. 下列会计科目各项中属于所有者权益的是（　　）。

A. 投资收益　B. 实收资本　C. 资本公积　D. 盈余公积

6. 下列各项税金应计计入“营业税金及附加”项目账户的是（　　）。

A. 营业税　B. 增值税　C. 教育费附加　D. 城市维护建设税

7. 构成并影响营业利润的项目有（　　）。

A. 主营业务成本　B. 投资收益

C. 营业税金及附加　D. 管理费用

8. 下列费用中，构成产品成本的可能有（　　）。

A. 直接材料费　B. 直接人工费　C. 间接制造费用　D. 管理费用

9. 下列属于营业外收入核算内容的是（　　）。

A. 固定资产盘盈　　B. 罚款净收入

C. 已处置固定资产净收益　　D. 出售材料所取得的收入

10. 构成生产成本的组成项目是（　　）。

A. 直接材料　B. 直接人工　C. 制造费用　D. 管理费用

11. 下列账户中，可能与“本年利润”账户发生对应关系的有（　　）。

A. 库存商品　B. 主营业务成本　C. 主营业务收入

D. 投资收益　E. 所得税

实　训　题

实训一

1. 目的：资金筹集业务的核算。

2. 资料：A 公司 20××年 5 月发生下列经济业务。

（1）某单位投入一批原材料，总成本 1 200 000 元。

（2）向银行借入 1 个月期借款 150 000 元存入银行。

（3）向银行借入 5 年期借款 8 400 000 元存入银行。

（4）以银行存款偿还短期借款 160 000 元、长期借款 1 400 000 元。

（5）收到某公司投入本企业商标权一项，投资双方确认的价值为 2 200 000 元。

（6）按规定将盈余公积金 300 500 元转作资本金。

（7）接受外商捐赠汽车 1 辆，价值 1 520 000 元。

3. 要求：根据上述资料编制会计分录。

实训二

1. 目的：掌握材料采购成本的核算。

2. 资料：某工业企业 20××年 2 月购进 A、B 两种材料，有关资料见下表。

某工业企业 20××年 2 月购进材料明细表

材料名称	单位	单价	重量	买价	运杂费	增值税额
A 材料	kg	4	80 000	320 000		54 400
B 材料	kg	2	40 000	80 000		13 600
合计			120 000	400 000	36 000	68 000

3. 要求：按材料的重量分配运杂费，计算 A、B 材料的采购总成本和单位成本。

实训三

1. 目的：掌握材料采购成本的核算。

2. 资料：A 公司 20××年 5 月发生下列经济业务：

（1）购进 1 台设备，买价 50 000 元，运输费 400 元，包装费 4 300 元，所有款项均以银行存款支付，设备交付使用。

（2）向兴民公司购进 A 材料 1 500 kg，单价 30 元，计 45 000 元，增值税 7 650 元；B 材料 2 000 kg，单价 15 元，计 30 000 元，增值税 5 100 元，全部款项尚未支付。

（3）用银行存款支付上述 A、B 材料的运杂费 7 400 元。

（4）向明城公司购进 C 材料 3 000 kg，单价 25 元，计 75 000 元，增值税 12 750 元，款项银行存款支付。

（5）用现金支付 C 材料的运费及装卸费 36 000 元。

（6）A、B、C 三种材料发生入库前的挑选整理费 3 800 元（按材料重量比例分摊），用现金支付。

（7）本期购进的材料均已验收入库，现结转实际采购成本。

3. 要求：

（1）根据上述经济业务编制会计分录（运杂费和挑选整理费按材料重量分摊）。

（2）根据有关会计分录，登记“材料采购”总账和明细账。

实训四

1. 目的：练习产品生产业务的核算。

2. 资料：A 公司 20××年 5 月发生下列经济业务：

（1）本月生产领用材料情况见下表。

A 公司某年 10 月份生产领用材料情况　　单位：元

用　途	甲 材 料	乙 材 料	合　计
甲产品	52 000	48 000	100 000
乙产品	48 000	32 000	80 000
车间使用	25 000	500	25 500
合计	125 000	80 500	205 500

（2）结算本月应付工资 54 000 元，其中生产甲产品生产工人工资 30 000 元，生产乙产品生产工人工资 10 000 元，车间管理人员工资 10 000 元，厂部管理人员工资 4 000 元。

（3）按工资总额 14% 计提职工福利费。

（4）从银行存款提取现金 54 000 元。

（5）用现金发放上月职工工资 54 000 元。

（6）用银行存款支付本月水电费计 4 200 元，其中各车间分配 700 元，厂部分配 3 500 元。

（7）按规定标准计提本月固定资产折旧费 5 200 元，其中生产用固定资产折旧费为 2 800元，厂部固定资产折旧费 2 400 元。

（8）按生产工人工资的比例分摊并结转本月制造费用。

（9）本月投产甲产品 1 000 件，全部完工；乙产品 500 件，全部未完工。甲产品已全部完工入库，结转完工产品成本。

3. 要求：

（1）根据上述经济业务编制会计分录。

（2）根据有关的会计分录，登记“生产成本”总账、明细账和“制造费用”，总账。

实训五

1. 目的：销售过程和财务成果业务的核算。

2. 资料：A 公司 20××年 5 月发生下列经济业务：

（1）销售甲产品 100 件，单价 1 000 元，货款 100 000 元，销项税 17 000 元，款项尚未收到。

（2）销售乙产品150件，单价200元，计30 000元，销项税5 100元，款项已存入银行。

（3）用银行存款支付销售费用计2 350元。

（4）支付本月银行借款利息200元。

（5）结转已销产品生产成本，甲产品85 000元，乙产品19 000元。

（6）销售丙材料2 000 kg，单价25元，计50 000元，货款已存入银行，其采购成本为35 000元。

（7）以现金1 200元，支付延期提货的罚款。

（8）月末将"主营业务收入""其他业务收入""营业外收入"账户结转"本年利润"账户。

（9）月末将"主营业务成本"、"营业税金及附加"、"其他业务成本"、"销售费用"、"管理费用"（账户余额为650元）、"财务费用"、"营业外支出"结转到"本年利润"账户。

（10）计算并结转本月应交所得税，税率为25%。

（11）将本月实现的净利润转入"利润分配"账户。

（12）按税后利润的10%提取盈余公积。

（13）按税后利润的5%计提一般盈余公积金。

（14）该企业决定向投资者分配利润5 500元。

3. 要求：

（1）根据经济业务作会计分录。

（2）登记"主营业务收入""主营业务成本""本年利润"和"利润分配"账户。

第7章 会计凭证

导论

本章介绍了会计凭证的意义及种类、原始凭证和记账凭证的填制与审核，以及会计凭证的传递和保管等内容。通过本章学习，要求掌握会计凭证的分类以及原始凭证和记账凭证的填制内容与要求；理解会计凭证、记账凭证、原始凭证的概念；了解会计凭证的传递和保管。

导入案例

20××年12月，某有限责任公司出纳员王某在审查原始凭证时，发现业务员李某提供的住宿费发票和张某提供的购货发票存在问题：李某的住宿费发票大小写金额不一致；张某提供的购买办公用品的发票经审查是伪造的发票。在本案中，王某发现李某提供的发票大小写不一致，应仔细分析发票金额大小写不一致的原因，若是人为涂改所致，则属于不合法的原始凭证，应不予接受，同时应向单位负责人报告；若为发票填写错误，则应退回，要求开票单位重开发票，予以更正。对于张某提供的伪造的购买办公用品的发票，王某有权不予受理，并向单位负责人报告，请求查明原因，追究有关当事人的责任。

7.1 会计凭证的意义和种类

7.1.1 会计凭证的意义

会计凭证简称凭证，是记录经济业务、明确经济责任的书面证明，是用来登记账簿的依据。

在会计工作中，每一项经济业务都要办理凭证手续，由执行或完成该项业务的有关人员填制会计凭证，说明经济业务发生的日期，反映经济业务的内容、数量和金额，并在会计凭证上签名或盖章，以及明确经济责任。另外，为了保证会计记录的真实性、可靠性，还需要对会计凭证的真实性和合法性进行审核，经审核无误并由审核人员签章后，才能作为记账的依据。因此，填制和审核凭证，是会计核算的专门方法之一，是整个会计核算工作的起点和基础。

填制和审核会计凭证作为会计核算的一项重要内容，在经济管理中具有重要的意义，主要体现在以下几个方面：

1. 会计凭证是提供原始资料、传导经济信息的工具

会计凭证详细记录了经济业务发生的具体内容，是记录经济活动的最原始资料。通过会计凭证的加工、整理和传递，对日常大量、分散的各种经济业务，进行分类、整理、汇总，并经过会计处理，为经济管理提供有用的经济和会计信息，既协调了会计主体内部各部门、各单位之间的经济活动，保证生产经营各个环节的正常运转，又为会计分析和会计检查提供了基础资料。

2. 会计凭证是登记账簿的依据

经济业务一旦发生，都必须通过填制会计凭证来如实记录经济业务的内容、数量和金额。随着业务的执行与完成，记载业务完成情况的会计凭证就陆续按规定的程序集中到财务会计部门，经过审核无误后，作为登记账簿的基本依据。因此，做好会计凭证的填制和审核工作，也是保证会计账簿资料真实性、正确性的重要前提。

3. 会计凭证是明确经济责任、强化内部控制的手段

经济业务发生后所取得、填制并审核的会计凭证，须由有关经办的部门和人员在会计凭证上签名、盖章，以表明他们对经济活动的真实性、准确性、合法性应承担的法律责任和经济责任，这就增强了有关部门和人员的法律意识和责任感，确保经济业务的记录真实可靠、准确无误；促使企业严格按照国家政策、财经制度等办事，提高管理水平，加强内部控制，分清经济责任，从而加强经济责任制，强化企业的内部控制。

4. 会计凭证是监督、控制经济活动的必要条件

会计凭证是对经济业务的发生、进程和完成等具体情况的记录和反应。通过会计凭证的审核，可以查明每一项经济业务是否符合国家有关法律、法规、制度的规定，是否符合计划、预算进度，是否有铺张浪费行为等，从而及时发现企业在资金管理上存在的漏洞，对于检查出的问题，应积极采取措施予以纠正，实现对经济活动的事中控制，保证经济活动健康进行。

7.1.2 会计凭证的种类

会计凭证作为一种证明文件，在企业的经济活动中的表现形态是多种多样的，内容也是非常丰富的。由于会计凭证在会计核算中的作用不同，一般情况下，会计凭证按其用途和填制程序的不同，可分为原始凭证和记账凭证两类。

1. 原始凭证

原始凭证是指有关部门或人员在经济业务发生或完成时取得或填制的凭证，它载明了经济业务的具体内容，明确了经济责任，是最具有法律效力的书面证明，也是编制记账凭证、组织会计核算的原始资料和重要依据。

2. 记账凭证

记账凭证是指会计人员根据审核无误的原始凭证或原始凭证汇总表编制的、用以记载经济业务简要内容、并按照登记账簿的要求，确定账户名称、记账方向和金额的一种记录，它是进一步登记各种账簿的依据。

7.2 原始凭证的填制和审核

7.2.1 原始凭证的种类

原始凭证又称为单据，是在经济业务发生或完成时取得或填制的，用以记录、证明经济业务发生或完成情况的书面证明。原始凭证记载着大量的经济信息，是证明经济业务发生的初始文件，也是进行会计核算的原始资料。与记账凭证相比，具有较强的法律效力，所以原始凭证是一种重要的会计凭证。如购货发票、银行结算凭证、借款单、差旅费报销单、收料单和领料单等。原始凭证在整个企业经营活动中，随着经济业务的发生而取得或填制，由于种类繁多，可以将原始凭证按以下标准进行分类。

1. 按原始凭证的来源渠道划分

原始凭证按其来源渠道不同，可分为外来原始凭证和自制原始凭证。

（1）外来原始凭证

外来原始凭证是指与外部单位或个人发生经济业务往来关系时，从对方单位取得的原始凭证。如购货时取得的发货票、银行收付款结算凭证、出差取得的飞机票、车船票、住宿和用餐发票、对外支付款项时取得的收据等。一般格式见表 7–1 和表 7–2 所示。

表 7–1

现金支票

中国工商银行

现金支票存根

ⅣⅢ32190879

科　　目__________

对方科目__________

出票日期 2017 年 2 月 15 日

收款人：光辉公司	
金　额：￥3 500	
用　途：差旅费	

单位主管　　　会计

中国工商银行　**现金支票**　　Ⅳ Ⅲ32190879

出票日期（大写）贰零零玖年零贰月壹拾伍日　付款行名称：

收款人：　　　　　出票人账号：

本支票	人民币（大写）	叁仟伍佰元整	百	十	万	千	百	十	元	角	分
					￥	3	5	0	0	0	0

付款期限十天

用途差旅费________

上列款项请从

我账户内支付

出票人签章：

科目（借）______________

对方科目（贷）__________

付讫日期　　年　月　日

出纳　复核　记账

须填密码

贴对号单处

表 7–2

增值税专用发票　　　　№

发　票　联　　　　开票日期：20 × × 年 2 月 1 日

购货单位	名　　称：华丰股份有限公司 纳税人识别号：330015790557878 地 址、电 话：杭海市光辉路112号、88855500 开户行及账号：工商行杭海支行	密码区																					
货物或应税劳务名称	规格型号	单位	数量	单价	金额：百	十	万	千	百	十	元	角	分	税率（%）	税额：百	十	万	千	百	十	元	角	分
B 材料		千克	5 000	19. 30			9	6	5	0	0	0	0	17			1	6	4	0	5	0	0
合　计						￥	9	6	5	0	0	0	0	17		￥	1	6	4	0	5	0	0
价税合计（大写）	壹拾壹万贰仟玖佰零伍元整													（小写）￥112 905. 00									
销货单位	名　　称：光辉公司 纳税人识别号：20002568068899 地 址、电 话：东南市江北路 120 号、88660000 开户行及账号：工商行东南支行、2002006201293359079													备注									

收款人：　　　　复核：　　　　开票人：　　　　销货单位（未盖章无效）：

（2）自制原始凭证

自制原始凭证是指由本单位内部经办业务的部门或人员，在办理经济业务时所填制的原始凭证。如商品、材料入库时，由仓库保管人员填制的入库单，商品销售时，由业务部门开出的提货单，以及生产车间领用材料的领料单、差旅费报销单、工资结算单等。表7-3所示为领料单。

表7-3

领料单

领用部门：　　　　　　　　　　　　　　　　　　　　　　　　　　　仓库：

用　　途：生产甲产品　　　　　　20××年2月16日　　　　　　　　编号：

材料类别	材料编号	材料名称	规格	计量单位	数量		金额	
					请领	实发	单位成本	总金额
	A材料			kg	10 500	10 500	40	420 000
合计					10 500	10 500	40	420 000
备注：								

部门负责人：　　　　材料库保管员：　　　　记账员：　　　　领料人：

2. 按原始凭证的填制手续划分

原始凭证按其填制的手续不同，可分为一次凭证、累计凭证、汇总原始凭证。

（1）一次凭证

一次凭证是指填制手续一次完成，用以记录一项或若干同类业务的原始凭证。外来原始凭证一般都是一次凭证，如发货票、银行结算凭证等。自制原始凭证的大部分也是一次凭证，如收料单、领料单、费用报销单等。表7-4所示为差旅费报销单。

表7-4

差旅费报销单

报销部门：　　　　　　　　　　　　　　　　　　报销日期：20××年2月18日

姓名		李林		职务	业务员		出差事由		开展销会	
出差起止日期		自20××年1月5日起至20××年1月9日止共5天，附单据5张								
日期		起讫地点		车船费			住宿费	杂费	途中伙食补助		合计
月	日	起点	终点	交通工具	张数	金额			每天补助	金额	
1	5	杭海	江阳	火车	1	100	500	100		300	1 000
1	9	江阳	杭海	火车	1	100					100
合计						200	500	100		300	1 100

负责人：　　　　会计：　　　　审核：王青　　　　主管：　　　　出差人：李林

（2）累计凭证

累计凭证是指在一定时期内，连续地在一张凭证中登记若干项同类经济业务的原始凭证。这种凭证的填制手续是多次完成的，记录相同性质的经济业务，可以随时结出累计数及结余数，并按照费用限额进行费用控制，期末按实际发生额记账。但因这种凭证要反复使用，必须严格凭证的保管制度。累计凭证一般是自制原始凭证，如工业企业的限额领料单、管理费用限额表等。表 7-5 所示为限额领料单。

表 7-5

限额领料单

领料部门：加工车间　　　　　　　　　　　　　　　　　　　发料仓库：5 号

用　　途：制造 A 产品　　　　　　20××年 3 月 5 日　　　　　　计划产量：300 台

材料类别	材料编号	材料名称	规格	计量单位	单价	领料限额	全月实领	
							数量	金额
金属	3305	圆钢	2mm	kg	3	1 000	900	2 700

日期	请领			实发		代用材料			限额节余
	数量	领料单位负责任签章	领料人签章	数量	发料人签章	数量	单价	金额	
1	500	刘丽	张艳辉	500	郑爽				500
5	300	刘丽	张艳辉	300	郑爽				200
8	100	刘丽	张艳辉	100	郑爽				100

生产计划部门负责人：刘伟　　　　　　　　　　　　仓库负责人：张顺

（3）汇总凭证

汇总凭证又称原始凭证汇总表，它是将记载同类经济业务的若干张原始凭证，定期汇总而编制的一种原始凭证。这种原始凭证可以简化记账工作，但其本身不具有法律效力。主要适用于处理那些在一定时期内重复发生的经济业务，如工资汇总表、发出材料汇总表、差旅费报销单等。基本格式见表 7-6。

表 7-6

发出材料汇总表

年　　月　　日

领料部门		原材料甲	原材料乙	合计
基本生产车间	一车间			
	二车间			
	小计			
辅助生产车间	供电车间			
	锅炉车间			
	小计动力			
制造费用	一车间			
	二车间			
	小计			
管理费用				
合计				

会计负责人（签章）　　　　　　　　复核（签章）　　　　　　　　制表（签章）

注意：有些原始凭证单据不是原始凭证，由于它们不能证明经济业务已经发生或完成情况，不能作为编制记账凭证和登记账簿的依据，如银行存款余额调节表、派工单等。

3. 按原始凭证的格式划分

原始凭证按其格式不同，可分为通用原始凭证和专用原始凭证。

（1）通用原始凭证

通用原始凭证是指由有关部门统一印制、在一定范围内使用的具有统一格式和使用方法的原始凭证。这里的一定范围，可以是全国范围，也可以是某地区或某系统，如全国统一使用的银行承兑汇票，税务部门统一规定使用的增值税专用发票等。

（2）专用原始凭证

专用原始凭证是指由单位根据经营管理的需要而自行设计、印制，仅在本单位内部使用的具有特定内容和专门用途的原始凭证，如差旅费报销单、收料单、领料单等。

7.2.2　原始凭证的填制

1. 原始凭证的基本内容

由于经济业务的种类和内容不同，经营管理的要求不同，原始凭证的格式和内容也不同。原始凭证一般是由国家有关部门统一印制的，如各种税务票据由国家税务部门监制，普通票据由国家工商管理部门监制，转账结算票据由中国人民银行和各种专业银行共同监制等。也有些原始凭证是由会计主体按照业务需要自行印制的，比如材料入库单、个人借款借据等。为了能够客观反映经济业务的发生或完成情况，表明经济业务的性质，各种原始凭证都要做到载明的经济业务清晰，经济责任明确，要具备以下基本内容：

① 原始凭证的名称。

② 原始凭证的编号和填制原始凭证的日期。

③ 填制原始凭证的单位名称或填制人姓名。

④ 接受原始凭证单位的名称。

⑤ 经济业务的内容摘要。

⑥ 经济业务的数量、单价、金额。

⑦ 经办部门和人员的签名或盖章。

2. 原始凭证的填制要求

由于原始凭证的种类不同，其内容和格式千差万别，因此其具体填制方法也就有所不同。一般来说，外来原始凭证，是由外单位根据经济业务的执行和完成情况填制的。自制原始凭证，一部分是根据实际发生或完成的经济业务，由经办人员直接填制的，如收料单、领料单等；还有一部分是根据已经入账的经济业务，由会计人员利用有关账簿记录进行归类、整理而编制的，如各种汇总原始凭证。为保证原始凭证反映经济业务内容的准确性，填制原始凭证时应按照下列要求进行：

（1）记录真实

填制原始凭证必须符合真实性会计原则的要求，要以事实为依据，根据经济业务发生的实际情况，如实填写经济业务的内容，发生的日期、数量和金额，使原始凭证上所记载的内容与经济业务的真实情况相符，不得弄虚作假。为了保证原始凭证记录真实可靠，经办业务的部门或人员要在原始凭证上签字或盖章，以对凭证的真实性和正确性负责。

（2）内容完整

在填制原始凭证的时候，应该填写的项目要逐项填写（接受凭证方应注意逐项验明），不可缺漏，尤其需要注意的是：年、月、日要按照填制原始凭证的实际日期填写；名称要写全，不能简化；品名或用途要填写明确，不许含糊不清；有关人员的签章必须齐全。

（3）填制及时

经济业务执行和完成后必须及时填制原始凭证，经签字盖章后即递交会计部门，以便会计部门审核后及时入账。

（4）手续完备

财会人员在填制或取得原始凭证时，必须做到填写手续齐备。例如，从外单位取得的原始凭证，必须盖有填制单位的财务章；从个人取得的原始凭证，必须有填制人员的签名或盖章。自制原始凭证必须有经办单位负责人或其指定人员的签名或盖章。对外开出的原始凭证，必须加盖本单位财务章。购买实物的原始凭证，必须有验收证明；支付款项的原始凭证，必须有收款单位和收款人的收款证明等。

（5）书写规范

① 原始凭证必须用蓝色或黑色笔填写，字迹清楚、规范。填写支票必须使用碳素笔，属于需要套写的凭证，必须一次套写清楚。发生填写错误不能随意涂改，应采用规定的方法予以改正。对于已预先印定编号的原始凭证，在写错作废时，应当加盖“作废”戳记，要单独保管，不得撕毁。

② 在书写阿拉伯数字时，每一个数字都要占有一个数位，逐个填写不能连笔，书写时的顺序是自大到小，从左到右。人民币符号“￥”和阿拉伯数字之间不能有空白，阿拉伯数字前加注人民币符号“￥”的，则数字后面无须再写“元”字。所有以“元”为单位的阿拉伯数字，一律写到角位和分位，没有角分的数字，可以填写“00”或符号“—”，有角位无分位的情况，分位上写“0”，不能用符号“—”来代替。

③ 大写金额数字只能用正楷或行书字来填写，必须用“会计体”汉字，即“壹、贰、叁、肆、伍、陆、柒、捌、玖、拾、佰、仟、万、亿、元、角、分、零、整”等来填写，不应用“一、二、三、四、五、六、七、八、九、十、百、千、另（或令）”等，更不能使用谐音字来代替。大写金额写到“元”或“角”的，在“元”或“角”之后要写“整”字，大写金额有“分”的，“分”字后面不写“整”字。

④ 凡是规定填写大写金额的凭证，如发票、提货单、银行结算凭证等，都必须同时填写大小写金额，大写和小写金额必须相符。阿拉伯金额数字中间有“0”或者连续有几个“0”时，汉字大写金额只写一个“零”字即可，如￥7 008.25，汉字大写金额应写为：人民币柒仟零捌元贰角伍分。

7.2.3 原始凭证的审核

经过审核无误的原始凭证，才能作为记账的依据，这也是发挥会计监督作用的重要环节。为了保证会计凭证的合法、合规、准确、完整，要求会计部门的经办人员必须严格审核各项原始凭证，主要包括以下几个方面的内容：

1. 真实性审核

审核原始凭证是否真实地记录所发生的经济业务，有无弄虚作假、名不符实的情况，有无伪造、涂改、刮擦原始凭证的情况，原始凭证真实性审核的内容主要是其记载的经济业务的日期、数量、单价、金额、业务程序、业务手续等是否正常，是否符合有关规定要求等。

2. 合理、合法性审核

审核原始凭证所记录的经济业务是否符合国家的有关法令、制度、政策及企业间的合同、企业内部的预算、计划等规定，是否合理、合法，有无违反法律、制度的违法乱纪行为；审核经济业务是否符合审批权限以及费用开支范围和标准是否符合有关规定；审核经济活动是否符合提高经济效益的要求等。

3. 完整性、正确性审核

首先应审核原始凭证是否具备作为合法凭证须具备的基本内容。如经济业务的内容摘要、数量、单价、金额的填写是否齐全，书写是否清晰，手续是否完备，是否签章。其次是审核原始凭证的有关数量、单价、金额是否正确，注意小计、合计的加总是否准确无误，大小写的书写是否正确等。

原始凭证的审核直接关系着会计信息的准确性，是一项十分重要的会计工作。因此，审核原始凭证时，会计人员应当坚持原则，按规章制度办事。在审核中，对于内容填写不全、手续不齐、数字不准、书写不清的原始凭证，要退还给有关的业务单位或个人，并令其补办有关手续或进行更正后再予受理；对于违反国家法规政策和财经制度、审批手续不全、伪造涂改、弄虚作假的原始凭证应拒绝受理并向领导报告，严肃处理。

7.3　记账凭证的填制和审核

7.3.1　记账凭证的种类

记账凭证是根据审核无误的原始凭证或原始凭证汇总表编制的会计凭证，是登记账簿的直接依据。

由于经济业务的种类和数量繁多，与其相关的原始凭证的格式和内容也各不相同，加上原始凭证一般都不能具体表明经济业务应记入的账户及其借贷方向，直接根据原始凭证登记账簿容易发生差错。所以，在记账之前需要根据审核无误的原始凭证，经过归类整理，填制具有统一格式的记账凭证，确定经济业务应借应贷的会计科目和金额，并将相关的原始凭证附在记账凭证的后面。这样，既方便了记账、又减少了差错，也有利于原始凭证的保管，从而提高对账和查账的效率。

记账凭证按不同的标准可分为不同的种类。

1. 按记账凭证的用途划分

记账凭证按其用途不同，可分为通用记账凭证和专用记账凭证。

（1）通用记账凭证

通用记账凭证是各类经济业务均可使用的、具有统一格式的一种记账凭证。它既可以用来登记涉及现金、银行存款的收付款业务，也可以登记一般的转账业务，这种会计凭证适用于规模小、经济业务比较简单的企业的会计核算。一般格式见表 7-7。

表 7-7

通用记账凭证

20××年 3 月 1 日　　　　凭证编号：012 号

摘要	总账科目	明细科目	借方金额										贷方金额									
			千	百	十	万	千	百	十	元	角	分	千	百	十	万	千	百	十	元	角	分
从中华工厂购入甲材料	材料采购	甲材料				6	0	0	0	0	0	0										
	银行存款															6	0	0	0	0	0	0
合计					¥	6	0	0	0	0	0	0			¥	6	0	0	0	0	0	0

财务主管：　　　记账：　　　审核：　　　制单：

（2）专用记账凭证

专用记账凭证是专门用来记录某一特定种类经济业务的记账凭证。按其所记录的经济业务是否与货币资金收付有关又可以进一步分为收款凭证、付款凭证和转账凭证三种。

① 收款凭证是用来反映货币资金增加的经济业务而编制的记账凭证，也就是记录现金和银行存款等收款业务的凭证。收款凭证不仅是出纳人员收款的依据，也是登记现金日记账、银行存款日记账以及其他相关的总账和明细账的依据，如收到销货款存入银行，就应该编制银行存款的收款凭证，一般格式见表 7-8。

表 7-8

收款凭证

借方科目：库存现金　　　　20××年 3 月 2 日　　　　收字第 8 号

摘要	贷方科目		金额										记账√
	总账科目	明细科目	千	百	十	万	千	百	十	元	角	分	
出售材料收入	其他业务收入	材料收入						4	6	0	0	0	
合计							¥	4	6	0	0	0	

附件　张

财务主管：　　记账：　　出纳：　　审核：　　填制：

② 付款凭证是用来反映货币资金减少的经济业务而编制的记账凭证，也就是记录现金和银行存款等付款业务的凭证。付款凭证既是出纳人员据以付款的依据，也是登记现金日记账、银行存款日记账以及相关的总账和明细账的依据，如用银行存款发放职工工资、以现金购买办公用品等，就应该编制付款凭证，一般格式见表 7-9。

表 7-9

付款凭证

贷方科目：库存现金　　　　20××年 3 月 3 日　　　　付字第 6 号

摘　要	借方科目		金　额										记账√
	总账科目	明细科目	千	百	十	万	千	百	十	元	角	分	
总务部王尧预借差旅费	其他应收款	王尧						8	0	0	0	0	
合　计							¥	8	0	0	0	0	

附件　张

财务主管：　　记账：　　出纳：　　审核：　　填制：

③ 转账凭证是指根据有关转账业务的原始凭证填制而成的，用以反映与货币资金收付无关的转账业务的记账凭证。转账凭证是登记总分类账簿的依据，一般格式见表 7-10。

表 7-10

转账凭证

20××年 3 月 5 日　　　　转字第　号

摘　要	总账科目	明细科目	√	借方金额										√	贷方金额									
				千	百	十	万	千	百	十	元	角	分		千	百	十	万	千	百	十	元	角	分
生产 A 产品领用甲材料	生产成本	A 产品					1	8	0	0	0	0	0											
	主原材料	甲材料																1	8	0	0	0	0	0
合　计						¥	1	8	0	0	0	0	0				¥	1	8	0	0	0	0	0

财务主管：　　记账：　　出纳：　　审核：　　填制：

2. 按记账凭证的填制方式划分

记账凭证按其填制的方式不同，可分为复式记账凭证和单式记账凭证。

(1) 复式记账凭证

复式记账凭证是指把某项经济业务所涉及的全部会计科目都集中填列在一张凭证上的记账凭证。其优点可以在一张凭证上集中反映账户的对应关系，有利于了解经济业务的全貌，便于查账，同时可以减少凭证的工作量。不足之处在于不便于分工记账和归类汇总。上述所列举的收款凭证、付款凭证和转账凭证的格式和内容，均为复式记账凭证的格式和内容。

(2) 单式记账凭证

单式记账凭证又称单科目记账凭证，是指把某项经济业务所涉及的会计科目，分别登记在两张或两张以上的记账凭证，每张记账凭证上只填列一个会计科目的记账凭证。单式记账凭证中的对方科目只供参考，不凭以记账。一笔经济业务涉及多少个会计科目，就填制多少张凭证，内容单一，便于按科目汇总，有利于分工记账。但制证工作量大，不利于在一张凭证上完整地反映经济业务的全貌，出了差错不便于查找，因而一般适于业务量较大、会计部门内部分工较细的会计主体。单式记账凭证的基本格式见表 7-11 所示。

表 7-11

借项记账凭证

20××年3月5日　　　　凭证编号：

摘　要	总账科目	明细科目	账　页	金　额	记　账 √
从银行提取现金	库存现金			2 000	
对应总账科目：银行存款	合计金额			¥2 000	

财务主管：　　记账：　　审核：　　制单：

7.3.2 记账凭证的填制

1. 记账凭证的内容

记账凭证虽然有多种形式，但各种记账凭证的作用都在于对原始凭证进行归类整理，确定会计分录，并作为登记账簿的直接依据。因此，为满足记账要求，记账凭证虽然种类不同，格式各异，但一般都要具备下列基本内容：

① 记账凭证的名称。

② 填制凭证的日期和凭证的编号。

③ 填制单位的名称。

④ 经济业务的内容摘要。

⑤ 会计科目，包括一级科目、二级科目和明细科目的名称、方向和金额。

⑥ 所附原始凭证的张数。

⑦ 填制、审核、记账和会计负责人签章。收入款的记账凭证还应有出纳人员的签名或盖章。

2. 记账凭证的填制要求

填制记账凭证是记账工作的开始，记账凭证填制的正确与否，直接关系到记账是否真实和准确，这就要求会计人员把记账凭证应具备的基本内容按照一定的会计方法填写齐全，对会计信息予以正确归类，便于进行账簿登记。在填制记账凭证时，除了要严格遵照原始凭证的填制要求外，还要遵守以下基本要求：

（1）摘要填写应该简明扼要

记账凭证的“摘要”栏是对经济业务的简要说明，必须认真填写，应简要概括经济业务内容的要点，以便审计查阅时，通过摘要就能了解到该项经济业务的性质、特征，判断会计处理的正确性。

（2）业务记录正确

一张记账凭证只能反映一项经济业务或若干项同类经济业务，不能把不同类型的经济业务合并填制。采用借贷记账法编制会计凭证时，一般是编制一借多贷或一贷多借分录的记账凭证，不应填制多借多贷会计分录的记账凭证。

（3）会计科目运用准确

在记账凭证上，要根据经济业务的性质，按会计制度的规定，正确确定每一项经济业务应借应贷的会计科目，不得任意更改或简化会计科目的名称和核算内容，以确保会计科目使用的正确性和核算口径的一致性。

（4）注明所附原始凭证张数

每张记账凭证要注明所附原始凭证的张数，以便于日后查对。如果根据一张原始凭证编制两张记账凭证，则应在未附原始凭证的记账凭证上注明“单据 × 张，附在第 × 号记账凭证上”，以便复核和查对。

（5）记账凭证必须连续编号

记账凭证在一个月内应当连续编号，以便查阅。在使用通用记账凭证时，可按经济业务发生的先后顺序编号。采用收款凭证、付款凭证和转账凭证的，可采用“字号编号法”，即按凭证类别顺序编号。例如，收字第 × 号、付字第 × 号、转字第 × 号等。也可采用“双重编号法”，即按总字顺序编号与按类别编号相结合。例如，某收款凭证为“总字第 × 号、收字第 × 号”。一笔经济业务需要编制多张记账凭证时，可采用“分数编号法”，即每一项经济业务编一总号，再按凭证张数编几个分号。例如，第六项经济业务需要填制 2 张记账凭证，则可编为转字第 $6\frac{1}{2}$ 号、转字第 $6\frac{2}{2}$ 号，前面的整数表示业务顺序，分子表示 2 张中的第一张和第二张。单式记账凭证的编号，也可采用“分数编号法”。每月最后一张记账凭证的编号旁边，可加注“全”字，以免凭证失散。

（6）检查、核对记账凭证的内容

在记账凭证填制完毕、登记账簿之前，要对记账凭证中的各项目进行检查和核对，有关人员要签名盖章，出纳人员根据收款凭证收款，或根据付款凭证付款，要在凭证上盖“收讫”或“付讫”的戳记，以免重收重付，防止差错，从而保证账簿记录的正确性。

7.3.3　记账凭证的审核

如前所述，记账凭证是登记账簿的依据、是编制报表的基础，其准确性决定着会计信息的质量。为了使记账凭证符合会计基础工作规范的有关要求，除了要严格按填制记账凭证的要求进行填制，还要有专人对记账凭证进行审核，经过审核无误后的记账凭证，才能据以记账。记账凭证审核的主要内容有：

1. 内容的真实性与完整性

主要审核记账凭证与所附的原始凭证的内容是否相符、金额是否准确等，并按原始凭证审核的要求，再次对所附的原始凭证进行复核。

2. 书写的正确性与规范性

主要审核记账凭证中会计科目的使用是否准确，应借、应贷的金额是否一致；记账凭证中的记录是否文字工整、数字清晰；核算的内容是否符合会计制度的规定等。

3. 手续的完备性与合法性

主要审核记账凭证所需要填写的项目是否齐全、完整，此外还要审查记账凭所反映的经济业务是否合法、合规。这就要求审核人员要熟悉和掌握国家的政策、法令和规章制度等规定，同时还要熟悉和了解本单位的计划、预算等有关规定及其生产经营情况。

记账凭证经过审核，如发现错误，应及时查明原因，按规定办法予以更正。只有经过审核无误的记账凭证才能作为登记账簿的依据。

7.4 会计凭证的传递与保管

7.4.1 会计凭证的传递

会计凭证的传递是指凭证从取得或填制时起，经过审核、记账、装订到归档保管时止，在单位内部各有关部门和人员之间按规定的时间、路线办理业务手续和进行处理的过程。

由于各种会计凭证记载的经济业务不同，涉及的部门和人员不同。因此，为了保证会计核算的正常进行，以及对会计工作的监督、控制，应明确会计凭证传递的程序、时间和手续等问题。这样既可以保证及时地反映经济业务的发生和完成情况，又可以督促各个经办部门和人员及时正确地完成经济业务和办理凭证手续，并且有利于加强经济管理的责任制度，实现会计监督。

会计凭证的传递主要包括传递程序、传递时间和传递手续三个方面。必须从满足经营管理和会计核算的需要出发，合理制定凭证传递程序，使一切会计凭证在传递过程中只经过必要的部门和人员，要规定最长停留时间，指定专人负责，这样才能保证凭证传递的畅通无阻。

1. 会计凭证的传递程序

会计凭证传递的一般程序为：填制凭证——审核凭证——根据凭证记账——凭证归档等几个步骤。各单位应根据经济业务的特点、机构设置、人员分工情况，以及经营管理的需要，科学设计会计凭证的传递流程。既要使会计凭证经过必要的环节进行审核和处理，又要避免会计凭证在不必要的环节停留，从而保证会计凭证沿着最简捷、最合理的路线传递。

2. 会计凭证的传递时间

为了保证会计信息的时效性，会计凭证在传递过程中应使传递程序合理有效，尽量节约时间、减少传递的工作量，避免在不必要环节滞留的时间。明确规定各种凭证在传递环节之间停留的最长时间，确保有关部门和人员按规定手续履行职责，不得拖延、积压会计凭证的处理，以免影响会计工作的正常程序，提高会计工作的效率。

3. 会计凭证的传递手续

会计凭证在传递过程中，其衔接手续应该做到既完备严密，又简便易行。会计凭证的收发、交接都应按一定的手续制度办理，以保证会计凭证的安全和完整。

会计凭证传递涉及单位内部各个部门及环节，因此，必须加强对会计凭证传递的管理，要制定一套既完备、严密，又简单易行的凭证收发、交接相互协调衔接的手续和办法，并将传递程序、传递时间和衔接手续绘制成凭证流程图，监督各部门和人员遵守执行，使凭证传递工作有条不紊，迅速而有效地进行。

7.4.2　会计凭证的保管

会计凭证的保管，是指会计凭证在登记入账后的整理、装订和归档存查。会计凭证属于重要的经济档案和历史资料，任何单位都要按规定建立立卷归档制度，形成会计档案资料，妥善保管。会计凭证的保管原则是：既要保护凭证的安全完整，又要便于日后查阅，实现科学管理。

1. 会计凭证的整理、装订

各种记账凭证，连同所附原始凭证和原始凭证汇总表，要分类按顺序编号，定期（每天、每旬或每月）装订成册，并加具封面、封底，注明单位名称、凭证种类、所属年月和起讫号码、凭证张数等。为防止任意拆装，应在装订处贴上封签，并由经办人员在封签处加盖骑缝章。对一些非常重要、数量很多而又随时需要查阅的原始凭证，可以单独装订保管，在封面上注明所属记账凭证的种类、日期、编号。同时在记账凭证上注明“附件另存”字样和原始凭证名称、编号，以便备查。各种经济合同、存出保证金收据以及涉外文件等重要原始凭证，应当另编目录，单独登记保管，并在有关的记账凭证和原始凭证上相互注明日期和编号。

2. 会计凭证的归档

会计凭证存档后，保管责任随之转移到档案保管人员身上。保管人员应当按照会计档案管理的要求，对装订成册的会计凭证定期归类整理，以便查阅。作为会计档案，会计凭证不得外借，其他单位如因特殊原因需要使用原始凭证时，经本单位领导批准可以复制。向外单位提供的会计凭证复制件，应在备查簿中登记，由提供人和收取人共同签章。

3. 会计凭证的保管期限和销毁

会计凭证的保管期限和销毁手续必须严格遵守会计制度的有关规定，任何人无权自行销毁凭证，以防止会计凭证散失错乱、残缺不全或损坏。会计凭证按规定应保管 15 年，对于涉外和其他重要的会计凭证要求永久保存。当年的会计档案，在会计年度终了后，暂由会计部门保管一年，期满后，应由会计部门移交给本单位档案室保管。会计凭证保管期满后，必须按规定手续，报经批准后才能销毁。

课后习题

一、单项选择题

1. 下列原始凭证属于外来原始凭证的是（　　）。

A. 入库单　　B. 出库单

C. 银行收账通知单　　D. 领料汇总表

2. “工资结算汇总表”是一种（　　）。

A. 一次凭证　　B. 累计凭证　　C. 汇总凭证　　D. 复式凭证

3. 下列凭证中不能作为编制记账凭证依据的是（　　）。

A. 收货单　　B. 发票　　C. 发货单　　D. 购销合同

4. 销售产品收到商业汇票一张，应该填制（　　）。

A. 银收字记账凭证　　B. 现付字记账凭证

C. 转账凭证　　D. 单式凭证

5. 下列不能作为会计核算的原始凭证的是（　　）。

A. 发货票　　B. 合同书　　C. 入库单　　D. 领料单

6. 货币资金之间的划转业务只编制（　　）。

A. 付款凭证　　B. 收款凭证　　C. 转账凭证　　D. 记账凭证

7. “限额预料单”属于（　　）。

A. 累计凭证　　B. 外来凭证　　C. 汇总凭证　　D. 付款凭证

8. 在一笔经济业务中，如果既涉及收款业务，又涉及转账业务，应（　　）。

A. 编制收款凭证　　B. 编制付款凭证

C. 编制转账凭证　　D. 同时编制收款凭证和转账凭证

9. 下列不属于原始凭证的是（　　）。

A. 销货发票　　B. 差旅费报销单　　C. 现金收据　　D. 银存款余额调节表

10. 下列属于汇总原始凭证（或原始凭证汇总表）的有（　　）。

A. 销货发票　　B. 领料单　　C. 限额领料单　　D. 发料凭证汇总表

11. 在实际工作中，规模小、业务简单的单位，为了简化会计核算工作，可以使用一种统一格式的（　　）。

A. 转账凭证　　B. 收款凭证　　C. 付款凭证　　D. 通用记账凭证

12. 企业购进材料 60 000 元，款未付。该笔业务应编制的记账凭证是（　　）。

A. 收款凭证　　B. 付款凭证　　C. 转账凭证　　D. 以上均可

13. 企业销售产品一批，售价 30 000 元，款未收。该笔业务应编制的记账凭证是（　　）。

A. 收款凭证　　B. 付款凭证　　C. 转账凭证　　D. 以上均可

14. 下列经济业务，应该填制现金收款凭证的是（　　）。

A. 从银行提取现金

B. 以现金发放职工工资

C. 出售报废的固定资产收到现金

D. 销售积压材料收到一张转账支票

15. 下列经济业务，应该填制银行存款收款凭证的是（　　）。

A. 销售产品一批，款未收

B. 转让设备一台，收到转账支票并已送交银行

C. 购入材料一批，开出支票

D. 将现金存入银行

16. 付款凭证左上角的“贷方科目”可能登记的科目有（　　）。

A. 应付账款　　B. 银行存款　　C. 预付账款　　D. 其他应付款

二、多项选择题

1. 会计凭证按其填制的程序和用途的不同，可分为（　　）。

A. 原始凭证　　B. 记账凭证　　C. 一次凭证　　D. 积累凭证

2. 记账凭证按其反映经济业务内容的不同，可分为（　　）。

A. 一次凭证　　B. 付款凭证　　C. 收款凭证　　D. 转账凭证

3. “收料单”是（　　）。

A. 外来原始凭证　　B. 自制原始凭证

C. 一次凭证　　D. 累计凭证

4. “限额领料单”是（　　）。

A. 外来原始凭证　B. 自制原始凭证　C. 一次凭证　D. 累计凭证

5. 原始凭证应具备的基本内容有（　　）。

A. 原始凭证的名称和填制日期

B. 接收凭证单位名称

C. 经济业务的内容

D. 数量、单价和大小写金额

6. 收款凭证中借方科目可能涉及的账户有（　　）。

A. 现金　B. 银行存款　C. 应付账款　D. 应收账款

7. 记账凭证必须具备的基本内容有（　　）。

A. 记账凭证的名称　　B. 填制日期和编号

C. 经济业务的简要说明　　D. 会计分录

8. 对记账凭证审核的要求有（　　）。

A. 内容是否真实　　B. 书写是否正确

C. 科目是否正确　　D. 金额是否正确

9. 下列经济业务中，应填制转账凭证的是（　　）。

A. 国家以厂房对企业投资　　B. 外商以货币资金对企业投资

C. 购买材料未付款　　D. 销售商品收到商业汇票一张

10. 下列经济业务中，应填制付款凭证的是（　　）。

A. 提现金备用　　B. 购买材料预付定金

C. 购买材料未付款　　D. 以存款支付前欠某单位账款

11. 下列说法正确的是（　　）。

A. 原始凭证必须记录真实，内容完整

B. 一般原始凭证发生错误，必须按规定办法更正

C. 有关现金和银行存款的收支凭证，如果填写错误，必须作废

D. 购买实物的原始凭证，必须有验收证明

12. 原始凭证按其填列的方法不同，可分为（　　）。

A. 一次凭证　　B. 累计凭证

C. 原始凭证汇总表　　D. 收款凭证

13. 原始凭证的填制要求包括（　　）。

A. 记录真实　B. 内容完整　C. 填制及时　D. 书写清楚

14. 记账凭证按其填列方式不同，可分为（　　）。

A. 付款凭证　B. 复式凭证　C. 收款凭证　D. 单式凭证

15. 应在现金收、付款记账凭证上签字的有（　　）。

A. 制证人员　B. 登账人员　C. 审核人员　D. 会计主管

16. 会计凭证的传递要做到（　　）。

A. 程序合理　　B. 时间节约　　C. 手续严密　　D. 责任明确

17. 对原始凭证审核的内容包括（　　）。

A. 审核真实性　B. 审核合理性　C. 审核及时性　D. 审核完整性

18. 下列属于外来原始凭证的有（　　）。

A. 购货发票　　B. 出差人员车船票

C. 银行结算凭证　　D. 领料单

实训题

实训

1. 实训目的：练习记账凭证的填制。

2. 实训资料：

企业名称：昌隆有限公司（增值税一般纳税人）

开户行：工商银行胜利路支行

银行账号：06696900

纳税人登记号：370866782801898

（会计人员：王艳；　出纳员：张强；　会计主管：李波）

昌隆有限公司20××年12月份发生的有关交易或事项如下：

（1）12月1日，仓库发出材料供有关部门使用，填制领料单。

昌隆有限公司领料单

领料部门：　　　　年　月　日

材料		单位	数量		单位成本	金额	过账
名称	规格		请领	实发			
		kg					
		kg					
工作单号		用途					
工作项目							

会计：　　记账：　　发料：　　领料：

昌隆有限公司领料单

领料部门：　　　　年　月　日

材料		单位	数量		单位成本	金额	过账
名称	规格		请领	实发			
		kg					
		kg					
工作单号		用途					
工作项目							

会计：　　记账：　　发料：　　领料：

昌隆有限公司领料单

领料部门：　　　　　　　　　　　　　年　月　日

材料		单位	数量		单位成本	金额	过账
名称	规格		请领	实发			
		kg					
工作单号		用途					
工作项目							

会计：　　　　　　记账：　　　　　　发料：　　　　　　领料：

昌隆有限公司领料单

领料部门：　　　　　　　　　　　　　年　月　日

材料		单位	数量		单位成本	金额	过账
名称	规格		请领	实发			
		kg					
工作单号		用途					
工作项目							

会计：　　　　　　记账：　　　　　　发料：　　　　　　领料：

（2）12月9日，出纳员填制现金支票提取现金，准备发工资，支票存根如下。

中国工商银行（鲁）
现金支票存根
NO.　01621955
附加信息

出票日期 20××年12月9日

收款人：昌隆有限公司	
金　额：￥140 000.00	
用　途：备发工资	

单位主管　　会计：王艳

（3）12月9日，以现金140 000元，发放本月职工工资，填制工资结算汇总表。

工资结算汇总表

20××年12月9日

部门	计时工资	计件工资	工资性津贴	奖金	应扣工资		应付工资
					事假	病假	

(4) 12月16日，办公室购买办公用品870元，开出支票付款，填制有关单据。

山东省商品销售统一发票

购货单位：远达有限公司　　　　20××年12月16日填制

品名规格	单位	数量	单价	金额							备注
				万	千	百	十	元	角	分	
计算器	台	10	75			7	5	0	0	0	
笔记本	本	20	6			1	2	0	0	0	
合计					¥	8	7	0	0	0	
合计金额（大写）捌佰柒拾元整											

第二联　发票联

开票：刘名　　　　收款：王丽　　　　单位名称(盖章)

中国工商银行（鲁）
转账支票存根
NO.　01621988
附加信息

出票日期 20××年12月15日

收款人：利群商厦	
金　额：¥870.00	
用　途：办公用品	

单位主管　　会计：王艳

(5) 12月18日，开出转账支票支付车间设备修理费1 170元，填制有关单据。

山东增值税专用发票

发票联　　　　开票日期：20××年12月18日

购货单位	名　　称：昌隆有限公司 纳税人识别号：370866782801898 地 址、电 话：威海市环翠路28号5230355 开户行及账号：工商银行胜利路支行 06696900				密码区	6+-〈2〉6〉869+296+/ *　加密版本：01 446〈600375〈35〉〈4/ *　37009931410 2-2〈2051+24+2618〈7　07050445 /3-15〉〉09/5/-1〉〉〉+2		
货物或应税劳务名称	规格型号	单位	数量	单价	金额	税率	税额	
修理流水线					1 000.00	17%	170.00	
合计					¥1 000.00		¥170.00	
价税合计（大写）	⊗壹仟壹佰柒拾元整				（小写）¥1 170.00			
销货单位	名　　称：黄海大修厂 纳税人识别号：370856586263889 地 址、电 话：威海市幸福路108号5656368 开户行及账号：中国银行幸福支行 5601022812364				备注			

第二联：发票联　购货方记账凭证

收款人　　　　复核　　　　开票人　吕营　　　　销货单位：（章）

中国工商银行（鲁） 转账支票存根 NO. 01621989 附加信息
出票日期 20××年 12 月 18 日
收款人：黄海大修厂
金　额：¥1 170.00
用　途：支付修理费
单位主管　　会计：王艳

（6）12 月 31 日，分配结转本月职工工资 140 000 元，其中，生产 A 产品工人工资 60 000元，生产 B 产品工人工资 40 000 元，车间管理人员工资 23 500 元，行政管理部门 16 500元，填制分配表。

工资费用分配汇总表

年　　月　　日

车间、部门		应分配金额
车间生产人员工资	生产 A 产品	
	生产 B 产品	
	生产人员工资小计	
车间管理人员		
厂部管理人员		
合计		

3. 要求：根据上述资料填制记账凭证。

第8章 会计账簿

导论

本章阐述账簿的设置与登记、错账更正方法、对账与结账的基本概念和技术操作方法。通过本章学习，要求学生理解设置和登记账簿对于系统地提供经济信息、加强经济管理的作用，熟悉日记账、总分类账、明细分类账的内容、格式、登记依据和登记方法，掌握登记账簿的规则、错账更正方法以及对账和结账的基本内容和方法。

导入案例

某市A有限责任公司（国有企业）林某自20×5年起担任总经理。20×7年12月，因在公司中业绩突出，受到主管组织部门预备提拔的考核。在考核中，上级主管部门接到举报，举报人说林某在任职期间有指使和放任财务人员做假账、打击压制坚持原则的会计人员等问题。随即，该市财政、审计、统计方面组成联合调查组对该公司近些年特别是林某任总经理期间的账目进行了全面的检查，结果发现：

① 该公司设置大小两套账，大账对外，小账对内。

② 不按规定进行会计资料保管，致使原始资料被毁损、灭失严重。

③ 3个月前，林某因不满会计郑某多次不听从做违法会计账的指令，尤其不满其向上级主管部门反映真实情况，将其调回车间。

④ 任命没有会计从业资格证书的林某的儿子担任会计科科长。

⑤ 近3年账目中的伪造、变造会计凭证虚增利润等违法问题系在林某的强令或授意下所为。

调查组向县会计主管部门——县财政局通报上述情况。市财政局因此对该公司作出责令限期整改处罚，并罚款18.6万元，要求该公司恢复郑某会计职务和会计级别待遇的处理决定。对林某有关事实根据《中华人民共和国会计法》作出了书面意见，反馈回组织部门，最后移送检察院进入司法程序。

8.1 会计账簿概述

8.1.1 会计账簿的作用

会计账簿简称账簿，是指由具有一定格式而又互相联系的账页组成的，以会计凭证为依据，用来全面、系统、连续地记录和反映各项经济业务的簿籍。

如前所述，任何一个组织单位发生一笔经济业务后，首先要取得或填制会计凭证，即通过各种会计凭证来反映经济业务，这是会计核算工作的起点和基础。但会计凭证对经济业务的反映是零散的、片面的。每一张会计凭证只能记录一笔或性质相同的若干笔经济业务，不能把一个组织单位在某一时期内发生的全部经济业务全面地、系统地、连续地加以分类反映。因此，为了便于了解组织单位在某一时期内的全部经济活动情况，取得经济管理所需要的一系列会计核算资料，并为编制会计报表提供依据，就必须在会计凭证的基础上设置和登记账簿。把会计凭证上所记录的分散的、零星的会计信息，通过归类整理，将其登记到相应的账簿中，使之更加系统化。

登记会计账簿是会计核算的一种专门方法，具有重要作用。

1. 系统地登记和积累会计资料

通过设置和登记会计账簿，可以把会计凭证上所反映的全部经济业务按照不同的标准进行归类和汇总，使分散的资料进一步系统化。通过登记各种日记账，对经济业务进行序时核算，可以防止账务处理上的错误和遗漏。通过登记各种总分类账，对经济业务进行分类核算，可以连续、系统地记录各项资产、负债、所有者权益的增减变化以及财务成果的核算资料。这样对于加强经营管理、合理地使用资金、保护资产的安全完整起到控制作用。

2. 为编制各种会计报表提供数据资料

账簿通过对会计凭证所反映的大量经济业务进行序时、分类地记录和加工后，在一定时期终了，就积累了编制会计报表的资料，再将这些资料进行加工整理后，就可以作为编制会计报表的主要依据。会计报表信息是否真实、可靠、及时，在一定程度上都与账簿设置和记录有关。

3. 考核经营成果、进行业绩评价

根据账簿记录的结果，可以计算出各种收入、成本、费用和利润指标，从而反映一定时期的财务成果；确定财务成果后，按规定的方法进行利润分配，计算出一系列财务指标，进而可以评价企业经营状况和财务成果的好坏，分析和评价企业的经营活动，为企业的经营决策和预测提供可靠的参考数据。

4. 保证财产物资的安全完整

通过设置和登记账簿，能够在账簿中连续反映各项财产物资的增减变动及结存情况，并通过财产清查等方法，确定财产物资的实际结存情况，账簿记录控制实存物资，以保证财产物资的安全完整。

8.1.2　会计账簿的种类

各个单位的经济业务特点和管理的要求不同，所设置的账簿种类及格式也不同，这些账簿可以按不同的标准进行分类，常见的分类方法有以下几种。

1. 账簿按用途分类

会计账簿按其用途不同可分为序时账簿、分类账簿、联合账簿和备查账簿。

(1) 序时账簿

序时账簿也称日记账，是指根据经济业务发生的时间先后顺序逐日逐笔进行连续登记的账簿。序时账簿按其记录的经济业务内容不同又分为普通日记账和特种日记账。用来登记全部经济业务的日记账称为普通日记账；专门用来登记某一类经济业务的日记账称为特种日记账，如现金和银行存款日记账。

（2）分类账簿

分类账簿又称分类账，是对全部经济业务进行分类登记的账簿。分类账按其所反映内容详细程度的不同，又分为总分类账和明细分类账。

① 总分类账簿又称总分类账，简称总账，是指根据总分类科目（一级会计科目）开设，用以分类记录全部经济业务，提供总括核算资料的分类账簿。它对明细分类账簿具有统驭和控制作用。

② 明细分类账簿又称明细分类账，简称明细账，是根据总分类账所属的二级或明细科目设置的，详细记录某一类经济业务，提供比较详细核算资料的分类账簿。明细分类账簿对总分类账簿具有辅助和补充的作用。

（3）联合账簿

联合账簿是指兼有序时账簿和分类账簿两种用途的账簿。这种账簿对每项经济业务既进行序时登记，又进行分类登记。如日记总账就是兼有序时账簿和总分类账簿作用的联合账簿。

（4）备查账簿

备查账簿亦称辅助账簿，是对某些未能在序时账和分类账等主要账簿中登记的经济业务进行补充登记的账簿。备查账簿主要是为某些经济业务的经营决策提供一些必要的参考资料，如租入固定资产登记簿、应收票据备查簿、代管商品物资登记簿、受托加工物资登记簿等。这种账簿属于备查性质的辅助账簿，与其他账簿之间不存在严密的依存、勾稽关系。

2. 账簿按外表形式分类

账簿按其外表形式不同，分为订本式账簿、活页式账簿和卡片式账簿。

（1）订本式账簿

订本式账簿又称订本账，是在账簿启用之前，就把按若干顺序编号的、具有专门格式的账页固定装订成册的账簿。一般情况下，一些重要的、具有统驭作用的账簿，如现金日记账、银行存款日记账、总分类账等，都采用订本式账簿。应用订本式账簿的优点是，可以避免账页散失，防止任意抽换账页。但是，它也有一些缺点，如在使用时，必须为每一账户预留账页，这样可能会出现某些账户预留账页不足，影响账户连续登记，不便查阅，而有些账户预留账页过多，造成浪费的情况；另外，采用订本式账簿，在同一时间里，只能由一人负责登记，不便于分工。

（2）活页式账簿

活页式账簿又称活页账，是把若干张具有专门格式、零散的账页，根据业务需要自行组合而成，并装在活页夹内的账簿。一般情况下，一些明细账采用活页账的形式。应用活页式账簿的优点是，账页不固定装订在一起，可根据业务的需要随时加入、抽出或移动账页，这样可以适当避免浪费，使用起来灵活，而且可以分工记账，有利于提高工作效率。但是，它也有一些缺点，由于账页是分开的，因此账页容易散失或被任意抽换。因此，使用时应将账页按顺序编号，置于账夹内，并在账页上由有关人员签名或盖章，以防止产生一些舞弊行为。在年度终了时，更换新账后，应将使用过的账页装订成册，作为会计档案予以保管。

（3）卡片式账簿

卡片式账簿又称卡片账，是由若干张分散的、具有专门格式的存放在卡片箱中的卡片组成的账簿。这种账簿主要适用于内容比较复杂、变化不大的财产明细账，如固定资产卡片、低值易耗品卡片等。

卡片式账簿具有活页式账簿的特点，便于随时查阅，便于归类整理，不容易损坏，但容易出现账页散失或被任意抽换的问题。因此，在使用时，需要将卡片式账页连续编号，并在卡片上由有关人员签名或盖章，放在卡片箱内，出专人保管。更换新账后，也需要整理好，作为会计档案妥善保管。

3. 账簿按账页格式分类

会计账簿按账页格式分类，可分为三栏式账簿、数量金额式账簿、多栏式账镕等。

（1）三栏式账簿

三栏式账簿是指由设置三个金额栏的账页组成的账簿。它适用于总分类账、日记账，也适用于只进行金额核算而不需要数量核算的债权、债务结算账户的明细分类账。

（2）数量金额式账簿

数量金额式账簿也称三大栏式账簿，是指在每一大栏内，又设置由数量、单价、金额等小栏目的账页组成的账簿。这种账簿适用于既要进行金额核算，又要进行实物数量核算的各种财产物资账簿。

（3）多栏式账簿

多栏式账簿是指由三个以上金额栏的账页所组成的账簿。这种账簿根据经济业务特点和经营管理的需要，把同一个一级账户所属的明细账户，集中在一张账页上设置专栏，反映各有关明细账户的核算资料。它适用于成本、收入、费用和利润等账户。

8.1.3　会计账簿的基本内容

各种账簿所记录的经济内容、账簿的格式可以多种多样，但各种账簿都应具备一些基本内容，也称基本要素，这些基本要素主要包括：

（1）封面

封面主要表明单位名称和账簿的名称，如现金日记账、材料明细账等。

（2）扉页

扉页主要列明账户目录（或科目索引）和账簿启用及经管账簿人员一览表，其一般格式如表 8-1 和表 8-2 所示。

（3）账页

账页是构成账簿的主要部分，账页根据其反映经济业务的不同，具有多种格式，其基本内容一般包括：账户名称，也称会计科目（一级、二级或明细科目）；日期栏；凭证种类和号数栏；摘要栏；金额栏；总页次和分页次。

表 8-1

扉页科目索引

页　数	科　目	页　数	科　目	页　数	科　目	页　数	科　目

续表

页数	科目	页数	科目	页数	科目	页数	科目

表 8-2

账簿启用及经管账簿人员一览表

使用者姓名					印鉴	
账簿名称						
账簿编号						
账簿页数						
启用日期	年 月 日					
责任者		主管	会计	记账	审核	
经管人员姓名及交接日期						
备考						

8.2 会计账簿登记的要求和方法

8.2.1 启用会计账簿的要求

账簿是储存会计信息的载体，是重要的会计档案。为了保证账簿记录的合法性，明确记账人的责任，保证账簿资料完整无缺，防止任何舞弊行为，在账簿启用时，应在账簿封面上写明单位名称和账簿名称。

在账簿扉页上填写“账簿使用登记表”或“账簿启用及经管人员一览表”，其内容包括启用日期、账簿页数、记账人员和会计主管人员姓名及盖章、单位公章等。

启用订本式账簿，应从第一页到最后一页顺序编号，不得跳页、缺号。启用活页式账簿，应按账页顺序编号，并须定期装订成册。装订后按实际使用的账页顺序编定页数，标明目录、账户名称和页次。

记账人员或会计人员调动工作时，应办理账簿交接手续，在交接记录栏内填写交接日期、交接人员和监交人员的姓名，并由交接双方人员签名或盖章。

8.2.2 会计账簿登记的基本要求

会计账簿的登记一般叫记账。会计人员登记账簿时，应当以审核无误的会计凭证为依据。按照我国《会计基础工作规范》的规定，登记会计账簿应符合以下基本要求：

① 登记会计账簿时，应当将会计凭证日期、编号、业务内容摘要、金额和其他有关资料逐项记入账内；做到数字准确、摘要清楚、登记及时、字迹工整。

② 登记完毕后，要在记账凭证上签名或者盖章，并注明已经登账的符号，表示已经记账。

③ 账簿中书写的文字和数字上面要留有适当空格，不要写满格，一般应占格距的1/2。

④ 登记账簿要用蓝黑墨水或者碳索墨水书写，不得使用圆珠笔（银行的复写账簿除外）或者铅笔书写。

⑤ 下列情况，可以用红色墨水记账：按照红字冲账的记账凭证，冲销错误记录；在不设借贷等栏的多栏式账页中，登记减少数；在三栏式账户的余额栏前，如未印明余额方向的，在余额栏内登记负数余额；根据国家统一会计制度的规定可以用红字登记的其他会计记录。

⑥ 各种账簿按页次顺序连续登记，不得跳行、隔页。如果发生跳行、隔页，应当将空行、空页画线注销，或者注明“此行空白”“此页空白”字样，并由记账人员签名或者盖章。

⑦ 凡需要结出余额的账户，结出余额后，应当在“借或贷”等栏内写明“借”或者“贷”等字样。没有余额的账户，应当在“借或贷”等栏内写“平”字，并在余额栏内用“0”表示。现金日记账和银行存款日记账必须逐日结出余额。

⑧ 每一账页登记完毕结转下页时，应当结出本页合计数及余额，写在本页最后一行和下页第一行有关栏内，并在摘要栏内注明“过次页”和“承前页”字样；也可以将本页合计数及金额只写在下页第一行有关栏内，并在摘要栏内注明“承前页”字样。对需要结计本月发生额的账户，结计“过次页”的本页合计数应当为自本月初起至本页末止的发生额合计数；对需要结计本年累计发生额的账户，结计“过次页”的本页合计数应当为自年初起至本页末止的累计数；对既不需要结计本月发生额也不需要结计本年累计发生额的账户，可以只将每页末的余额结转次页。

⑨ 实行会计电算化的单位，总账和明细账应当定期打印。发生收款和付款业务的，在输入收款凭证和付款凭证的当天必须打印出现金日记账和银行存款日记账，并与库存现金核对无误。

⑩ 账簿记录发生错误，不能涂改、挖补、刮擦或者用药水消除字迹，不能重新抄写，必须按规定的方法更正。

8.2.3 错账的更正方法

登记账簿难免会发生差错，发生错账的情况是多种多样的，有的是填制凭证和记账时发生的单纯笔误；有的是用错应借应贷的会计科目，或错记摘要、金额等；有的是过账错误；有的是合计时计算错误等。账簿记录的错误，一经发现后，应立即分析发生错误的情况并按规定的方法进行更正。在手工记账的情况下，常用的错账更正方法有画线更正法、红字更正法和补充登记法三种。

1. 画线更正法

在结账以前，如果发现账簿记录中有数字或文字错误，而记账凭证没有错，可用画线更正法进行更正。更正时，先在错误的数字或文字上画一条红线，表示注销，但应保证原有字迹仍能辨认，然后在画线上方空白处填写正确的数字或文字，并在更正处加盖更正人员的印章，以明确责任。但应注意，对于错误数字，必须全部划掉，不能只划去整个数字中的个别错误数字。如将 6 589 元误记为 6 859 元，应先在 6 589 上画一条红线以示注销，然后在其上方空白处填写正确数字，而不能只更正 85 两位数。对于文字错误，可只画去错误部分。

2. 红字更正法

红字更正法适用于以下两种情况：

第一，记账以后，如果发现记账凭证中应借、应贷科目发生错误时，应用红字更正法进行更正。更正的方法是：先用红字金额填制一张与原错误的记账凭证完全相同的记账凭证，并据此用红字记入有关账簿，冲销原来的错误记录；然后再用蓝字金额填制一张正确的记账凭证，并据此用蓝字登记入账。

【例 8-1】 某公司以银行存款支付销售产品运费 1 500 元。在填制记账凭证时，误将“销售费用”科目记为“管理费用”科目，并据以登记入账。其错误会计分录如下：

借：管理费用　　1 500

　贷：银行存款　　1 500

上述错误更正时，应用红字金额编制如下记账凭证（框中数字表示红字）：

借：管理费用　　[1 500]

　贷：银行存款　　[1 500]

用红字金额记账之后，表明已冲销原错误账簿记录。然后，用蓝字填制如下正确的记账凭证。

借：销售费用　　1 500

　贷：银行存款　　1 500

以上有关账户的记录如图 8-1 所示。

第二，记账以后如果发现记账凭证和账簿记录中会计科目无错误，而金额有错误，且错误金额大于应记的正确金额，应采用红字更正法进行更正。更正方法是：将多记的差额用红字编制一张与错误凭证相同的记账凭证，并据以用红字登记入账，以冲销原账簿记录中多记的金额。

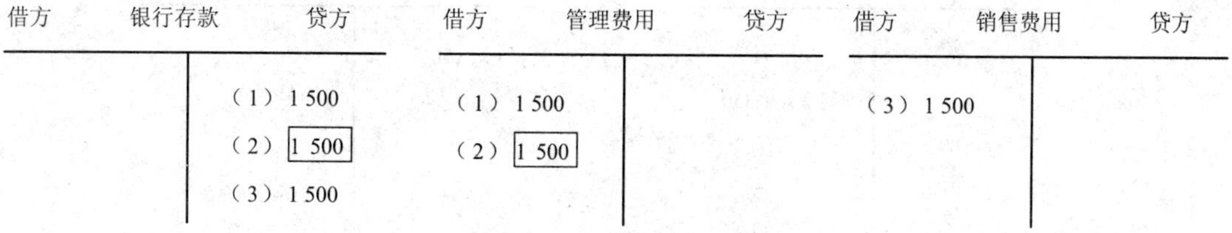

借方　银行存款　贷方
（1）1 500
（2）1 500
（3）1 500
借方　管理费用　贷方
（1）1 500
（2）1 500
借方　销售费用　贷方
（3）1 500

图 8-1　有关账户的记录

【例 8-2】 承【例 8-1】，在填制记账凭证时，误将金额 1 500 元填为 15 000 元，并已登记入账。其错误会计分录如下：

借：销售费用　　15 000

　贷：银行存款　　15 000

更正时，应用红字金额编制如下会计分录，将多记的 13 500 元冲销掉。

借：销售费用　　135 000

　贷：银行存款　　135 000

以上有关账户的记录如图 8-2 所示。

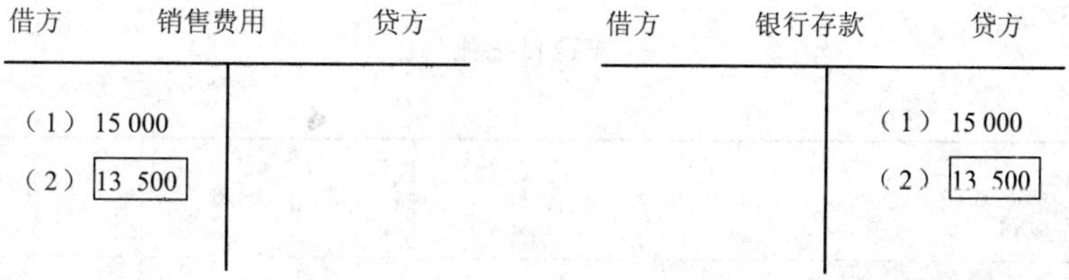

图 8-2　有关账户的记录

3. 补充登记法

记账以后，如果发现记账凭证和账簿记录会计科目无错误，而金额有错误，如所记金额少于应记的正确金额，应采用补充登记法进行更正。更正方法是：将少记的差额用蓝字填制一张与错误凭证相同的记账凭证，并据以登记入账。

【例 8-3】 承【例 8-1】，在填制记账凭证时，误将金额 1 500 元填为 150 元，并已登记入账。其错误会计分录如下：

借：销售费用　　150

　贷：银行存款　　150

更正时，应用蓝字金额编制如下会计分录，将少记的 1 350 元补上。

借：销售费用　　1 350

　贷：银行存款　　1 350

以上有关账户的记录如图 8-3 所示。

借方	银行存款	贷方
		（1）150
		（2）1 350

借方	销售费用	贷方
（1）150		
（2）1 350		

图 8-3　有关账户的记录

8. 2. 4　会计账簿的登记方法

1. 日记账的登记方法

（1）普通日记账的登记方法

普通日记账是逐日序时登记全部经济业务的账簿。它是根据日常发生的经济业务所取得的原始凭证逐日逐笔顺序登记的，把每一笔经济业务转化为会计分录登记在账，然后再转记列入分类账中，因此普通日记账也称分录簿，它起到了记账凭证的作用。普通日记账账页格式一般只设两个金额栏，即“借方金额”和“贷方金额”两栏，用来登记每一分录的借方账户和贷方账户及金额，这种账簿不结余额。因此，这种格式又称“两栏”式。普通日记账的账页格式如表 8-3 所示。

表 8-3

普通日记账

第　页

20××年		摘　要	账户名称	借方金额	贷方金额	过账
月	日					
5	2	收回客户欠款	银行存款	20 000		
			应收账款		20 000	
	10	从银行提取现金	库存现金	1 000		
			银行存款		1 000	
	15	赊销商品	应收账款	50 000		
			主营业务收入		50 000	
		……	……	……	……	

普通日记账的登记方法如下：

① 日期栏，按照经济业务发生时间的先后顺序逐项登记，并指明分录的日期。

② 摘要栏内，简单摘录经济业务事项的内容。

③ 将应借账户记入“账户名称”栏第一行，并将金额登入借方金额栏；将应贷账户名称记入“账户名称”栏第二行（缩进一格），并将金额登入贷方金额栏。

④ 过账栏，根据普通日记账登记总账后，在该账户对应行内“过账”栏画“√”，或

注明总账账户所在页数，表示已登过总账，以备查考。

采用普通日记账，可以逐日反映全部经济业务的发生和完成情况。但由于只有一本日记账，不便分工记账，也不可能反映各类经济业务的发生或完成情况。由于要逐笔记账，记账工作量比较繁重，因此，在手工操作的条件下，企业很少采用。

(2) 现金日记账的登记方法

我国《会计基础工作规范》规定，企业必须设置现金日记账。现金日记账是记录和反映库存现金收付业务的一种特种日记账，必须采用订本式账簿。

现金日记账由出纳人员根据审核无误的现金收款凭证、现金付款凭证和银行存款付款凭证，按照业务发生的时间先后顺序，逐日逐笔顺序进行登记。三栏式现金日记账的登记方法如表 8-4 所示。

表 8-4

现金日记账

20××年		凭证号		摘要	对方科目	收入	付出	结余
月	日	种类	编号					
8	1			月初余额				800
	5			从银行提取现金	银行存款	3 000		3 800
	13			用现金发放工资	应付职工薪酬		2 500	1 300
	16			支付办公费	管理费用		200	1 100
	28			出售废旧物资收入	其他业务收入	300		1 400
	30			职工出差预借差旅费	其他应收款		800	600
8	31			发生额及期末余额		3 300	3 500	600

① 日期栏：登记现金实际收付日期。

② 凭证号栏：登记所根据的收付款凭证的种类和编号。其中，种类是指收款或付款凭证。如现金收款凭证，可简写为“现收”；现金付款凭证和银行付款凭证（从银行提取现金），可简写为“现付”“银付”等。编号按规定的编号登记。

③ 摘要栏：简要概括登记入账的经济业务的内容。一般根据凭证中的摘要栏填写。

④ 对方科目栏；登记现金收入的来源科目或现金付出的用途科目，一般根据凭证中的对方科目填写。

⑤ 收入栏：登记现金实际收入的金额。根据现金收款凭证和银行付款凭证中（从银行提取现金）所列金额填写。

⑥ 付出栏：登记现金实际支出的金额。根据现金付款凭证所列金额填写。

⑦ 结余栏：登记现金的余额。通常每笔现金收入或支出后，都要随时计算出余额。

(3) 银行存款日记账的登记方法

我国《会计基础工作规范》规定，企业必须设置银行存款日记账。银行存款日记账是记录和反映银行存款收付业务的一种特种日记账，必须采用订本式账簿。

银行存款日记账由出纳人员根据审核无误的银行存款收款凭证、银行存款付款凭证及现金付款凭证，按照业务发生的时间先后顺序，逐日逐笔顺序进行登记。其具体登记方法与现金日记账基本相同。只不过，由于银行存款的支付都是根据特定的结算凭证进行的，为了反映结算凭证的种类、编号，特开设“结算凭证”栏。结算凭证栏分为“种类”和“编号”两个专栏，分别登记结算凭证的种类和编号。其中，“种类”栏登记结算凭证的种类，如“现金支票”“转账支票”“普通支票”等；“编号”栏登记结算凭证的号码，现金支票登记现金支票号码，转账支票登记转账支票号码，普通支票登记普通支票号码。这样做的目的是便于和银行对账。银行存款日记账的登记如表 8-5 所示。

表 8-5

银行存款日记账

20××年		凭证号		摘　要	结算凭证		对方科目	收入	付出	余额
月	日	种类	编号		种类	编号				
8	1			期初余额						11 560
	5			从银行提取现金			库存现金		3 000	8 560
	14			付材料费			在途物资		1 500	7 060
	17			销售产品收入			主营业务收入	8 000		15 060
	25			购入固定资产			固定资产		6 000	9 060
8	31			发生额及月末余额				8 000	10 500	9 060

2. 分类账的登记方法

（1）总分类账的登记方法

为了总括、全面地反映经济活动和财务收支情况，并为编制会计报表提供资料，每个会计主体必须设置总分类账。总分类账是根据总分类账户分类登记全部经济业务的账簿。一般按照一级会计科目的编码顺序分设账户，并为每个账户预留若干账页。为了保证账簿资料的安全完整，总分类账簿应采用订本式账簿。总分类核算只运用货币量度，所以总分类账只登记各账户金额的增减。

总分类账的登记，可以根据各种记账凭证逐笔登记，也可以根据汇总记账凭证（汇总收款凭证、汇总付款凭证和汇总转账凭证）或科目汇总表定期汇总登记，还可以根据多栏式现金日记账、银行存款日记账逐笔或定期登记。总分类账采用什么方法登记，取决于所采用的账务处理程序。

（2）明细分类账的登记方法

明细分类账简称明细账，它根据二级科目或明细科目开设，用以分类、连续记录和反映有关资产、负债、所有者权益和收入、费用、利润等各会计要素的详细情况，为编制会计报表提供所需的详细资料。各单位应结合自己的经济业务特点和经营管理的要求，在总分类账基础上设置若干明细分类账，作为总分类账的必要补充。这样，既可以根据总分类账了解某一账户的总括情况，又可以根据明细分类账了解该账户更详细的情况。根据管理要求和各种明细分类账记录的经济内容不同，明细分类账的账页格式主要有三栏式、数量金额式、多栏式三种格式。

① 三栏式明细分类账。三栏式明细账的账页格式，只有借方、贷方、余额三个金额栏，不设数量栏，用来登记只需反映金额的经济业务。一般适用于债权、债务等不需要进行数量

核算的明细分类账户，如“应收账款”“应付账款”“其他应收款”账户等业务的明细核算。其账页格式见表 8-6。

表 8-6

应付账款明细账

明细科目：××单位　　　　　　　　　　　　　　　　　　　　　　　　第　页

20××年		凭证号		摘　要	借　方	贷　方	借或贷	余　额
月	日	种类	编号					
8	1			月初余额			贷	3 000
				购料欠款		4 000	贷	7 000
				偿还购料款	5 000		贷	2 000
8	31			发生额及期末余额	5 000	4 000	贷	2 000

② 数量金额式明细账。数量金额式明细账在收入（借方）、发出（贷方）和结存（余额）栏下分设数量、单价和金额三个小栏，用来登记既要反映金额，又要反映实物数量的经济业务。如“原材料”“库存商品”账户等的收发结存业务的核算。其账页格式见表 8-7。

表 8-7

原材料明细账

材料名称：A 材料　　　　　　　　　　　　　　　　　　　　　　最低储量：

编号：　　　　　　　　规格：　　　　　　　计量单位：kg　　　　　　最高储量：

20××年		凭证号	摘　要	收　入			发　出			结　存		
月	日			数量	单价	金额	数量	单价	金额	数量	单价	金额
8	1		月初余额							10	1 200	12 000
	7		购入材料	5	1 200	6 000				15	1 200	18 000
	10		生产领用				8	1 200	9 600	7	1 200	8 400
8	31		本月发生额及月末余额	12		14 400	10		12 000	12		14 400

③ 多栏式明细账。多栏式明细账是根据经济业务的需求，在一张账页上按明细项目分设若干专栏，用于登记明细项目多、借贷方向单一且无需数量核算的收入、费用、利润等业务。如“生产成本”“制造费用”“管理费用”“主营业务收入”“本年利润”等明细账。

费用明细账一般按借方设置多个栏目，当发生一笔或少数几笔贷方金额时，可在借方有关栏内用红字登记，表示从借方发生额中冲减。会计期末将借方净发生额从贷方结转到“本年利润”账户或其他账户中，其账页格式如表 8-8 所示。

收入明细账一般按贷方设置多个栏目，当发生一笔或少数几笔借方金额时，可在贷方有关栏内用红字登记，表示从贷方发生额中冲减。会计期末将贷方净发生额从借方结转到“本年利润”账户。其格式见表 8-9。

利润明细账一般按借方和贷方分设多栏，即按利润构成项目设多个栏目，其格式如表 8-10所示。

表 8-8

制造费用明细账

第　页

20××年		凭证号	摘　要	借　方						贷方	余额
月	日			物料消耗	工资	折旧费	办公费	水电费	合计		
8	31		工资费用的分配		3 000				3 000		
			折旧费用的分配			500			500		
			付款凭证				300		300		
			材料费用的分配	500					500		
			辅助生产费用的分配					300	300		
			制造费用的分配							4 600	
				500	3 000	500	300	300	4 600	4 600	0

表 8-9

主营业务收入明细账

年		凭证号		摘　要	借　方	贷　方			余　额
月	日	字	号			商品销售收入	劳务收入	合计	

表 8-10

本年利润明细账

年		凭证号		摘　要	借　方				贷　方				借或贷	余　额
月	日	字	号											

明细分类账的登记方法，可以直接根据原始凭证、记账凭证逐笔登记，也可以根据汇总原始凭证逐日、定期汇总登记。对于固定资产、低值易耗品、债权债务等明细账应当逐笔登记，便于反映和监督其具体增减变动情况。产成品和材料明细分类账，如业务发生不是很多，可以逐笔登记；如业务发生较多，为了适当简化记账工作，也可以逐日汇总登记。

（3）总分类账和明细分类账的平行登记

总分类账户与其所属的明细分类账户所反映的经济内容是相同的，因而保持总分类账和明细分类账记录的一致，是记账工作的一条重要规则。为了便于账户核对，使总分类账户与其所属的明细分类账之间能起到统驭和补充的作用，并确保核算资料的正确完整，必须采用平行登记的方法，在总分类账及其所属的明细分类账中进行记录。平行登记是指发生经济业务后，根据会计凭证，一方面要登记有关的总分类账户；另一方面要登记该总分类账户所属的各明细分类账户。采用平行登记规则应注意以下要点：

① 依据相同。对于需要提供其详细指标的每项经济业务，应根据相关的会计凭证，一方面在有关的总分类账户中进行登记；另一方面在其所属的明细分类账户中进行登记。

② 期间相同。对发生的经济业务，总分类账户和其所属的明细分类账户必须在同一会计期间（如 1 个月、1 个季度等）全部登记入账。注意，这里所指的同一会计期间并不代表同时，因为明细账一般根据记账凭证及其所附的原始凭证在平时登记，而总分类账因会计核算组织程序不同，可能在平时登记，也可能定期登记，但登记总分类账和明细分类账必须在同一会计期间内完成。

③ 方向相同。在一般情况下，如果在总分类账户中登记的是借方，在其所属的明细分类账户中也应登记在借方；反之，如果在总分类账户中登记的是贷方，在其所属的明细分类账户中也应登记在贷方。

④ 金额相等。在总分类账户及其所属的明细分类账户中登记的金额是相等的。当总分类账户同时涉及几个明细分类账户时，则在总分类账户中登记的金额应当与其所属的明细分类账户中登记的金额之和相等。具体有：

总分类账户本期发生额 = 所属明细分类账户本期发生额合计

总分类账户期末余额 = 所属明细分类账户期末余额合计

在会计该算工作中，可以利用上述关系，检查账簿记录是否正确。检查时，可以编制明细分类账簿的本期发生额和余额明细表，与相应的总分类账户本期发生额和余额相互核对，以检查总分类账与其所属的明细分类账记录的正确性。明细分类账户本期发生额和余额明细表根据不同的业务内容，可以分别采用不同的格式。

【例 8-4】A 公司 20××年 8 月 1 日“原材料”账户和“应付账款”账户的期初余额如下：

①“原材料”账户：

A 材料：3 000 kg，单价 15 元，计 45 000 元。

B 材料：2 000 件，单价 20 元，计 40 000 元。

②“应付账款”账户：

甲工厂：20 000 元。

乙工厂：30 000 元。

8 月份发生如下经济业务：

① 从甲工厂购入 A 材料 2 000 kg，每千克 15 元；购入 B 材料 1 000 件，每件 20 元。货款尚未支付，材料已验收入库。

② 从乙工厂购入 A 材料 1 000 kg，每千克 15 元，货款尚未支付，材料已验收入库。

③ 以银行存款偿付甲工厂货款 40 000 元，偿付乙工厂货款 25 000 元。

④ 生产产品领用 A 材料 4 000 kg，领用 B 材料 2 000 件。

根据上述业务编制会计分录如下：

① 借：原材料——A 材料　　30 000

　　　　　　——B 材料　　20 000

　　贷：应付账款——甲工厂　　50 000

② 借：原材料——A 材料　　15 000

　贷：应付账款——乙工厂　　15 000

③ 借：应付账款——甲工厂　　40 000

　　　　　　——乙工厂　　25 000

　贷：银行存款　　65 000

④ 借：生产成本　　100 000

　贷：原材料——A 材料　　60 000

　　　　　——B 材料　　40 000

根据以上资料，开设“原材料”和“应付账款”总分类账户和明细分类账户，并登记期初余额，将上述经济业务分别记入有关的总分类账户和明细分类账户，结出本期发生额和期末余额，并分别编制“原材料”和“应付账款”明细分类账户本期发生额和余额表，将其与“原材料”和“应付账款”总账进行核对。账簿记录及明细分类账户本期发生额和余额表，见表 8-11 至表 8-18。

表 8-11

总分类账

会计科目：原材料

年		凭证号		摘　要	借方	贷方	借或贷	余额
月	日	种类	编号					
				月初余额			借	85 000
				购入材料	50 000		借	135 000
				购入材料	15 000		借	150 000
				生产领用材料		100 000	借	50 000
				发生额及期末余额	65 000	100 000	借	50 000

表 8-12

原材料明细账

材料名称：A 材料　　最低储量：

编号：　　规格：　　计量单位：kg　　最高储量：

年		凭证号	摘　要	收　入			发　出			结　存		
月	日			数量	单价	金额	数量	单价	金额	数量	单价	金额
			月初余额							3 000	15	45 000
			购入材料	2 000	15	30 000				5 000	15	75 000
			购入材料	1 000	15	15 000				6 000	15	90 000
			生产领用				4 000	15	60 000	2 000	15	30 000
			本月发生额及月末余额	3 000	15	45 400	4 000	15	60 000	2 000	15	30 000

表 8-13

原材料明细账

材料名称：B 材料　　　　　　　　　　　　　　　　最低储量：

编号：　　　　规格：　　　　计量单位：kg　　　　最高储量：

年		凭证号	摘要	收入			发出			结存		
月	日			数量	单价	金额	数量	单价	金额	数量	单价	金额
			月初余额							2 000	20	40 000
			购入材料	1 000	20	20 000		20		3 000	20	60 000
			生产领用				2 000	20	40 000	1 000	20	20 000
			本月发生额及月末余额	1 000			2 000		40 000	1 000		20 000

表 8-14

总分类账

会计科目：应付账款

年		凭证号		摘要	借方	贷方	借或贷	余额
月	日	种类	编号					
				月初余额			贷	50 000
				购入材料		50 000	贷	100 000
				购入材料		15 000	贷	115 000
				偿还材料款	65 000		贷	50 000
				发生额及期末余额	65 000	65 000	贷	50 000

表 8-15

应付账款明细账

明细科目：甲工厂　　　　　　　　　　　　　　　　第　页

年		凭证号		摘要	借方	贷方	借或贷	余额
月	日	种类	编号					
				月初余额			贷	20 000
				购入材料		50 000	贷	70 000
				偿还购料款	40 000		贷	30 000
				发生额及期末余额	40 000	50 000	贷	30 000

表 8-16

应付账款明细账

明细科目：乙工厂　　　　　　　　　　　　　　　　第　页

年		凭证号		摘要	借方	贷方	借或贷	余额
月	日	种类	编号					
				月初余额			贷	30 000
				购入材料		15 000	贷	45 000
				偿还购料款	25 000		贷	20 000
				发生额及期末余额	25 000	15 000	贷	20 000

表 8-17

原材料明细分类账户本期发生额和余额表

年　月

明细分类账户名称	计量单位	单价	期初余额		本期发生额				期末余额	
			数量	金额	收入		发出		数量	金额
					数量	金额	数量	金额		
A材料	kg	15	3 000	45 000	3 000	45 000	4 000	60 000	2 000	30 000
B材料	件	20	2 000	40 000	1 000	20 000	2 000	40 000	1 000	20 000
合计				85 000		65 000		100 000		50 000

表 8-18

应付账款明细分类账户本期发生额和余额表

年　月

明细分类账户名称	期初余额		本期发生额		期末余额	
	借方	贷方	借方	贷方	借方	贷方
甲工厂		20 000	40 000	50 000		30 000
乙工厂		30 000	25 000	15 000		20 000
合　计		50 000	65 000	65 000		50 000

8.3　对账和结账

8.3.1　对账

1. 对账的意义

对账就是指核对账簿记录审计常用的一种查账方法。它是会计核算的一项重要内容，也是审计常用的一种查账方法。

在会计工作中，由于种种原因，账簿记录难免会有错漏。为了保证账簿记录的正确、完整、合理和可靠，如实地反映和监督经济活动，并为编制会计报表提供真实的数据和资料，就必须进行账簿之间的核对，确保账证相符、账账相符、账实相符。

2. 对账的内容

（1）账证核对

账证核对是指各种账簿记录同会计凭证之间的核对。包括总分类账、明细分类账和日记账的记录同记账凭证、原始凭证之间的相互核对。这种核对主要是在平时编制记账凭证和记账过程中随时进行的，做到随时发现错误，随时查明纠正。但是在月末如发现总分类账试算不平衡、账账不符或账实不符等情况，仍应核对账证是否相符。核对时，主要是抽查与账账不符或账实不符的有关凭证，直至查出错误为止，而不是核对全部凭证。

（2）账账核对

账账核对是核对会计账簿之间账簿记录是否相符，包括：

① 总分类账户之间的核对。一般通过编制“总分类账户期末余额试算表”进行的。检查各总分类账户本期借方发生额是否等于本期贷方发生额之和，期末所有账户借方余额之和是否等于贷方余额之和。

② 总分类账户与所属明细分类账户之间的核对。一般通过编制“总分类账户与明细分类账户对照表”进行的。检查总分类账户本期借、贷方发生额及期末余额与所属明细账户本期借、贷发生额及期末余额是否相符。

③ 总分类账户与现金、银行存款日记账之间的核对。检查“库存现金”“银行存款”账户本期发生额及期末余额与总账是否相符。

④ 财会部门登记的各种财产物资明细分类账同财产物资保管、使用部门之间的核对。检查各方期末财产物资结存数是否相等。

（3）账实核对

账实核对是指账簿记录结存数同各项财产物资的实存数之间的核对。包括：

① 现金日记账的账面余额同实地盘点的库存现金实有数之间的核对。

② 银行存款日记账的账面余额同各开户银行对账单之间的核对。

③ 各种财产物资明细分类账结存数同清查盘点后的实有数之间的核对。

④ 各种应收、应付款项明细分类账的账面余额同有关债权、债务单位或个人的账目之间的核对；各种应交款项明细分类账的余额同国库及有关部门之间的核对。

8.3.2　结账

1. 结账的意义

结账，是指在将本期发生的经济业务全部登记入账的基础上，结算出每个账户的本期发生额和期末余额，并将期末余额结转至下期的一种方法。

结账是会计核算工作的又一项重要内容。如果只记账而不定期结账，记账就失去了意义。结账可以考察各期资产、负债、所有者权益和资金周转的情况，便于正确计算资金的耗费与产品成本，更重要的是为编制会计报表提供资料。

2. 结账的内容

① 结账前，检查本期内发生的经济业务是否已全部登记入账，不能将本期发生的经济业务延至下期入账。这是结账工作的前提和基础，只有这样才能保证结账的正确性。

② 按权责发生制的原则调整和结转有关账项。对于本期内所有应计和预收收入及应计和预付费用，应编制记账凭证并记入有关账簿，以调整账簿记录。例如，将待摊费用按规定的比例分配到本期的成本、费用中；将本期所发生的各项收入、费用、成本、支出结转到“本年利润”账户。

③ 计算各账户本期发生额和期末余额。在本期全部经济业务已登记入账的基础上，结算出现金日记账、银行存款日记账，以及总分类账和明细分类账户的本期发生额和期末余额。

注意，不能为了提前编制会计报表而先结账，也不能先编会计报表而后结账。

3. 结账的方法

结账的目的通常是为了总结一定时期的财务状况和经营成果，因此结账工作一般是在会计期末进行的，可以分为月结、季结和年结。结账主要采用画线法，即期末结出各账户的本期发生额和期末余额后，加画线标记，并将期末余额结转至下期的方法。画线的具体方法在月结、季结、年结时有所不同。

（1）月结

月底应办理月结。在各账户本月份最后一笔记录下面画一通栏红线，表示本月结束。然后，在红线下结算出本月发生额和月末余额。如果没有余额，在余额栏内注明“平”字或“0”符号。同时，在“摘要”栏注明“本月合计”或“×月份发生额及余额”字样，然后在下面再画一通栏红线，表示完成月结。

（2）季结

季末应办理季结。办理季结，应在各账户本季度最后一个月的月结下面（需按月结出累计发生额的，应在“本季累计”下面）画一通栏红线，表示本季结束；然后，在红线下结算出本季发生额和季末余额，并在摘要栏内注明“第×季度合计”或“本季合计”字样；最后，再在本摘要栏下面画一通栏红线，表示完成季结工作。

（3）年结

年终应办理年结。首先在12月份或第4季度季结下面画一通栏红线，表示年度终了，然后在红线下面结算出全年12个月份的月结发生额或4个季度的季结发生额，并在摘要栏内注明“年度发生额及余额”或“本年合计”字样，并在“本年发生额及余额”或“本年合计”下面通栏画双红线。年度终了，要把各账户的余额结转到下一会计年度，并在摘要栏内注明“结转下年”字样；在下一会计年度新建有关会计账簿的第一行余额栏内填写“上年结转”字样。

结账的具体方法举例说明见表8-19。

表8-19

应收账款总分类账

年		凭证号数	摘要	借方	贷方	借或贷	余额
月	日						
1	1		上年结转			借	1 500 000
	5				60 000	借	1 440 000
	10			100 000		借	1 540 000
	21				40 000	借	1 500 000
	31		1月份发生额及余额	100 000	100 000	借	1 500 000
2	1		月初余额			借	1 500 000
	5			200 000		借	1 700 000
	10			50 000		借	1 750 000
	25				100 000	借	1 650 000
	28		2月份发生额及余额	250 000	100 000	借	1 650 000

续表

年		凭证号数	摘要	借方	贷方	借或贷	余额
月	日						
3	1		月初余额			借	1 650 000
	5			100 000		借	1 750 000
	10			50 000		借	1 800 000
	15			150 000		借	1 950 000
	20				50 000	借	1 900 000
	31		3 月份发生额及余额	300 000	50 000	借	1 900 000
	31		第一季度合计	650 000	250 000	借	1 900 000
			第四季度合计				
12	31		年度发生额及余额	1 000 000	600 000	借	1 900 000
12	31		结转下年		1 900 000	平	0
			合计				

8.4 账簿的更换与保管

8.4.1 账簿的更换

账簿更换，是指在会计年度开始时启用新账簿，并将上年度的会计账簿归档保管。

现金、银行存款日记账、总分类账及绝大多数的明细分类账，每年都要更换新账。对于个别采用卡片式的明细账，如固定资产卡片明细账，可以跨年度使用，不必每年更换新账。

账簿更换的具体做法是：首先检查本年度账簿记录在年终结账时是否全部结清，然后在新账中有关账户的第一行日期栏内注明 1 月 1 日，摘要栏内注明“上年结转”或“年初余额”字样，将上年的年末余额以同方向记入新账中的余额栏内，并在借或贷栏内注明余额的方向（即借方还是贷方）。需注意的是，新旧账簿更换时账户余额结转不编制记账凭证，也不要记入借方栏或贷方栏，而是直接记入余额栏，因此凭证号栏、借方栏和贷方栏无须填制。

8.4.2 账簿的保管

账簿是重要的会计资料，且有些是需要保密的，因此，必须建立严格的账簿保管制度，妥善保管账簿。对账簿的管理包括两个方面的内容。

1. 账簿的日常管理

① 各种账簿要分工明确，指定专人管理，账簿经管人员既要负责记账、对账、结账等工作，又要负责保证账簿的安全、完整。

② 会计账簿未经领导和会计负责人或者有关人员批准，非经管人员不能随意翻阅查看、摘抄和复制等。

③ 会计账簿除需要与外单位核对外，一般不能携带外出，对需要携带外出的账簿，通常由经管人员负责或会计主管人员指定专人负责。

④ 会计账簿不能随意交与其他人员管理，以保证账簿安全完整和防止任意涂改、毁坏账簿等问题的发生。

2. 旧账的归档保管

启用新账后，对更换下来的旧账需要进行整理、装订、造册，并办理交接手续，归档保管。具体内容如下：

① 整理。归档前应对更换下来的旧账进行整理。其工作主要包括：首先检查应归档的旧账是否收集齐全；然后检查各种账簿应办的会计手续是否完备，对于手续不完备的应补办手续，如注销空行空页、加盖印章、结转余额等。

② 装订成册。账簿经过整理后要装订成册。装订前首先应检查账簿的扉页内容是否填写齐全，手续是否完备；其次检查订本式账页从第一页到最后一页是否顺序编写页数，有无缺页或跳页，活页账或卡片式账是否按账页顺序编号，是否加具封面。装订时，根据实际情况，一个账户可装订一册或数册，也可以将几个账户合并装订成一册。装订后应由经管人员、装订人员和会计主管人员在封口处签名或盖章。

③ 办理交接手续，归档保管。账簿装订成册后，应编制目录，填写移交清单，办理交接手续，归档保管。保管人员应按照《会计档案管理办法》的要求，编制索引、分类储存、妥善保管，以便于日后查阅，要注意防火、防盗、库房通风良好，以防毁损、霉烂等。保管期满后，应按规定的审批程序报经批准后才能销毁，不得任意销毁。

课后习题

一、单项选择题

1. 总分类账簿一般应采用（　　）。

A. 活页账簿　　B. 卡片账簿　　C. 订本账簿　　D. 备查账簿

2. 活页账簿和卡片账簿可适用于（　　）。

A. 现金日记账　　B. 总分类账

C. 银行存款日记账　　D. 明细分类账

3. 原材料明细账的外表形式一般采用（　　）。

A. 订本式　　B. 活页式　　C. 三栏式　　D. 多栏式

4. 对于将现金存入银行的业务，登记银行存款日记账的（　　）。

A. 现金收款凭证　　B. 现金付款凭证

C. 银行存款收款凭证　　D. 银行存款付款凭证

5. 制造费用明细账一般采用的账页格式是（　　）。

A. 三栏式　　B. 数量金额式　　C. 多栏式　　D. 任意一种明细账格式

6. 会计人员在结账前发现，在根据记账凭证登记入账时写成 3 000 元，而记账凭证无误，应采用（　　）进行更正。

A. 补充登记法　　B. 画线登记法
C. 红字更正法　　D. 横线登记法

7. 记账以后，发现记账凭证中的应借、应贷会计科目有错误用，（　）进行更正。

A. 画线更正法　　B. 余额调整法
C. 红字更正法　　D. 补充登记法

8. 发现记账凭证的会计科目和应借、应贷方向未错，但所记金额大于应记金额，并据以登记入账，应采用（　）进行更正。

A. 画线更正法　　B. 补充登记法
C. 红字更正法　　D. 平行登记法

9. 平行登记法是指同一项经济业务在（　）。

A. 汇总凭证与各关账户之间登记
B. 各有关总分类账户中登记
C. 各有关明细分类账户中登记
D. 总账及其所属明细账户之间登记

10. 对于临时租入固定资产，应在（　）中登记。

A. 序时账簿　B. 总分类账簿　C. 明细分类账簿　D. 备查账簿

二、多项选择题

1. 账簿按其用途分为（　）账簿。

A. 订本式　B. 序时　C. 分类　D. 备查

2. 对账的主要内容包括（　）核对。

A. 账表　B. 账证　C. 账账　D. 账实

3. 更正错账的方法有（　）。

A. 补充登记法　　B. 余额调整法
C. 画线更正法　　D. 红字更正法

4. 数量金额式明细分类账的账页格式适用于（　）明细账。

A. “库存商品”　B. “管理费用”　C. “应收账款”　D. “原材料”

5. 关于账簿的启用，下列说法中正确的有（　）。

A. 启用时，应详细登记账簿扉页的“账簿启用及经管账簿人员一览表”
B. 每一本账簿均应编号并详细记录其册数共计页数和启用日期
C. 调换记账人员，便应立即停用账簿
D. 账簿交换时，会计主管人员应该监交

6. 账账相符是指（　）。

A. 账簿记录与记账凭证相符
B. 全部总账的借方发生额合计与贷方发生额合计相符
C. 总账余额与其所属明细账余额相符
D. 现金、银行存款总账与现金日记账、银行存款日记账余额相符

7. 借方多栏式的账页格式适用于（　）明细账。

A. “本年利润”　　B. “主营业务收入”

C. “材料采购”　　　　　　　　　D. “生产成本”

8. 用红色墨水登记账簿时，适用于（　　）情况。

A. 按照红字冲账的记账凭证，冲销错误记录

B. 在不设借贷、收付等栏的多栏式账页中，登记减少数

C. 登记负数余额

D. 任何一笔经济业务

9. 下列凭证中，可作为总分类账登记依据的有（　　）。

A. 原始凭证　　B. 记账凭证　　C. 汇总记账凭证　D. 科目汇总表

10. 在总分类账及其所属的明细分类账中进行平行登记时，应注意的要点包括（　　）。

A. 依据相同　　B. 方向相同　　C. 期间相同　　D. 金额相等

实 训 题

实训一

1. 实训目的：练习错账更正方法。

2. 实训资料：五峰公司对账时发现下列经济业务内容的账簿记录有错误：

（1）开出现金支票800元，支付企业管理部门日常零星开支。原编记账凭证的会计分录如下：

借：管理费用　　800

　贷：库存现金　　800

（2）签发转账支票1 800元预付本季度办公用房租金。原编记账凭证的会计分录如下：

借：管理费用　　1 800

　贷：银行存款　　1 800

（3）结转本月完工产品成本49 000元。原编记账凭证的会计分录如下：

借：库存商品　　94 000

　贷：生产成本　　94 000

（4）计提本月固定资产折旧费4 100元。原编记账凭证的会计分录如下：

借：管理费用　　1 400

　贷：累计折旧　　1 400

（5）用银行存款支付所欠供货单位货款7 650元，过账时误记为6 750元。

3. 要求：将上列各项经济业务的错误记录，分别以适当的更正错账方法予以更正。

实训二

1. 实训目的：练习凭证与账簿的登记。

2. 实训资料：泉岭公司20××年8月31日银行存款日记账余额为105 800元，现金日记账的余额为3 600元。9月份发生下列现金和银行存款收付业务：

（1）2日，以银行存款归还前欠凯乐厂购货款48 000元。

（2）5日，出售产品500件，货款40 000元及发票上的增值税6 800元当即收到，存入银行。

（3）6日，以银行存款上缴上月未缴所得税19 000元。

(4) 10日，从银行提取现金500元备用。(

5) 12日，职工王军预借差旅费1 000元，以现金支付。

(6) 15日，收到天源厂还来前欠贷款43 500元，存入银行。

(7) 16日，以现金支付销售产品搬运费200元。

(8) 20日，以银行存款归还短期借款26 000元。

(9) 25日，以银行存款支付外购材料款9 400元及增值税1 598元，材料已验收入库。

(10) 28日，将超过核定限额的库存现金900元送存银行。

(11) 29日，宋军出差返回，报销差旅费800元，余款交回现金。

(12) 30日，以银行存款支付本月水电费750元。

3. 要求：

(1) 编制收款凭证和付款凭证。

(2) 开设并登记三栏式现金日记账和银行存款日记账。

第9章 财产清查

导语

本章主要介绍了财产清查的概念、方法以及对清查结果的会计处理，通过本章的学习，掌握财产清查的种类；掌握财产清查的方法；理解对财产清查结果的账务处理。

导入案例

某国有企业的部门经理在未经批准的情况下，将企业在用的汽车私自借给远距千里之外的亲属使用。年底清查人员盘点时发现盘亏了汽车一辆，原值500 000元，已提折旧100 000元，净值为400 000元。经调查得知是该部门经理所为，于是派人向该部门经理及其亲属索要。但借方称该汽车已被偷走。当问及该部门经理对此的处理意见时，他建议按正常报废处理。

问题：盘亏的设备按正常报废处理是否符合规定？企业应该怎样正确处理盘亏的资产？

9.1 财产清查概述

9.1.1 财产清查的概念

1. 财产清查的概念

财产清查是通过对实物、现金的实地盘点和对银行存款、往来款项的核对，来确定各项财产物资和往来款项的实际存量，查明账存与实存是否相符，并查明账实不符的原因的一种会计核算方法。财产清查是会计核算方法之一，可以起到反映和监督财产物资的保管和使用情况、保护企业财产物资的安全完整和提高各项财产物资的使用效果的作用。

2. 进行财产清查的原因

一切企业和行政、事业单位的各项财产物资，都必须通过会计账簿记录来反映其增减变动及结存情况。为了保证账簿记录的正确和完整，各单位应加强会计凭证的日常审核，定期地核对账簿记录，做到账证相符、账账相符和账实相符。造成账实不符的原因主要有以下几个方面：

① 财产物资在保管过程中发生自然损益，如干耗、升重等自然现象造成的质量或数量的变化。

② 在收发财产物资的过程中，由于计量、计算、查验不准而造成的品种、数量或质量上的误差。

③ 因企业规章制度不严、管理不善或管理人员失职而发生的财产损坏、变质或短缺，如财产失窃、被贪污等。

④ 自然灾害造成的财产物资损失。

⑤ 在财产物资收发过程中出现的漏记、重记、错记。

⑥ 结算过程中发生的未达账项，造成某些财产物资的账面数与实存数不相符。

由于以上原因，必须对各项财产物资定期或不定期地进行盘点或核对，对实存数与账存数不相符的差异，则要调整账簿记录，并查明原因和责任，按有关规定做出处理。

9.1.2 财产清查的分类

财产清查的种类可按清查的范围标准、清查的时间标准和清查的执行单位的标准进行分类。

1. 按财产清查的范围划分

财产清查按其范围的不同，可分为全面清查和局部清查。

（1）全面清查

全面清查是指对单位所有的财产物资和往来款项进行全面地清点和核对，一般包括：

① 现金、银行存款、各种有价证券、其他货币资金以及银行借款等货币资金。

② 所有的固定资产、未完工程、原材料、在产品、产成品及其他物资。

③ 各项在途物资。

④ 各项债权、债务等结算资金。

⑤ 企业所拥有的在其他单位进行加工或由其他单位代为保管的物资。

全面清查的特点是内容多，范围广，费用高，参加的人员也多，所以一般在以下几种情况下，才需要进行全面清查：

① 年终决算前，为了确保年终决算会计资料的真实、正确，需要进行全面清查。

② 单位撤销、合并或改变隶属关系时，需要进行全面清查，以明确经济责任。

③ 企业进行合资项目、联营项目时，需要进行全面清查。

④ 开展资产评估等活动时，需要进行全面清查。

⑤ 单位主要领导离任，需要进行全面清查。

（2）局部清查

局部清查就是指根据管理的需要或依据有关规定，对部分财产物资、债权债务进行盘点和核对。局部清查的主要对象是流动性较大的财产物资，如现金、原材料、在产品和产成品等。

局部清查的特点是内容少，范围小，费用低，涉及的人员也少，但专业性较强，。其一般包括：

① 现金的清查，应由出纳员在每日业务终了进行清点，做到日清日结。

② 银行存款和银行借款，每月至少同银行核对一次。

③ 流动性资产，如材料、在产品和产成品，除年度清查外，应有计划地每月重点抽查。

④ 贵重的财产物资，应每月清查盘点一次。

⑤ 债权债务，至少应每年核对一至两次。

2. 按财产清查的时间间隔划分

财产清查按其时间间隔的不同，可分为定期清查和不定期清查。

（1）定期清查

定期清查是指按规定或预先计划安排的时间对财产所进行的清查，通常在月末、季末、年终结账时进行。清查的范围一般是年终决算前进行全面清查，月末和季末对贵重财产及货币资金进行盘点和抽查，实施局部清查。

（2）不定期清查

不定期清查是指根据实际需要，事前不规定清查时间，临时实施的财产清查。不定期清查可以是全部财产物资清查，也可以是局部财产清查。不定期清查一般在以下情况进行：

① 更换财产物资和现金保管人员时进行，便于分清经济责任。

② 上级主管部门和财政及审计部门要对本单位进行会计检查时进行，以验证会计资料的真实性、准确性以及有无违纪违法行为。

③ 作抵押贷款标的物，受理银行或金融机构需要核查的。

④ 发生战争或自然灾害和意外损失时进行，以查明损失情况。

⑤ 按照董事会要求临时需要清查的行为等。

对财产清查的分类因分类标准不同而不同，如按财产清查的组织形式不同，财产清查可分为单位自己组织的清查和外单位组织的清查。至于单位采用何种方式在何时进行财产清查，则要根据实际工作的需要及人力、物力、财力条件确定。

3. 按财产清查的执行单位划分

财产清查按其执行单位的不同，可分为内部清查和外部清查。

（1）内部清查

内部清查是指由本企业的有关人员对本企业的财产进行的清查。这种清查也称为自查。

（2）外部清查

外部清查是指由企业外部的有关部门或人员根据国家法律或制度的规定对企业所进行的财产清查。

9.1.3 财产清查的作用

众所周知，企业的各项财产包括货币资金、存货、固定资产和各项债权。各项财产物资的增减变动和结存情况都是通过账簿记录如实加以反映的。为了保证账簿记录的正确性，必须对财产物资进行定期或不定期地清点和审查工作。财产清查方法是会计核算专门方法之一，它是根据账簿记录，对企业的财产物资进行盘点或核对，查明各项财产的实存数与账面结存数是否相符，为定期编制会计报表提供准确、完整、系统的核算信息。财产清查不但是会计核算的一种重要方法，而且也是财产管理的一项重要制度。

1. 财产清查是检查会计信息系统运行正常与否的有效保证

会计以凭证形式输入资金运动的初始信息，经过确认、分类、记录、整理和汇总，最后以财务报表为载体输出供决策之用的真实可靠的财务信息。在对会计信息质量的要求中，财务报表信息的可靠性最为重要。

为避免信息在传输过程中受主客观因素干扰而失真，复式簿记系统本身就有一定的内部控制机制发挥前馈控制作用。为了进一步核实日常核算信息（主要是簿记信息）是否如实反映情况，在编制财务报表前还要进行财产清查。

如总分类账与总分类账间要遵循复式记账原理进行复式记账，结果是各账户借贷两方面的金额都应保持发生额合计和余额合计的平衡；总分类账与其所属的明细分类账间要实行平行登记原则，结果是同一项经济业务的数据通过两个通道传输和记录，以便于相互核对等。

通过财产清查，可查明各项财产物资的实际结存数，并与账簿记录相核对，以发现记账中的错误，确定账实是否相符。若不相符，要查明原因，分清责任，并按规定的手续及时调整账面数字，直至账实相符。只有这样，才能保证根据账簿信息编制的财务报表真实可靠，从而提高会计信息质量。

2. 财产清查是检查内部会计监督制度是否有效的控制措施

建立合适的内部会计监督制度，特别是其中的内部牵制制度的目的之一是健全财产物资的管理制度，保护财产物资的安全与完整，提高经营效率。

内部会计监督制度是否执行、有效与否，又可通过财产清查这一方法来检查。通过财产清查，可以查明各项财产物资的保管情况，如是否完整，有无毁损、变质、被非法挪用、贪污、盗窃等，还可以查明各项财产物资的储备和利用情况，如有无储备不足，有无超储、积压、呆滞现象等，以便及时采取措施，堵塞漏洞，加强管理，建立健全有关内部牵制制度。

3. 财产清查可促进资金加速周转

通过财产清查，特别是对债权债务的清查，可以促进其及时结算，及时发现坏账并予以处理。同时，可以及时发现企业财产物资超储积压、占用不合理等情况，以尽早采取措施利用或处理，促进企业合理占用资金，加速资金周转。

9.1.4　财产清查的意义

① 通过财产清查，可以确定各项财产物资的实用数，将实存数与账存数进行对比，确定各项财产的盘盈、盘亏，并及时调整账簿记录，做到账实相符，以保证账簿记录的真实、可靠，提高会计信息的质量。

② 通过财产清查，可以揭示各项财产物资的使用情况，改善经营管理，挖掘各项财产物资的潜力，加速资金周转，提高财产物资的使用效果。

③ 通过财产清查，可以查明各项财产物资的储备和保管情况，以及各种责任制度的建立和执行情况，揭示各项财经制度和结算纪律的遵守情况，促使财产物资保管人员加强责任感，保证各项财产物资的安全完整，促使经办人员自觉遵守财经制度和结算纪律，及时结清债权债务，避免发生坏账损失。

9.2　财产物资的盘存制度

财产物资的盘存制度有两种，即“永续盘存制”和“实地盘存制”。单位可根据经营管理的需要，分别采用不同的盘存制度。

9.2.1　永续盘存制

永续盘存制又称“账面盘存制”，是指平时对各项财产物资分别设立明细账，根据会计凭证连续记载其增加和减少数，并随时结出其余额的一种管理制度。在永续盘存制下，账面余额的结出是根据下列公式进行的：

账面期末余额 = 账面期初余额 + 本期增加额 - 本期减少额

永续盘存制的优点：这种盘存制度，能从账簿资料中及时反映出各项财产物资的结存数，为及时掌握单位财产增减变动情况和余额提供可靠依据，便于加强会计监督，便于随时掌握财产物资的占用情况及其动态，有利于加强对财产物资的管理。因此，大多数的单位在财产物资的盘存制度中采用永续盘存制。永续盘存制的不足：账簿记录的财产物资的增减变动及结存情况都是根据有关会计凭证登记的，可能发生账实不符的情况，同时，登记明细账的工作量也比较大。

9.2.2 实地盘存制

实地盘存制是指以实际盘点所取得的实际盘存数作为账面的结存数额的一种管理制度。在实地盘存制下，平时只登记财产物资的增加数，不登记财产物资的减少数，期末根据实地盘点的结存数作为账面余额，倒挤出财产物资的减少数。其公式为：

本期减少数 = 期初结存数 + 本期增加数 - 期末结存数

实地盘存制的优点：每月末各项财产物资进行实地盘点的结果，是计算、确定本月财产物资减少数的依据。采用这种方法，平时工作简单，工作量少。

实地盘存制的不足：在这种方法下，企业各项财产物资的减少是根据实际盘点出的本期数倒挤出来的，财产物资的出库没有严格的手续，不便于实行会计监督。倒挤出的各项财产物资的减少数中成分比较复杂，除了正常耗用外，可能还有非正常的损失或丢失，从而使非正常销售的损失、差错，甚至偷盗等原因所引起的短缺，全部计入销货成本之内，掩盖了仓库管理中存在的问题，削弱了对存货的控制。

【例 9-1】 某种材料月初余额 4 000 kg，单价 2 元。本月购入两次共计 2 500 kg，单价 2 元，月末时经盘点确认结存数量为 1 500 kg。

发出存货数量 = 期初数量 + 本期增加数量 - 期末数量

= 4 000 + 2 500 - 1 500 = 5 000（kg）

发出存货成本 = 发出存货数量 × 确定的存货单价

= 5 000 × 2 = 10 000（元）

发出存货的数量根据期末结存数量倒挤出来的，因而在其发出数量中可能存在由不正常因素导致的存货减少。

由于实地盘存制不利于会计监督，所以只有那些品种多、价值低、收发交易比较频繁，数量不稳定、损耗大且难以控制的存货，才采用这种方法，如鲜活商品的核算。

9.3 财产清查的步骤

9.3.1 财产清查前的准备工作

财产清查是一项复杂的工作，其工作内容涉及面广、涉及的人员多，为了有计划地开展这项工作，在财产清查之前，应该充分做好组织上和业务上的准备工作。

1. 组织上的准备

财产清查工作，尤其是全面清查工作，涉及面较广，工作量大，必须成立专门的财产清查小组，具体负责财产清查的组织和管理。财产清查小组一般由企业的总会计师或有关的主管领导负责，包括财务、业务、技术、仓库、生产等部门的人员和职工代表。

2. 物质和业务上的准备

物质及业务上的准备是进行财产清查的前提条件，各业务部门特别是会计部门和会计人员应主动配合，做好准备工作。该方面准备工作主要包括：

① 企业会计部门应在财产清查之前，将所有的经济业务登记入账，将有关账簿登记齐全，结出余额，做到账账相符、账证相符，为财产清查提供可靠的依据

② 财产物资的保管和使用部门，应将截止到财产清查时点之前的所有经济业务登记入账，结出各科目余额，并与会计部门的有关总分类账核对相符，同时，财产物资保管人员应将其所保管的各种财产物资堆放整齐，挂上标签，标明品种、规格和结存数量，以便进行实物盘点。

③ 财产清查小组应组织有关部门准备好各种计量器具，并进行严格地检查校正，以保证计量的准确性，同时，还应事先印制好各种清查登记用的表册，如盘存单、未达账项调节表、实存账存对比表等，以作清查盘点用。

9.3.2　财产清查工作的实施

财产清查的内容很多，不同的财产物资，其清查方法也不一样。

1. 货币资产的清查

货币资产的清查主要包括对库存现金、银行存款和其他货币资金的清查。货币资金的收支十分频繁，容易出现差错，因此货币资金的清查往往是财产清查的重点。

(1) 库存现金的清查

现金的清查是采用实地盘点的方法。库存现金的清查步骤和要求如下：

① 清查前，出纳员将截至清查时的全部现金收付凭证登记入账，结出现金日记账余额。

② 清查时，出纳员必须在场，将库存现金逐张点清。盘点时，除查明账实是否相符外，还要查明有无违反现金管理制度规定的现象，如以“白条”“收据”等抵冲现金；库存现金是否超过规定的库存限额；是否有挪用公款的现象等。

③ 库存现金清查结束后，清查人员应根据盘点记录，填制“库存现金盘点表”，“库存现金盘点表”是一张重要的财产清查原始凭证，它起到“盘存单”和“账存实存对比表”的双重作用。

其格式见表 9-1。

表 9-1

库存现金查点报告表

单位名称：　　　　　　　　　　20××年×月×日

实存金额	账存金额	对比结果		备注
		盘盈	盘亏	

盘点人（签章）：　　　　　　　　　　出纳员（签章）：

（2）银行存款的清查

对账单与银行存款日记账余额若不一致，其原因有两个：一是双方本身记账有错误；二是出现未达账项。

【小知识】 银行对账单，是银行记账时复写的账页，它详细地记录了企业银行存款的增加额、减少额和结余额。

未达账项是指企业与银行之间，由于结算凭证传递的时间不同，出现了一方已经登记入账，而另一方尚未接到有关结算凭证，未登记入账的款项。未达账项一般有以下四种情况：

① 银行已经收到款项并登记入账，而企业尚未收到收款凭证，因此企业没有入账。如外地某单位给企业汇来的款项，银行收到汇款后，马上登记银行存款增加，企业由于尚未收到汇款凭证，尚未记银行存款的增加。若此时对账，则形成银行已收，企业未收的款项。

② 银行已经付款并登记入账，而企业尚未收到付款凭证，因此企业没有入账。如银行代企业支付款项（如水电费），银行已取得支付款项的凭证，已记银行存款减少，企业尚未接到有关凭证，未记银行存款的减少。若此时对账，则形成银行已付，企业未付的款项。

③ 企业已经收款并登记入账，而银行尚未收到收款凭证，因此银行没有入账。如企业销售产品收到支票，送到银行后即可根据银行盖章后退回的“进账单”回联登记银行存款的增加，而银行则不能马上记增加，要等款项收到后方能记增加。若银行在编制对账单时尚未办妥收款手续，则对账时会出现企业已记收，银行未记收的未达账项。

④ 企业已经付款并登记入账，而银行尚未收到付款凭证，因此银行没有入账。如企业开出一张支票支付购买材料款，企业可根据支票存根、发货票及收料单等凭证，记银行存款的减少，而此时银行尚未接到支付款项的凭证，尚未登记减少。若此时对账，则形成企业已付，银行未付的款项。

上述任何一种情况的发生，都会使双方的账面存款余额不一致。所以，对未达账项的调整企业应编制“银行存款余额调节表”（见表 9-2）。在银行存款日记账余额和银行对账单的余额的基础上，分别加减未达账项，调整后双方的余额应该相等。

表 9-2

银行存款余额调节表

币种________开户银行________账户________

年　　月　　日

项　　目	金　　额	项　　目	金　　额
银行存款日记账余额		银行对账单余额	
加： 银行已收款，企业未收款项 减： 银行已付款，企业未付款项		加： 企业已收款，银行未收款项 减： 企业已付款，银行未付款项	
调整后余额		调整后余额	

编制：　　　　　　　　　　　　　　　　　　　　出纳：

应注意的是，未达账项不是错账、漏账，因此，不能根据银行存款余额调节表作任何账务处理。当然，如果在银行存款清查过程中发现了记账错误或漏记账，就应当及时进行必要的账务处理。

现举例说明银行存款余额调节表的编制方法。

【例 9-2】 A 公司 6 月 30 日银行存款日记账余额为 20 000 元，银行对账单的余额为 30 790元，经逐笔核对，发现有下列未达账项：

① 本月底企业购进材料，开出转账支票一张 9 090 元，并已作为银行存款减少入账，银行尚未登记入账。

② 企业收到转账支票一张 24 300 元，并已登记入账，但银行尚未登记入账。

③ 银行收到委托收款一笔 28 000 元，银行已登记入账，但企业尚未收到收款通知，未登记入账。

④ 银行代企业交纳本月的水电费 2 000 元，企业尚未收到付款通知，未登记入账。

根据上述未达账项，编制银行存款余额调节表，见表 9-3。

表 9-3

银行存款余额调节表

× ×年 6 月 30 日　　　　单位：元

项　目	金　额	项　目	金　额
企业银行存日记账余额	20 000	银行对账单余额	30 790
加：银行已收款，企业未收款	28 000	加：企业已收款，银行未收款	24 300
减：银行已付款，企业未付款	2 000	减：企业已付款，银行未付款	9 090
调整后余额	46 000	调整后余额	46 000

2. 实物资产的清查

对实物资产的清查一般是指对库存或使用中的存货及固定资产等的清查。对实物资产的清查主要采用实地盘点法、技术推算法和抽样盘存法。

(1) 实地盘点法

实地盘点就是到现场，通过点数、过磅和量尺等方法进行逐一清点，以确定实存数额。盘点后，应及时根据盘点记录填制“盘点表”，见表 9-4 ~ 表 9-7。

表 9-4

材料明细分类账户

明细科目：甲材料　　　　计量单位：件

201×年		凭证字号	摘　要	单价	收　入		发　出		结　存	
月	日				数量	金额	数量	金额	数量	金额
1	1		月初结存							
	10		购入							
	31		本月领用							
	31		本月发生额及余额							

表 9-5

盘存单

单位名称：　　　　　　编号：　　　　　　盘点时间：

财产类别：　　　　　　　　　　　　　　　存放地点：

编　号	名　称	计量单位	数　量	单　价	金　额	备　注

盘点人签章：　　　　　　实物保管人签章：

表 9-6

实存账存对比表

单位名称：　　　　　　年　月　日

编号	类别及名称	计量单位	单价	实　存		账　存		差　异				备　注
								盘　盈		盘　亏		
				数量	金额	数量	金额	数量	金额	数量	金额	

主管人员：　　　　　　会计：　　　　　　制表：

表 9-7

残损变质物资、伪劣产品情况表

年　月　日

名称规格	单位	原价	账面记录		报　废		报　损		残损伪劣		处理意见
			数量	金额	数量	金额	数量	金额	数量	金额	
计											

（2）技术推算法

对于那些大堆、笨重，但存放有一定规则的财产物资，不便于称量，可以在抽样盘点的基础上，进行技术推算。如原煤，可以用单位体积重量乘以体积求得全部结存数量。

（3）抽样盘存法

这种方法适用于单位价值较低、已经包装好的材料和产成品等。

3. 债权债务的清查

对各种债权、债务等往来款项的清查是采用查询证实的方法进行的，即企业在核实本单位各项往来款项账簿记录无误的基础上，向对方单位发送对账单，请对方核对，并根据查询结果，编制“往来款项清查报告表”，见表 9-8 和表 9-9。

函　证　信

××公司：

本公司与贵单位的业务往来款项有下列各项目，为了清对账目，特函请查证，是否相符，请在回执联中注明后盖章寄回。此致敬礼。

表 9-8

往来结算款项对账单

单位：________	地址：________	________	编号：
会计科目名称	截止日期	经济事项摘要	账面余额

××公司（公章）
年 月 日

表 9-9

往来账项清查表

总分类账户名称： 20××年×月×日

明细分类账户		清查结果		核对不符原因分析			备注
名称	账面余额	核对相符金额	核对不符金额	未达账项金额	有争议款项金额	其他	

9.3.3 财产清查结果的处理

1. 财产清查结果的处理工作

进行财产清查后，如果发现财产管理和会计核算方面存在问题，必须以有关法令、制度为依据予以处理。对财产清查结果进行处理时，应按照以下步骤进行：

（1）查明差异，分析原因

通过财产清查所确定的各项差异，即财产物资的盘盈、盘亏，要将差异数字核准，查清产生差异的原因，明确经济责任，据实提出处理意见。对于财产清查中发现的盘盈、盘亏和毁损的物资及长期不清或有争议的债权、债务，应查明原因，报请股东大会或董事会，或经理（厂长）会议或类似机构审批，及时组织清理。

（2）总结经验教训，建立健全制度

财产清查结束后，要在彻底查明财产中所发现问题的性质和原因的基础上，对暴露出来的有关经营管理和会计核算等方面的问题，应帮助有关领导和部门总结经验教训，提出改进工作的措施，建立和健全以岗位责任制为中心的财产管理制度，进一步加强财产管理，保证财产物资的完全和完整。

（3）调整账簿记录，做到账实相符

对于财产清查中所发现的各种差异以及对这些差异的处理，都应当及时调整有关的账簿记录，以达到账实相符。由于对财产清查中发现的盘盈、盘亏和毁损等情况，必须按规定的程序报请有关机构审批才能处理，所以清查结果的账务处理应当按照下列两步进行：

① 在报请有关机构审批前，根据有关“财产盈亏毁损报告表”等原始凭证中所列明的财产盘盈、盘亏和毁损的数字，编制记账凭证，并据以登记有关账簿，以使各项财产的账存数与实存数保持一致。

② 有关机构审批后，根据发生差异的原因批复相应意见，编制记账凭证，并据此登记入账。

需要说明的是，报请有关机构批准后，应当在期末结账前处理完毕；如在期末结账前未经批准的，应在对外提供财务会计报告时先按有关处理规定进行账务处理，并在财务报表附注中做出说明，如果其后批准处理的金额与已处理的金额不一致，应按其差额调整财务报表相关项目的年初数。

2. 财产清查结果的账务处理

（1）账户的设置

财产清查的结果不外乎以下三种情况：第一，实存数等于账存数，账实相符；第二，实存数大于账存数，即盘盈；第三，实存数小于账存数，即盘亏。第二、第三种情况为账实不符，对财产清查结果的处理，也就是对这两种情况进行处理，同时也要对清查过程中发现的物资变质霉烂等情况进行处理。在处理时应设置“待处理财产损溢”账户，这个账户属于暂记账户，也称过渡账户或调整账户，用以专门核算已经发生需经批准转销的财产物资的损溢，其借方登记各种财产物资的盘亏、毁损或经批准各种财产物资盘盈的转销；贷方登记经批准、转销的财产物资盘亏、亏损或各种财产物资的盘盈；月末借方或贷方余额，反映尚未转销的财产物资的盘亏、毁损或盘盈。该账户下设“待处理流动资产损溢”和“待处理固定资产损溢”两明细账户。

（2）财产清查结果处理的程序

① 查明盘亏、盘盈的原因。一般地，盘盈可能是由于保管过程中发生自然增量，记录时发生错记、漏记或记录错误，收发中计量不准确等造成。造成盘亏的原因较多，如保管中的自然损耗，记录中发生错记、重记，管理不善或工作人员失职而造成的财产变质、霉烂或短缺，不法分子贪污盗窃、营私舞弊，自然灾害等。

② 编制有关记账凭证，登记有关账簿。在查明盘亏、盘盈的原因后，根据有关原始凭证编制有关记账凭证，并据以登记有关账簿，以保证账实相符。同时，应按规定把清查结果及原因报送有关部门批准。

③ 盘盈盘亏的账务处理。

第一，盘盈的会计处理。对于盘盈的各种材料、固定资产等，应借记“原材料”“固定资产”等账户，贷记“待处理财产损溢”和“累计折旧”账户。

第二，盘亏和盘损的会计处理。对于盘亏的各种材料、固定资产等，应借记“待处理财产损溢”和“累计折旧”账户，贷记“原材料”“固定资产”等账户。

第三，在有关部门批准清查结果后，应按照有关规定进行转销处理，方法如下：

• 盘盈财产的转销。如流动资产盘盈，应借记“待处理财产损溢”，贷记“管理费用”等账户；如盘盈固定资产，应借记“待处理财产损溢”，贷记“营业外收入——固定资产盘盈”账户。

• 盘亏和毁损的会计处理。流动资产的盘亏和毁损，在扣除残料价值、可收回的保险赔偿和过失人赔偿后的剩余部分，属于非常损失的部分，应借记“营业外支出——非常损失”账户，贷记“待处理财产损溢”账户；属于一般经营损失的部分，借记“管理费用”账户，贷记“待处理财产损溢”账户。固定资产的盘亏，借记“营业外支出——固定资产盘亏”

账户，贷记“待处理财产损溢”账户。

（3）账务处理方法

① 流动资产清查结果的账务处理。

【例 9-3】A 公司在财产清查中发现盘盈甲材料 500 元，经查明是由于收发计量上的原因造成的。编制的会计分录如下：

借：原材料——甲材料　　500

　贷：待处理财产损溢——待处理流动资产损溢　　500

批准后：

借：待处理财产损溢——待处理流动资产损溢　　500

　贷：管理费用　　500

【例 9-4】A 公司在财产清查中发现盘亏乙材料 1 230 元，经查明属于定额内损耗 30 元，管理员过失造成的毁损有 200 元，应由过失人赔偿，属于自然灾害造成的损失有 1 000 元。编制的会计分录如下：

借：待处理财产损溢——待处理流动资产损溢　　1 230

　贷：原材料　　1 230

批准后：

借：管理费用　　30

　　其他应收款　　200

　　营业外支出　　1 000

　贷：待处理财产损溢——待处理流动资产损溢　　1 230

② 固定资产清查结果的账务处理。

【例 9-5】A 公司在财产清渣中，发现账外机器设备一台，其重置完全价值为 6 500 元，估计折旧 2 000 元。编制会计分录如下：

借：固定资产　　6 500

　贷：累计折旧　　2 000

　　　待处理财产损溢——待处理固定资产损溢　　4 500

批准后：

借：待处理财产损溢——待处理固定资产损溢　　4 500

　贷：营业外收入　　4 500

③ 货币资金盈亏的账务处理。库存现金溢缺。库存现金发生溢余或短缺时，应由主管人员会同检查，提出书面报告，按照规定审批权限，报经企业领导或再报上级批准后，按批示处理意见办理。

- 现金发生溢余时的会计处理。

上报审批时：

借：库存现金

　贷：待处理财产损溢——待处理流动资产损溢

审批同意后：

借：待处理财产损溢——待处理流动资产损溢

贷：其他应付款（应支付给有关单位和人员的）

营业外收入（无法查明原因的）

• 现金发生短缺时的会计处理。

上报审批时：

借：待处理财产损溢——待处理流动资产损溢

贷：库存现金

审批同意后：

借：管理费用（不明原因）

其他应收款（过失人赔偿）

贷：待处理财产损溢——待处理流动资产损溢

在正常情况下，发生现金短少，应由出纳人员赔偿。

④ 往来款项清查结果的账务处理。

【例 9–6】 在财产清查中，查明确实无法收回的账款 300 元，经批准作为坏账损失。

坏账损失是指无法收回的应收账款而使企业遭受的损失。按制度规定，在会计核算中对坏账损失的处理采用备抵法，即按一定比例提取"坏账准备"计入当期管理费用，借记"管理费用"账户；贷记"坏账准备"账户。因此，对于这笔确属无法收回的应收账款，应按照规定的手续审批后，以批准的文件为原始凭证，作坏账损失处理，冲减"坏账准备"账户。"坏账准备"账户是资产类账户，是"应收账款"账户的抵减账户。用来核算坏账准备的提取和转销情况，贷方登记提取数，借方登记冲销数，余额在贷方表示已提取尚未转销的坏账准备，本账户可按应收账款类别设置明细账户。编制的会计分录如下：

借：坏账准备　　300

贷：应收账款　　300

课后习题

一、单项选择题

1. 对各项财产的增减变化，根据会计凭证连续记载并随时结出余额的制度是（　　）。

A. 实地盘存制　B. 应收应付制　C. 永续盘存制　D. 实收实付制

2. 清查中财产盘亏是由于办管人员失职所造成，由报关员赔偿，应计入（　　）。

A、管理费用　B. 其他应收款　C. 营业外支出　D. 生产成本

3. 对原材料、库存商品盘点后应编制（　　）。

A. 实存账存对比表　B. 盘点表

C. 银行存款余额调节表　D. 对账单

4. 企业在撤销或合并时，对企业的财产物资应进行（　　）。

A. 全面清查　B. 定期清查　C. 局部清查　D. 重点清查

5. 期末账项调整的原则是（　　）。

A. 权责发生制　B. 会计分期　C. 收付实现制　D. 配比原则

6. 在权责发生制下，经过期末账项调整，（　　）。

A. 所有收入科目中所记录的金额，是归属于本期收入的金额，而费用科目则不然

B. 所有费用科目中所记录的金额，是归属于本期费用的金额，而收入科目则不然

C. 不论对于收入科目，还是费用科目，其所记录的金额，都是归属于本期收入和费用的金额

D. 不论对于资产类科目，还是负债类科目，其所记录的金额，都是归属于本期资产和负债的金额

7. 预收出租固定资产租金的业务使企业（　　）。

A. 资产增加，同时负债增加　　B. 资产增加，同时收入增加

C. 所有者权益增加，同时费用减少　　D. 资产增加，同时负债减少

8. 盘盈现金时，批准前，应借记（　　）科目。

A. 待处理财产损溢　　B. 其他应付款

C. 库存现金　　D. 营业外收入

9. 没收的押金，应贷记（　　）科目。

A. 待处理财产损溢　　B. 应付账款

C. 营业外收入　　D. 管理费用

10. A公司盘亏固定资产一项，原价为10 000元，已提折旧4 000元，净值为6 000元，则应计入"待处理财产损溢"账户的金额为（　　）元。

A. 10 000　　B. 6 000　　C. 4 000　　D. 0

二、多项选择题

1. 下列各项方法适用于实物盘点的有（　　）。

A. 核对法　　B. 查询法　　C. 实地盘存制　　D. 永续盘存制

2. 下列情况属于企业与银行之间的未达账项的有（　　）款项。

A. 银行已收、企业未收　　B. 银行已付、企业未付

C. 银行已收、企业已收　　D. 企业已收、银行未收

E. 企业已付、银行未付　　F. 银行未付、企业未付

3. 账实核对主要包括（　　）。

A. 现金日记账与现金实存数的核对

B. 银行存款日记账与银行对账单的核对

C. 材料明细账与材料实存数的核对

D. 应收账款明细账与债务单位对账单的核对

4. "待处理财产损溢"账户借方登记的内容包括（　　）。

A. 发生的待处理财产盘亏数　　B. 发生的待处理财产盘盈数

C. 批准转销的待处理盘亏数　　D. 批准转销的待处理盘盈数

5. 不定期清查适用于（　　）。

A. 更换财产保管人　　B. 发生自燃灾害损失

C. 发生意外损失　　D. 更换现金保管人

6. 对于固定资产和存货等各项财产物资的数量清查，一般采用（　　）。

A. 账面价值法　　B. 实地盘存制　　C. 永续盘存制　　D. 核对法

7. 财产清查结果会出现以下（　　）情况。

A. 账实一致　　B. 账存数大于实存数

C. 毁损　　D. 账存数小于实存数

实训题

实训一

A 公司 20××年 7 月 31 日银行存款的账面余额为 535 000 元，开户行送来的对账单余额为 508 000 元。经查对，发现有以下几笔未达账项：

1. 7 月 30 日，委托银行收款 50 000 元，银行已收入企业银行存款户，收款通知尚未送达。

2. 7 月 30 日，企业开出现金支票一张，计 1 600 元，企业已经减少银行存款，银行尚未入账。

3. 7 月 31 日，银行为企业支付电费 1 000 元，银行已经入账，减少企业存款，企业尚未记账。

4. 7 月 31 日，企业受到外单位转账支票一张，计 64 000 元，企业已经入账，银行尚未记账。

要求：根据资料编制银行存款余额调节表，查明账实是否相等，如不等，请做会计分录进行调整。

实训二

A 公司 20××年 12 月进行财产清查，发现有几种财产物资与账面数量不符。

1. 甲材料账面余额为 4 800 kg，每千克 5 元，共计 24 000 元。实存为 4 790 kg，盘亏 10 kg，经查实材料定额内的损耗，经批准后转入管理费用。

2. 乙材料账面余额为 6 500 kg，每千克 6 元，共计 39 000 元，实存数为 6 590 kg，盘盈 90 kg，经查实材料收发过程中计量误差累计所致，批准后重建管理费用。

3. 丙材料账面余额为 398 kg，每千克 45 元，共计 17 910 元，清查时发现全部毁损，废料估价 148 元已验收入库。经查实由于暴风雨袭击仓库所致，批准后将净损失作为营业外支出处理。

4. 丁材料账面余额 365 kg，每千克 16 元，实存为 360 kg，盘亏 5 kg，经查实属报关人员责任心不强造成的损失，经批准责令其赔款，赔款尚未收到。

5. 盘亏机器设备一台，账面原值为 65 000 元，已提折旧为 4 000 元，经批准按其净值转作营业外支出。

要求：根据以上经济业务编制会计分录。

第10章 财务会计报告

导语

本章主要介绍了财务报表的概念和组成，以及资产负债表、利润表、现金流量表的内容、结构和编制方法，通过本章的学习，掌握资产负债表的内容、结构和编制方法；掌握利润表的内容、结构和编制方法；了解现金流量表的内容、结构和编制方法。

导入案例

甲、乙、丙三自然人系某有限公司股东，甲出资50%，乙出资30%，丙出资20%。公司成立七年，业务发展良好，每年均有盈利，但从未分红。丙多次要求查阅公司财务报表及会计账簿，甲、乙作为大股东对丙的要求以各种理由拒绝，丙能否查阅公司的财务报表及会计账簿？

根据《中华人民共和国公司法》第三十三条："股东有权查阅、复制公司章程、股东会会议记录、董事会会议决议、监事会会议决议和财务会计报告"之规定，丙作为股东有权利查阅、复制公司的章程、会议记录和财务会计报告等，这是股东知情权的重要内容。

10.1 财务会计报告概述

10.1.1 财务会计报告的含义及目标

财务会计报告是指单位根据经过审核的会计账簿记录和有关资料，编制并对外提供的反映单位某一特定日期财务状况和某一会计期间经营成果、现金流量的书面文件。财务会计报告是企业对外提供财务会计信息的最主要形式，编制财务会计报告是会计核算的一种专门方法，也是会计核算的最终结果和最后环节。

财务报告的基本目标是向信息使用者提供其进行经济决策的会计信息。其具体体现在以下三个方面：

1. 财务报告为国家经济管理部门进行宏观调控和管理提供信息源

经过层层汇总后的会计报表，相应地反映出某一行业、地区、部门乃至全国企业的经济活动情况的信息，这些信息是国家经济管理部门了解并掌握全国各地区、各部门、各行业的经济情况，正确制定国家产业等宏观政策、调控国民经济运行的重要决策依据。

2. 财务报告为与企业有经济利益关系的外部单位和个人提供会计信息

企业的投资者、潜在投资者以及债权人要依据会计报表提供的信息，做出相应的决策；财政、税务、工商等政府部门要根据会计报表提供的信息，了解和监督企业。因而会计报告为进一步完善现有法规、制定新的法规提供了决策依据。

3. 财务报告为企业内部加强和改善经营管理提供重要的会计信息

企业经营管理人员要通过本企业会计报告随时掌握企业的财务状况和经营成果，以便发现问题，及时采取相应的措施，加强和改善企业的经营管理。同时，可充分利用现有的会计报告披露的信息，预测经济前景，使企业的生产经营活动得到良性发展。

因此，编制财务会计报告是对会计核算工作的全面总结，也是及时提供合法、真实、准确、完整会计信息的重要环节，特别是在市场经济发展的条件下对企业的会计信息使用者（包括企业内外有关部门和有关人员）有着密切的关联。

10.1.2 财务会计报告的作用

1. 对企业的作用

财务会计报告所提供的资料，可以帮助企业领导和管理人员分析、检查企业的经营活动是否符合制度规定；考核企业资金、成本、利润等计划指标完成程度；分析、评价经营管理中的成绩和不足，采取措施，提高经济利益；运用财务会计报告的资料和其他资料进行分析，为编制下期计划提供依据。同时，通过财务会计报告在本企业职工代表大会公布，可以进一步发挥职工主人翁的作用，从各方面提出改进建议，促进企业增产节约措施的落实。

2. 对主管部门的作用

利用财务会计报告，考核所属单位的经营业绩以及各项经济政策，贯彻执行情况，并通过所属单位同类指标的对比分析，总结成绩，推广先进经验；对所发现问题，分析原因，采取措施，克服薄弱环节；同时，通过财务会计报告汇总所提供的资料，可以在一定范围内反映国民经济计划执行情况，为国家宏观管理提供依据。

3. 对财政、税收、银行和审计部门的作用

① 财税部门可以了解企业资金筹集和运用是否合理，检查企业税收、利润计划的完成与解交情况，以及有无违反税法和财经纪律的现象，以更好地发挥财政、税收的监督职能。

② 银行部门可以考查企业流动资金的使用情况，分析企业银行借款的物质保证程度，研究企业资金的正常需要量，了解银行借款的归还以及信贷纪律的执行情况，充分发挥银行经济监督和经济杠杆作用。

③ 审计部门可以了解企业财务状况和经营情况及财经政策、法令和纪律执行情况，从而为进行财务审计和经济效益审计提供必要的资料。

4. 对投资人、债权人和其他利害相关人的作用

财务会计报告可以提供企业财务状况和偿债能力，作为投资、贷款和贸易的决策依据。

10.1.3 财务报告的披露方式

财务报告是企业正式对外揭示并传递会计信息的手段，它不仅包括会计报表，而且还包括附表、附注和财务情况说明书。

会计报表是根据公认的会计准则或会计制度，以表格的形式概括地反映企业财务状况和经营成果的报告文件。一般而言，通过会计报表揭示的会计信息主要涉及三个方面的信息：

1. 财务状况方面的信息

反映企业在某一特定日期的资产、负债及所有者权益三个要素的构成及其数额的信息通常是通过资产负债表来披露的。

2. 经营成果方面的信息

反映企业在某一时期内的收入、费用和利润方面的信息通常是通过利润表予以披露的。

3. 现金流量方面的信息

反映企业一定会计期间内现金和现金等价物流入和流出的信息，表明企业获得现金和现金等价物的能力，通常是通过现金流量表来揭示的。

会计报表附表是一种补充报表，它也是企业正式对外进行披露的，包括利润分配表以及国家统一的会计制度规定的其他附表。会计报表附注是为了便于信息使用者理解会计报表的内容而以文字说明的方式对其进行的解释。

财务情况说明书主要是指对企业生产经营的基本情况、利润实现和分配等情况进行的文字说明。

10.1.4　财务会计报告的构成

企业的财务会计报告由会计报表和其他应当在财务报告中披露的相关信息和资料组成。

会计报表是财务会计报告的主干部分，它是以企业的会计凭证、会计账簿和其他会计资料为依据，以货币作为计量单位总括地反映企业的财务状况、经营成果和现金流量，按照规定的格式、内容和填报要求定期编制并对外报送的书面报告文件。由于它一般以表格的形式简明扼要地体现出来，因而称为会计报表。

企业应该对外提供的会计报表至少应当包括：资产负债表、利润表和现金流量表。其中，资产负债表是反映企业在报告期末的资产、负债和所有者权益情况的会计报表；利润表是反映企业在报告期内的收入、费用和利润情况的会计报表；现金流量表是反映企业在报告期内现金和现金等价物增减变动情况的会计报表。另外，除了以上主要报表外，还有具体说明某一方面情况的附表，如利润分配表等。

会计报表附注是财务报表不可缺少的组成部分，是对会计报表本身难以充分表达或无法表达的内容和项目，以另一种形式（如脚注说明、括弧旁注说明等文字形式）对会计报表的编制基础、编制依据、编制原则和方法、主要项目所作的补充说明和详细解释。会计报表附注至少应当包括下列内容：企业的基本情况；财务报表的编制基础；遵循会计准则的声明；重要会计政策和会计估计的说明；重要会计政策和会计估计变更以及差错更正的说明；报表中重要项目的说明；或有事项；资产负债表日后事项；关联方关系及交易。财务报表体系中包括用文字表述的报表附注，一是可以提高会计报表内有关信息的可比性；二是通过释疑，增进了会计报表内有关信息的易懂性；三是详细说明、重点报道，突出了有关会计信息的重要性。

在财务会计报告体系中，会计报表固然是其中的主要部分，但是，我们还应该看到，还有一些会计或其他经济信息是会计报表所无法揭示的，而这些信息对会计报表的用户来可以帮助他们更全面地了解报表单位，对其经营成果与财务状况作出恰当的评价。属于这一类的信息具体可以根据有关法律法规的规定和外部使用者的信息需求而定，如企业可以在财务报告中披露其承担的社会责任、对社会的贡献、可持续发展能力等信息。这些属于非财务信息，无法包括在财务报表中，企业应当在财务报告中予以披露。

10.1.5 财务会计报告的种类

1. 按财务会计报告所反映的经济内容分类

财务会计报告按其所反映的经济内容的不同，分为财务状况报告和经营成果报告。

（1）财务状况报告

财务状况报告，是通过资产负债表和现金流量表反应会计主体在一定日期财务状况的财务会计报告。通过资产负债表，可以反映会计主体在某一时点的资产、负债和所有者权益的基本情况，揭示单位资产、负债和所有者权益的规模、结构及其相互关系等财务状况；通过现金流量表可以综合反映一定会计期间内现金和现金等价物流入和流出情况，系统地揭示会计主体在一定时期内重要的财务事项，对资金变化的原因作出具体说明。

（2）经营成果报告

经营成果报告，是通过利润表和利润分配表反映单位在一定时期内的收入实现、成本耗费和利润形成及利润分配等情况的财务会计报告。通过经营成果报告，可以反映单位的收入、成本和利润等基本情况，评价单位的经营业绩，揭示单位的获利能力。

2. 按编制时间分类

企业必须分期进行会计核算和编制财务会计报告，企业的财务会计报告根据所反映的期间长短的不同，可以分为月度、季度、半年度和年度财务会计报告。

（1）月度（或季度）财务会计报告

月度（或季度）财务会计报告，是在月份（或季度）终了后，通过资产负债表、利润表，以简明扼要的形式反映某一月份（或某一季度）财务状况和经营成果主要指标的报告。

（2）半年度财务会计报告

半年度财务会计报告，是指在每个会计年度的前六个月结束后编制和对外提供的财务会计报告，主要包括资产负债表、利润表及有关附表。

（3）年度财务会计报告

年度财务会计报告，是在年度终了后，按会计年度编制和报送，以全面反映会计主体全年财务收支、财务成果和现金流量的报告。年报在种类、揭示的指标信息方面最为完整、齐全。它包括资产负债表、利润表、现金流量表及附表。半年度、季度和月度财务会计报告统称为中期财务会计报告。

3. 按编制单位和编报范围分类

财务会计报告按照其编制单位和编报范围的不同，可分为基层财务会计报告和汇总财务会计报告。

基层财务会计报告是由实行独立核算的基层单位编制的报告。汇总财务会计报告是上级主管部门根据所属单位的基层财务会计报告和本部门的会计资料汇总编制的报告。汇总财务会计报告通常按行政隶属关系逐级汇总，以反映某一部门、行业或地区的总括情况。

4. 按资金运动状况分类

财务会计报告按照所属会计报告反映的资金运动状况，可分为静态财务会计报告和动态财务会计报告。

静态财务会计报告是通过资产负债表反映某会计主体一定时点财务状况的报告；动态财务会计报告是通过利润表和现金流量表等报表资料，反映某会计主体在一定时期的经营成果或财务状况、现金流量变动情况的报告。

5. 按编制用途分类

财务会计报告按照其编制用途进行分类，可分为对外报告和内部报告。

对外报告是单位按照统一会计准则的规定编制的，报送上级主管部门和其他政府管理部门以及单位的债权人和使用本单位相关资料的外部需求者的财务会计报告。财务报告是对外报表。内部报告是单位根据自身需要编制的，提供本单位内部使用的报告。内部报告由单位的财会部门统一设置制定，经单位领导审批后，由单位的内部责任部门填报，以满足单位加强经济责任制的核算和内部管理的需要。专门为内部管理需要的特定目的报告不属于财务报告的范畴。

6. 按母、子公司之间关系分类

财务会计报告按母、子公司之间关系分类，可分为合并财务会计报告和个别财务会计报告。

合并财务会计报告是指反映母公司和其全部子公司形成的企业集团整体经营成果、财务状况和现金流量的报告。合并财务会计报告所包含的内容和报告指标与基层财务会计报告相同，只是其指标的数值中既包含母公司的情况，又包含其所属子公司的情况。个别财务会计报告是由单位编制的单独反映本单位自身经营成果、财务状况和现金流量变动情况的报告。会计报告的组成见表 10-1。

表 10-1

会计报告的组成

编　号	会计报表名称	编　报　期
会企 01 表	资产负债表	中期报告、年度报表
会企 02 表	利润表	中期报告、年度报表
会企 03 表	现金流量表	（至少）年度报表
会企 01 表附表 1	资产减值准备明细表	年度报表
会企 01 表附表 2	股东权益增减变动表	年度报表
会企 01 表附表 3	应交增值税明细表	中期报表、年度报表
会企 02 表附表 1	利润分配表	年度报表
会企 02 表附表 2	分部报表（业务分部）	年度报表
会企 02 表附表 3	分部报表（地区分部）	年度报表

10.1.6 财务会计报告的编制要求

编制财务会计报告的基本目的，是向会计信息的使用者提供有关财务方面的信息资料，及时、准确、完整、清晰地反映会计主体的财务状况和经营成果。为了充分发挥会计信息的作用，确保信息质量，各会计主体应当按照《会计法》《企业财务会计报告条例》的规定，编制和对外提供真实、完整的财务会计报告。

1. 财务会计报告编报的时间要求

在市场经济条件下，市场瞬息万变，因而对财务会计报告的及时性提出了更高的要求，企业必须根据市场的变化情况，及时调整生产经营活动，如果不能及时获得有关信息资料，并对市场的变化情况作出及时反应，那么就必然在市场竞争中处于被动地位。

为了确保财务会计报告编报的及时性，政府有关部门对各会计主体财务会计报告的编报时间做出了明确的规定。一般说来，月度报告应于月份终了后6天内报出（节假日顺延，下同）；季度中期财务会计报告应当于季度终了后15天内对外提供；半年度中期财务会计报告应当于年度中期结束后60天内对外提供；年度财务会计报告应当于年度终了后4个月内报出。这就要求会计部门必须加强日常的核算工作，认真做好记账、算账、对账、财产清查和调整账面等编报前的准备工作，加强会计人员的配合协作，高质、高效地完成会计信息的报送工作。

2. 财务会计报告编报的格式要求

各会计主体必须按照会计制度的统一规定，编制和报送特定内容、种类和特定格式的财务会计报告。

3. 财务会计报告的编制程序和质量要求

为了确保财务会计报告的质量，使会计信息真正成为使用者进行管理和决策的重要依据，各单位要在结账、对账和财产清查的基础上，以登记完整、核对无误的会计账簿记录和其他有关资料为主要依据，编制财务会计报告。财务会计报告的编制要做到数字真实、计算准确、内容完整、说明清楚。分述如下：

（1）数字真实

财务会计报告的真实可靠，是指企业财务会计报告要真实地反应交易或事项的实际情况，不能人为地扭曲。财务会计报告应当根据经过审核的会计账簿记录和有关资料编制，这是保证财务会计报告质量的重要环节。财务会计报告要客观地、实事求是地反映会计主体客观存在的经济现象和经营活动过程，不允许对经核实并应列入报表的数据资料再作出任何“修正”，不允许对报告和揭示的任何一项正确的核算数据进行任何增删，任何人不得篡改或者授意、指使、强令他人篡改会计报表的有关数字。

（2）计算准确，相关可比

会计报告必须以会计账簿中准确无误的数字资料为依据，并确保各会计报表之间、会计报表各项目之间、本期报表与上期报告之间在有对应关系的数字上的衔接，不得用估计甚至捏造的数字填列报告。同时，企业财务会计报告所提供的财务会计信息必须与财务会计报告使用者的决策相关，并且便于财务会计报告使用者在不同企业之间及同一企业前后各期之间进行比较。

（3）内容完整

这是指企业财务会计报告应当全面地披露企业的财务状况、经营成果和现金流量，完整地反映出企业财务活动的过程和结果。各会计主体对国家规定应予填报的各种报表和表内各项目，要填报齐全，不得随意漏编、漏报；应当汇总编制的所属各单位的会计报告必须全部汇总；各补充资料和应该编制的附表，必须同时编报。有关法律、行政法规规定会计报告必须经注册会计师审计，注册会计师及其所在的会计师事务所所出具的审计报告，应当随同财务会计报告一并提供。

4. 报送及时

财务会计报告提供的信息具有较强的时效性，企业应当依照法律、行政法规和国家统一会计制度有关财务会计报告提供期限的规定，及时编制并及时提供财务会计报告。要保证会计报告编制及时，必须加强日常的核算工作，认真做好记账、算账、对账和财产清查，调整账面工作；同时加强会计人员的配合协作，使会计报告编报及时。但不能为赶编会计报表而提前结账，更不能为了提前报送而影响报告质量。

5. 说明清楚、便于理解

会计报告编制之后，还必须按照会计准则和有关制度规定及上级主管部门的要求，编写报表附注，以便使用者了解与财务状况、经营业绩有关的问题，作出正确决策和判断。

财务会计报告应当由单位负责人和主管会计工作的负责人、会计机构负责人（会计主管人员）签名并盖章；设置总会计师的单位还须由总会计师签名并盖章。单位负责人是本单位会计行为的第一责任人，对本单位的会计报告的真实性、合法性负责；有关会计负责人员也应承担相应的责任，并应当保证财务会计报告真实、完整。

以上各点必须同时做到，才能发挥会计报告应有的作用。

10.1.7　财务会计报告编制前的准备工作

财务会计报告不仅是加强单位内部经营管理的手段，而且也是为其他会计信息的使用者提供信息资料的有效表达方式。为了确保会计信息资料的可靠性，提高报表数据的相关性，使其真正成为有助于使用者作出正确决策的有用信息，财务会计报告编制必须做好对账和结账等编报前的各项准备工作。

10.2　资产负债表

10.2.1　资产负债表概述

资产负债表是指反映企业在某一特定日期的财务状况的报表。资产负债表主要反映资产、负债和所有者权益三方面的内容，并满足“资产 = 负债 + 所有者权益”平衡式。

1. 资产

资产反映由过去的交易、事项形成并由企业在某一特定日期所拥有或控制的、预期会给企业带来经济利益的资源。

资产应当按照流动资产和非流动资产两大类别在资产负债表中列示，在流动资产和非流动资产类别下进一步按性质分项列示。

流动资产是指预计在一个正常营业周期中变现、出售或耗用，或者主要为交易目的而持有，或者预计在资产负债表日起一年内（含一年）变现的资产，或者自资产负债表日起一年内交换其他资产或清偿负债的能力不受限制的现金或现金等价物。资产负债表中列示的流动资产项目通常包括：货币资金、交易性金融资产、应收票据、应收账款、预付款项、应收利息、应收股利、其他应收款、存货和一年内到期的非流动资产等。

非流动资产是指流动资产以外的资产。资产负债表中列示的非流动资产项目通常包括：长期股权投资、固定资产、在建工程、工程物资、固定资产清理、无形资产、开发支出、长期待摊费用以及其他非流动资产等。

2. 负债

负债反映在某一特定日期企业所承担的、预期会导致经济利益流出企业的现时义务

负债应当按照流动负债和非流动负债在资产负债表中进行列示，在流动负债和非流动负债类别下再进一步按性质分项列示。

流动负债是指预计在一个正常营业周期中清偿，或者主要为交易目的而持有，或者自资产负债表日起一年内（含一年）到期应予以清偿，或者企业无权自主地将清偿推迟至资产负债表日后一年以上的负债。资产负债表中列示的流动负债项目通常包括：短期借款、应付票据、应付账款、预收款项、应付职工薪酬、应交税费、应付利息、应付股利、其他应付款、一年内到期的非流动负债等。

非流动负债是指流动负债以外的负债。非流动负债项目通常包括：长期借款、应付债券和其他非流动负债等。

3. 所有者权益

所有者权益是企业资产扣除负债后的剩余权益，反映企业在某一特定日期股东（或投资者）拥有的净资产的总额，它一般按照实收资本（或股东，下同）、资本公积、盈余公积和未分配利润分项列示。

10.2.2 资产负债表的结构

我国企业的资产负债表采用账户式结构（见表 10-2）。账户式资产负债表分左右两方，左方为资产项目，大体按资产的流动性大小排列，流动性大的资产如“货币资金”“交易性金融资产”等排在前面，流动性小的资产如“长期股权投资”“固定资产”等排在后面。右方为负债及所有者权益项目，一般按要求清偿时间的先后顺序排列；“短期借款”“应付票据”“应付账款”等需要在一年以内或者长于一年的一个正常营业周期内偿还的流动负债排在前面，“长期借款”等在一年以上才需偿还的非流动负债排在中间，在企业清算之前不需要偿还的所有者权益项目排在后面。

账户式资产负债表中的资产各项目的合计等于负债和所有者权益各项目的合计，即资产负债表左方和右方平衡。因此，通过账户式资产负债表，可以反映资产、负债、所有者权益之间的内在关系，即“资产 = 负债 + 所有者权益”。资产负债表样式见表 10-2。

表 10-2

资产负债表

会企 01 表

编制单位：　　　　　　　年　月　日　　　　　　　单位：

资　　产	期末余额	年初余额	负债和所有者权益（或股东权益）	期末余额	年初余额
流动资产：			流动负债：		
货币资金			短期借款		
交易性金融资产			交易性金融负债		
应收票据			应付票据		
应收账款			应付账款		
预付款项			预收款项		
应收利息			应付职工薪酬		
应收股利			应交税费		
其他应收款			应付利息		
存货			应付股利		
一年内到期的非流动资产			其他应付款		
其他流动资产			一年内到期的非流动负债		
流动资产合计			其他流动负债		
非流动资产：			流动负债合计		
可供出售金融资产			非流动负债：		
持有至到期投资			长期借款		
长期应收款			应付债券		
长期股权投资			长期应付款		
投资性房地产			专项应付款		
固定资产			预计负债		
在建工程			递延所得税负债		
工程物资			其他非流动负债		
固定资产清理			非流动负债合计		
无形资产			负债合计		
开发支出			所有者权益（或股东权益）：		
长期待摊费用			实收资本（股本）		
递延所得税资产			资本公积		
其他非流动资产			减：库存股		
非流动资产合计			盈余公积		
			未分配利润		
			所有者权益（或股东权益）合计		
资产总计			负债和所有者权益总计		

10.2.3 资产负债表的编制

资产负债表各项目均需填列“年初余额”和“期末余额”两栏。其中“年初余额”栏内各项数字，应根据上年末资产负债表的“期末余额”栏内所列数字填列。“期末余额”栏主要有以下几种填列方法：

1. 根据总账科目余额填列

如“交易性金融资产”“短期借款”“应付票据”“应付职工薪酬”等项目，根据“交易性金融资产”“短期借款”“应付票据”“应付职工薪酬”各总账科目的余额直接填列。有些项目则需根据几个总账科目的期末余额计算填列，如“货币资金”项目，需根据“库存现金”“银行存款”“其他货币资金”三个总账科目的期末余额的合计数填列。

【例 10-1】 A 公司 20××年 12 月 31 日结账后的“库存现金”科目余额为 10 000 元，“银行存款”科目余额为 4 000 000 元，“其他货币资金”科目余额为 1 000 000 元。

该企业 20××年 12 月 31 日资产负债表中的“货币资金”项目金额为：

$$10\ 000+4\ 000\ 000+1\ 000\ 000=5\ 010\ 000\ (元)$$

本例中，企业应当按照“库存现金”“银行存款”和“其他货币资金”三个总账科目余额加总后的金额，作为资产负债表中“货币资金”项目的金额。

【例 10-2】 A 公司 20××年 12 月 31 日结账后的“交易性金融资产”科目余额为 100 000 元。

该企业 20××年 12 月 31 日资产负债表中的“交易性金融资产”项目金额为 100 000 元。

本例中，由于企业是以公允价值计量交易性金融资产，每期交易性金融资产价值的变动，无论上升还是下降，均已直接调整“交易性金融资产”科目金额，因此，企业应当直接以“交易性金融资产”总账科目余额填列在资产负债表中。

【例 10-3】 A 公司 20××年 3 月 1 日向银行借入一年期借款 320 000 元，向其他金融机构借款 230 000 元，无其他短期借款业务发生。

企业 20××年 12 月 31 日资产负债表中的“短期借款”项目金额为：

$$320\ 000+230\ 000=550\ 000\ (元)$$

本例中，企业直接以“短期借款”总账科目余额填列在资产负债表中。

【例 10-4】 A 公司年末向股东发放现金股利 400 000 元，股票股利 100 000 元，现金股利尚未支付。

该企业 20××年 12 月 31 日资产负债表中的“应付股利”项目金额为 400 000 元。

本例中，企业发放的股票股利不通过“应付股利”科目核算，因此，资产负债表中“应付股利”即为尚未支付的现金股利金额，即 400 000 元。

【例 10-5】 A 公司 20××年 12 月 31 日应付 A 企业商业票据 32 000 元，应付 B 企业商业票据 56 000 元，应付 C 企业商业票据 680 000 元，尚未支付。

该企业在 20××年 12 月 31 日资产负债表中“应付票据”项目金额为：

$$32\ 000+56\ 000+680\ 000=768\ 000\ (元)$$

本例中，企业直接以“应付票据”总账科目余额填列在资产负债表中。

【例 10-6】 A 公司 20××年 12 月 31 日应付管理人员工资 300 000 元，应计提福利费 42 000 元，应付车间工作人员工资 57 000 元，无其他应付职工薪酬项目。

企业20××年12月31日资产负债表中“应付职工薪酬”项目金额为：

300 000 + 42 000 + 57 000 = 399 000（元）

本例中，管理人员工资、车间工作人员工资和福利费都属于职工薪酬的范围，应当以各种应付未付职工薪酬加总后的金额，即“应付职工薪酬”总账科目余额填列在资产负债表中。

【例10-7】 A公司20××年1月1日发行了一次还本付息的公司债券，面值为1 000 000元，当年12月31日应计提的利息为10 000元。

该企业20××年12月31日资产负债表中“应付债券”项目金额为：

1 000 000 + 10 000 = 1 010 000（元）

本例中，企业应当将债券面值和应计提的利息作为“应付债券”填列为资产负债表中“应付债券”项目的金额。

2. 根据明细账科目余额计算填列

如“应付账款”项目，需要根据“应付账款”和“预付账款”两个科目所属的相关明细科目的期末贷方余额计算填列；“应收账款”项目，需要根据“应收账款”和“预收账款”两个科目所属的相关明细科目的期末借方余额计算填列。

【例10-8】 A公司20××年12月31日结账后有关科目所属明细科目借贷方余额如表10-3所示。

表10-3

结账后有关科目所属明细科目借贷方余额

单位：元

科目名称	明细科目借方余额合计	明细科目贷方余额合计
应收账款	1 600 000	100 000
预付账款	800 000	60 000
应付账款	400 000	1 800 000
预收账款	600 000	1 400 000

该企业20××年12月31日资产负债表相关项目的金额为：

①“应收账款”项目金额为：1 600 000 + 600 000 = 2 200 000（元）

②“预付账款”项目金额为：800 000 + 400 000 = 1 200 000（元）

③“应付账款”项目金额为：60 000 + 1 800 000 = 1 860 000（元）

④“预收账款”项目金额为：1 400 000 + 100 000 = 1 500 000（元）

本例中，应收账款项目，应当根据“应收账款”科目所属明细科目借方余额1600 000元和“预收账款”科目所属明细科目借方余额600 000元加总，作为资产负债表中“应收账款”的项目金额，即2 200 000元。

预付款项项目，应当根据“预付账款”科目所属明细科目借方余额800 000元和“应付账款”科目所属明细科目借方余额400 000元加总，作为资产负债表中“预付款项”的项目金额，即1 200 000元。

应付账款项目，应当根据“应付账款”科目所属明细科目贷方余额1 800 000元和“预付账款”科目所属明细科目贷方余额60 000元加总，作为资产负债表中“应付账款”的项目金额，即1 860 000元。

预收款项项目，应当根据“预收账款”科目所属明细科目贷方余额1 400 000元和“应收账款”科目所属明细科目贷方余额1 000 000元加总，作为资产负债表中“预收款项”的项目金额，即1 500 000元。

【例10-9】 A公司20××年12月1日购入原材料一批，价款150 000元，增值税25 500元，款项已付，材料已验收入库，当年根据实现的产品销售收入计算的增值税销项税额为50 000元。该月转让一项专利，需要交纳增值税50 000元尚未支付，没有其他未支付的税费。

该企业20××年12月，31日资产负债表中“应交税费”项目金颇为：

$$50\ 000-25\ 500+50\ 000=74\ 500\text{（元）}$$

本例中，只有未付增值税：由于本期应缴增值税为销项税额减进项税额，即24 500（50 000-25 500）元，加上未交纳的增值税50 000元，作为资产负债表中“应交税费”的项目金额，即74 500元。

3. 根据总账科目和明细账科目余额分析计算填列

如“长期借款”项目，需要根据“长期借款”总账科目余额扣除“长期借款”科目所属的明细科目中将在一年内到期、且企业不能自主地将清偿义务展期的长期借款后的金额计算填列。

4. 根据有关科目余额减去其备抵科目余额后的净额填列

如资产负债表中的“应收票据”“应收账款”“长期股权投资”“在建工程”等项目，应当根据“应收票据”“应收账款”“长期股权投资”“在建工程”等科目的期末余额减去“坏账准备”“长期股权投资减值准备”“在建工程减值准备”等科目余额后的净额填列。“固定资产”项目，应当根据“固定资产”科目的期末余额减去“累计折旧”“固定资产减值准备”备抵科目余额后的净额填列；“无形资产”项目，应当根据“无形资产”科目的期末余额，减去“累计摊销”“无形资产减值准备”备抵科目余额后的净额填列

5. 综合运用上述填列方法分析填列

如资产负债表的“存货”项目，需要根据“原材料”“委托加工物资”“周转材料”“材料采购”“在途物资”“发出商品”“材料成本差异”等总账科目期末余额的分析汇总数，再减去“存货跌价准备”科目余额后的净额填列。

10.3 利 润 表

10.3.1 利润表的意义

利润表是指反映企业在一定会计期间的经营成果的报表。

通过提供利润表，可以反映企业在一定会计期间收入、费用、利润（或亏损）的数额、构成情况，帮助财务报表使用者全面了解企业的经营成果，分析企业的获利能力及盈利增长趋势，从而为其作出经济决策提供依据。

10.3.2　利润表的基本结构

我国企业的利润表采用多步式格式，多步式利润表是按照利润的性质，分层次计算利润的利润表。多步式利润表是以“利润总额 = 营业利润 + 营业外收入 - 营业外支出”这一公式为理论基础，将企业利润的构成内容分别列示，反映出企业利润的形成过程。多步式利润表的基本结构见表 10-4。

表 10-4

利润表

会企 02 表

编制单位：　　　　　　××××年×月　　　　　　单位：元

项　　目	本期金额	上期金额
一、营业收入		
减：营业成本		
营业税金及附加		
销售费用		
管理费用		
财务费用		
资产减值损失		
加：公允价值变动收益（损失以“—”号填列）		
投资收益（损失以“—”号填列）		
其中：对联营企业和合营企业的投资收益		
二、营业利润（亏损以“—”号填列）		
加：营业外收入		
减：营业外支出		
其中：非流动资产处置损失		
三、利润总额（亏损总额以“—”号填列）		
减：所得税费用		
四、净利润（净亏损以“—”号填列）		
五、每股收益		
（一）基本每股收益		
（二）稀释每股收益		

10.3.3　利润表的编制

1. 我国企业利润表的主要编制步骤

第一步，以营业收入为基础，减去营业成本、营业税金及附加、销售费用、管理费用、财务费用、资产减值损失，加上公允价值变动收益（减去公允价值变动损失）和投资收益（减去投资损失），计算出营业利润。

第二步，以营业利润为基础，加上营业外收入，减去营业外支出，计算出利润总额。

第三步，以利润总额为基础，减去所得税费用，计算出净利润（或亏损）。

普通股或潜在普通股已公开交易的企业，以及正处于公开发行普通股或潜在普通股过程中的企业，还应当在利润表中列示每股收益信息。

2. 利润表项目的填列方法

利润表各项目均需填列“本期金额”和“上期金额”两栏。其中“上期金额”栏内各项数字，应根据上年该期利润表的“本期金额”栏内所列数字填列。上年度利润表与本年度利润表的项目名称和内容不一致的，应对上年度利润表项目的名称和数字按本年度的规定进行调整后填列“上期金额”。“本期金额”栏内各项数字，除“基本每股收益”和“稀释每股收益”项目外，应当按照相关科目的发生额分别填列。如“营业收入”项目，根据“主营业务收入”“其他业务收入”科目的发生额分析计算填列；“营业成本”项目，根据“主营业务成本”“其他业务成本”科目的发生额分析计算填列。其他项目均按照各该科目的发生额分析填列。

【知识链接】

年终结账时，由于全年的收入和支出已全部转入“本年利润”科目，并且通过收支对比结出本年净利润的数额。因此，应将年度利润表中的“净利润”数字，与“本年利润”科目结转到“利润分配——未分配利润”科目的数字相核对，检查账簿记录和报表编制的正确性。

3. 利润表项目的填列说明

（1）“营业收入”项目

反映企业经营主要业务和其他业务所确认的收入总额。本项目应根据“主营业务收入”和“其他业务收入”科目的发生额分别填列。

（2）“营业成本”项目

反映企业经营主要业务和其他业务所发生的成本总额。本项目应根据“主营业务成本”和“其他业务成本”科目的发生额分别填列。

（3）“营业税金及附加”项目

反映企业经营业务应负担的消费税、城市维护建设税、资源税、土地增值税和教育费附加等。本项目应根据“营业税金及附加”科目的发生额分别填列。

（4）“销售费用”项目

反映企业在销售商品过程中发生的包装费、广告费等费用和为销售本企业商品而专设的销售机构的职工薪酬、业务费等经营费用。本项目应根据“销售费用”科目的发生额分别填列。

（5）“管理费用”项目

反映企业为组织和管理生产经营发生的管理费用。本项目应根据“管理费用”的发生额，分别填列。

（6）“财务费用”项目

反映企业筹集生产经营所需资金等而发生的筹资费用。本项目应根据“财务费用”科目的发生额分别填列。

（7）“资产减值损失”项目

反映企业各项资产发生的减值损失。本项目应根据“资产减值损失”科目的发生额分别填列。

（8）“公允价值变动收益”项目

反映企业应当计入当期损益的资产或负债公允价值变动收益。本项目应根据“公允价值变动损益”科目的发生额分别填列，如为净损失，本项目以“—”号填列。

（9）“投资收益”项目

反映企业以各种方式对外投资所取得的收益。本项目应根据“投资收益”科目的发生额分别填列。如为投资损失，本项目以“—”号填列

（10）“营业利润”项目

反映企业实现的营业利润。本项目根据“营业收入”减去“营业成本”“营业税金及附加”“销售费用”“管理费用”“财务费用”“资产减值损失”项目，加上“公允价值变动收益”（如为损失减去），再加上“投资收益”项目（如为损失减去）填列。如为亏损，本项目以“—”号填列。

（11）“营业外收入”项目

反映企业发生的与经营业务无直接关系的各项收入。本项目应根据“营业外收入”科目的发生额分别填列。

（12）“营业外支出”项目

反映企业发生的与经营业务无直接关系的各项支出。本项目应根据“营业外支出”科目的发生额分别填列。

（13）“利润总额”项目

反映企业实现的利润。本项目根据“营业利润”项目、加上“营业外收入”项目减去“营业外支出”项目后的余额填列。如为亏损，本项目以“—”号填列。

（14）“所得税费用”项目

反映企业应从当期利润总额中扣除的所得税费用。本项目应根据“所得税费用”科目的发生额分别填列。

（15）“净利润”项目

反映企业实现的净利润。本项目根据“利润总额”项目减去“所得税费用”项目的差额填列。如为亏损，本项目以“—”号填列。

【例 10-10】某公司 20××年度有关收入、费用类账户全年累计发生额见表 10-5。

表 10-5

收入、费用类账户全年累计发生额

单位：元

账户名称	借方发生额	贷方发生额
主营业务收入		280 000
主营业务成本	100 000	
营业税金及附加	20 000	
其他业务收入		31 000
其他业务成本	15 000	

续表

账户名称	借方发生额	贷方发生额
销售费用	16 000	
管理费用	8 000	
财务费用	4 200	
投资收益		6 000
营业外收入		1 000
营业外支出	800	
所得税费用	50 820	

要求：根据所给资料编制该公司2017年度利润表（见表10-6）（假设该公司无纳税调整项目）。

表 10-6

利　润　表

编制单位：　　　　　　　　2017年12月　　　　　　　　单位：元

项　　目	本期金额	上期金额
一、营业收入	311 000	
减；营业成本	115 000	
营业税金及附加	20 000	
销售费用	16 000	
管理费用	8 000	
财务费用	4 200	
资产减值损失		
加；公允价值变动收益（损失以"—"号填列）		
投资收益（损失以"—"号填列）	6 000	
其中：对联营企业的投资收益		
二、营业利润（亏损以"—"号填列）	153 800	
加：营业外收入	1 000	
减：营业外支出	800	
其中：非流动资产处置损失		
三、利润总额（亏损以"—"号填列）	154 000	
减；所得税费用	50 820	
四、净利润（净亏损以"—"号填列）	103 180	
五、每股收益：		
（一）基本每股收益		
（二）稀释每股收益		

10.4　现金流量表

10.4.1　现金流量表概述

1. 现金流量表的概念

现金流量表是反映企业在一定会计期间现金和现金等价物流入和流出的报表。

现金流量是指一定会计期间内企业现金和现金等价物的流入和流出。企业从银行提取现金、用现金购买短期到期的国库券等现金和现金等价物之间的转换不属于现金流量。

现金是指企业库存现金以及可以随时用于支付的存款，包括库存现金、银行存款和其他货币资金（如外埠存款、银行汇票存款、银行本票存款等）等。不能随时用于支付的存款不属于现金。

现金等价物，是指企业持有的期限短、流动性强、易于转换为已知金额现金、价值变动风险很小的投资。期限短，一般是指从购买日起三个月内到期。现金等价物通常包括三个月内到期的债券投资等。权益性投资变现的金额通常不确定，因而不属于现金等价物。企业应当根据具体情况，确定现金等价物的范围，一经确定，不得随意变更。

2. 现金流量表的意义

通过现金流量表，可以为报表使用者提供企业一定会计期间内现金和现金等价物流入和流出的信息，便于使用者了解和评价企业获取现金和现金等价物的能力，据以预测企业未来现金流量。

3. 现金流量的分类

企业产生的现金流量分为三类：

（1）经营活动产生的现金流量

经营活动是指企业投资活动和筹资活动以外的所有交易和事项。经营活动产生的现金流量主要包括销售商品或提供劳务、购买商品、接受劳务、支付工资和交纳税款等流入和流出的现金和现金等价物。

（2）投资活动产生的现金流量

投资活动是指企业长期资产的购建和不包括在现金等价物范围内的投资及其处置活动。投资活动产生的现金流量主要包括购建固定资产、处置子公司及其他营业单位等流入和流出的现金和现金等价物。

（3）筹资活动产生的现金流量

筹资活动是指导致企业资本及债务规模和构成发生变化的活动。筹资活动产生的现金流量主要包括吸收投资、发行股票、分配利润、发行债券、偿还债务等流入和流出的现金和现金等价物。偿付应付账款、应付票据等商业应付款属于经营活动，不属于筹资活动。

10.4.2 现金流量表的基本结构

我国企业现金流量表采用报告式结构，分类反映经营活动产生的现金流量、投资活动产生的现金流量和筹资活动产生的现金流量，最后汇总反映企业某一期间现金及现金等价物的净增加额。

我国企业现金流量表的格式见表10-7。

表 10-7

现金流量表

会企 03 表

编制单位： 20××年×月 单位：元

项 目	本期金额	上期金额
一、经营活动产生的现金流量：		
销售商品、提供劳务收到的现金		
收到的税费返还		
收到其他与经营活动有关的现金		
经营活动现金流入小计		
购买商品、接受劳务支付的现金		
支付给职工以及为职工支付的现金		
支付的各项税费		
支付其他与经营活动有关的现金		
经营活动现金流出小计		
经营活动产生的现金流量净额		
二、投资活动产生的现金流量：		
收回投资收到的现金		
取得投资收益收到的现金		
处置固定资产、无形资产和其他长期资产收回的现金净额		
处置子公司及其他营业单位收到的现金净额		
收到其他与投资活动有关的现金		
投资活动现金流入小计		
购建固定资产、无形资产和其他长期资产支付的现金		
投资支付的现金		
取得子公司及其他营业单位支付的现金净额		
支付其他与投资活动有关的现金		
投资活动现金流出小计		
投资活动产生的现金流量净额		
三、筹资活动产生的现金流量：		

续表

项　　目	本期金额	上期金额
吸收投资收到的现金		
取得借款收到的现金		
收到其他与筹资活动有关的现金		
筹资活动现金流入小计		
偿还债务支付的现金		
分配股利、利润或偿付利息支付的现金		
支付其他与筹资活动有关的现金		
筹资活动现金流出小计		
筹资活动产生的现金流量净额		
四、汇率变动对现金及现金等价物的影响		
五、现金及现金等价物净增加额		
六、期末现金及现金等价物余额		

10.4.3　现金流量表的编制

企业应当采用直接法列示经营活动产生的现金流量。直接法，是指通过现金收入和现金支出的主要类别列式经营活动的现金流量。采用直接法编制经营活动的现金流量时，一般以利润表的营业收入为起算点，调整与经营活动有关的项目的增减变动，然后计算出经营活动的现金流量。采用直接法具体编制现金流量表时，可以采用工作底稿法或 T 型账户法，也可以根据有关科目记录分析填列。

10.5　财务会计报告的报送、审批和汇总

10.5.1　财务会计报告的报送

企业单位编制的财务会计报告，应按《企业会计准则》的要求经单位财务主管人员审核无误后，及时向有关部门陈报。

为了确保财务会计报告的公正与真实，企业应该建立财务会计报告的**鉴证制度**。由于财务会计报告的编制者与使用者之间客观上存在着利害冲突，例如企业在向银行申请贷款时，有可能向银行填写过分夸大其偿债能力的虚假财务会计报告，以便能够从银行获得贷款。再如，企业向税务机关填送的财务会计报告，有可能为了减少税赋，达到偷漏税的目的，而向税务机关提供隐瞒收入与所得的虚假财务会计报告。所以，为了使企业的财务会计报告能够确切地反映真实的财务状况和经营成果，得到财务报表使用者的充分信任，并能够利用这些会计信息作出正确的决策，要求企业的财务会计报告必须真实与可靠，否则，由于财务会计报告的不真实，或者由于财务会计报告中存在着隐瞒和欺骗的行为，对财务会计报告的使用

者就会产生不利影响。为了防止这些弊端的发生，世界各国都在有关法规中规定了注册会计师的财务会计报告鉴证制度，而且在法规中一般都规定了对外公布的财务会计报告必须经注册会计师查核与鉴证，经鉴证后的财务会计报告才能对外公布。我国的《企业会计准则》也规定了注册会计师鉴证制度，中国注册会计师在接受公司委托之后，进行查核鉴证，经查核之后，应提出受托企业的查账报告书，在查账报告书中就其查核后的财务会计报告提出是否可以信赖的查核意见，然后再对企业的财务会计报告予以鉴证。

企业应定期向当地财税机关、开户银行、企业的主管部门提供财务会计报告。国有企业的年度财务会计报告应同时报送同级国有资产管理部门。公开发行股票的股份有限公司还应当向债券交易机构和证券监督管理会等部门提供财务会计报告。

为使企业出具的财务会计报告具有严肃性，企业向外部各有关部门提供的财务会计报告应依次编定页数，加具封面，装订成册，加盖公章。在财务会计报告的封面上应注明：企业名称、地址、开业年份、报表所属年度、月份、报送日期等，并由企业领导、总会计师（或代行总会计师职权的人员）和会计主管人员签名或盖章。

10.5.2 财务会计报告的审批

企业的主管部门、财税部门和银行等部门在收到单位提供的财务会计报告后，应根据国家的法令、法规及会计准则的要求进行认真地审核并提出批复意见。

审查企业所出具的财务会计报告与国家现行会计制度的规定要求是否相符。如财务会计报告的种类是否齐全；企业发生会计事项是否按规定填报，报表中各项目的数字计算是否准确，特别应注意各种会计报表之间的勾稽关系是否合理、正确；企业领导、总会计师和会计主管人员等有关人员是否签名或盖章。

审查财务会计报告反映的企业生产经营活动内容是否合理。如审查企业财务计划完成情况；分析评价企业营运资金来源和运用情况。

财税部门、银行等也应审查企业的财务会计报告，分析企业是否遵守国家的财经法规的规定；税金计算是否准确，是否已足额入库；分析检查企业是否遵守国家信贷制度的规定；监督企业合理运用资金，使企业的资产发挥最大的经济效益。

企业主管部门在对企业财务会计报告的审查过程中，发现问题应及时通知原编报单位进行改正。各基层企业对上级管理部门的批复，必须认真执行，并在账务处理上根据主管部门的批复意见进行调整。

10.5.3 财务会计报告的汇总

按《企业财务通则》的要求，企业单位编制的各种财务会计报告，应当定期向有关的政府部门、投资者、债权人以及其他财务会计报告使用者陈报。各级主管部门对于所属单位上报的财务会计报告应当逐级汇总，编报汇总会计报表。

我国统一会计制度的实施，使得企业的财务会计报告内容和结构及核算指标趋于一致，所以也就有可能在整个地区、部门范围内对会计报表进行汇总。同时《企业财务通则》中规定了总结、评价企业财务状况和经营成果的财务指标，这也为主管部门根据汇总后的会计报表资料考核所属企业各项财务指标奠定了基础。按照企业的归属关系层层汇总的会计报表，可以反映各级企业主管部门所属范围内财务计划的执行情况，进而满足国家进行综合平衡的需要。

课后习题

一、单项选择题

1. 编制资产负债表的理论依据是（　　）。

A. 复式记账　B. 记账规则　C. 会计等式　D. 试算平衡

2. 我国企业资产负债表的格式为（　　）。

A. 账户式　B. 单步式　C. 报告式　D. 多步式

3. 资产负债表中，排列资产项目顺序的依据是（　　）。

A. 项目的重要性　B. 项目的流动性

C. 项目的时间性　D. 项目的货币性

4. 会计报表编制的依据是（　　）。

A. 原始凭证　B. 记账凭证　C. 账簿记录　D. 汇总记账凭证

5. 以下项目中，属于资产负债表中流动负债项目的是（　　）。

A. 长期借款　B. 长期应付款　C. 应付股利　D. 应付债券

6. “预付账款”科目明细账中若有贷方余额，应将其计入资产负债表中的（　　）。

A. 应收账款　B. 预收款项　C. 应付账款　D. 其他应付款

二、多项选择题

1. 资产负债表中的“存货”项目，包括以下（　　）项目。

A. 原材料　B. 生产成本　C. 库存商品　D. 周转材料

2.（　　）属于企业资产负债表的项目内容。

A. 应交税费　B. 未分配利润　C. 所得税费用　D. 存货

3. 利润表中的“营业收入”包括（　　）。

A. 主营业务收入　B. 营业外收入

C. 其他业务收入　D. 投资收益

4. 按现行会计制度规定，企业对外报送的会计报表有（　　）。

A. 资产负债表　B. 利润表　C. 成本报表　D. 现金流量表

5. 下列属于资产负债表中“货币资金”项目内容的有（　　）。

A. 备用金　B. 现金　C. 银行存款　D. 其他货币资金

6. 下列属于会计报表的编制要求的有（　　）。

A. 数字真实　B. 编报及时　C. 内容完整　D. 计算准确

7. 下列各项，影响企业营业利润的项目有（　　）。

A. 销售费用　B. 管理费用　C. 投资收益　D. 所得税费用

8. 下列各项，应在资产负债表“应付账款”项目中反映的有（　　）。

A. “应付账款”明细科目的借方余额

B. “应付账款”明细科目的贷方余额

C. “预付账款”明细科目的贷方余额

D. "应收账款"明细科目的贷方余额

9. 下列项目中，属于流动负债的有（　　）。

A. 应付职工薪酬　　B. 预收款项

C. 一年内到期的非流动负债　　D. 预付款项

实 训 题

实训一

甲公司 20××年 12 月 31 日结账后有关科目余额如下表所示。

单位：元

科目名称	借方余额	贷方余额
应收账款	300	20
预收账款	50	200
应付账款	10	200
预付账款	180	30

要求：根据上述资料，计算资产负债表中下列项目的金额：

1. 应收账款项目金额 =
2. 应付账款项目金额 =
3. 预付款项目金额 =
4. 预收款项目金额 =

实训二

甲公司截至 20××年 12 月 31 日有关科目发生额如下表所示。

单位：万元

科目名称	借方发生额	贷方发生额
主营业务收入		3 000
主营业务成本	1 600	
其他业务收入		200
其他业务成本	150	
营业税金及附加	100	
销售费用	50	
管理费用	180	
财务费用	20	
投资收益		100
营业外收入		90
营业外支出	40	
所得税费用	300	

要求：根据上述资料，编制甲公司 20××年度利润表。

实训三

练习利润表编制。

1. 收到投资人投入的资本金 20 000 元，存入银行。

2. 用银行存款缴纳所得税 38 000 元，增值税 31 800 元。

3. 职工李刚出差，借差旅费 1 100 元，以现金支付。

4. 向银行借入三个月期限借款 80 000 元。

5. 用银行存款购入机器一台，价值 46 000 元，运费 1 000 元，保险费 500 元，运达企业交付使用。

6. 购入甲材料 1 800 kg，单价 22 元，乙材料 2200 kg，单价 25 元，增值税按买价 17% 计算，用银行存款支付买价及税金，材料未到。

7. 收到上项材料，用存款支付 1 600 元运费及 200 元的搬卸费，验收入库。（运费及搬卸费按材料重量比例分摊，下同。）

8. 预付给星光工厂 6 000 元货款，用银行存款支付。

9. 用银行存款偿还前欠光明工厂的货款 27 000 元。

10. 领用甲材料 35 000 元用于生产 A 产品，乙材料 40 000 元用于生产 B 产品。

11. 用存款购入需要安装的机器一台，买价 80 000 元，增值税按买价 17% 计算，运达企业进行安装。

12. 销售 C 产品 1 000 件，每件售价 120 元，增值税按售价 17% 计算，款项收到存入银行。

13. 企业收到对方单位违约赔偿的款项 13 800 元，经批准转为营业外收入。

14. 用现金支付罚款支出 80 元。

15. 从银行提取现金 3 600 元。

16. 用现金 2 600 元发放职工福利费。

17. 收回应收大华工厂的货款 8 600 元，存入银行。

18. 领用材料：生产 A 产品耗用 27 000 元甲材料和 12000 元乙材料；生产 B 产品耗用甲材料 32 000 元，乙材料 18 000 元；基本生产车间机物料耗用甲材料 5 000 元；安装机器耗用乙材料 800 元。

19. 从银行提现金 96 000 元，准备发放工资。

20. 用现金 961 300 元发放工资。

21. 购入甲材料 2 000 kg，单价 21. 50 元，乙材料 3 000 kg，单价 26 元，运费 2 000 元，增值税按买价 17% 计算，搬卸费 300 元，材料运达企业，验收入库，款项暂欠东方工厂。

22. 用银行存款支付广告费 2 600 元。

23. 用银行存款支付水电费：车间一般耗用 1 800 元，管理部门耗用 700 元。

24. 李刚出差归来，报销差旅费 1 050 元，冲销原借款，余额以现金退回。

25. 用银行存款支付机器安装费 500 元，机器安装完毕，交付使用。

26. 用银行存款偿还短期借款 20 000 元。

27. 销售给远东公司 C 产品 5 000 件，单位售价 120 元，D 产品 3 000 件，单位售价 100 元，增值税以售价的 17% 计算，款项尚未收到。

28. 用银行存款支付销售运费800元。

29. 收到投资人投入的旧机器一台，对方提供机器原值60 000元，累计折旧2 700元，经投资各方确认作价62 000元。

30. 用现金支付办公费：车间120元，管理部门200元。

31. 月末分配工资：A产品生产工人工资35 000元，B产品生产工人工资25 000元，车间管理人员、技术人员工资12 000元，行政管理人员工资15 000元，销售人员工资9 000元。

32. 提取本月的折旧费，车间负担11 800元，行政管理部门负担5 900元。

33. 按照C产品销售收入的5%计算应交消费税。

34. 结转已销C、D产品的销售成本，C产品的单位成本78元，D产品单位成本70元。

35. 结转本月购入材料的采购成本。

36. 归集本月发生的制造费用，按照A、B产品生产工时比例分配结转，A产品生产工时22 000 h，B产品生产工时为18 000 h。

37. 本月A、B产品全部完工，产品分别为1 000件和2 000件，结转完工产品成本。

38. 归集本月各损益账户的发生额，计算本月实现利润总额，并按利润总额的25%计算应交所得税。

39. 结转各损益账户发生额到“本年利润”账户。

要求：(1) 根据以上业务编制会计分录。

(2) 编制利润表。

第11章 会计核算形式

导论

本章主要介绍会计核算的各种形式。通过本章的学习，能够较熟练地区分各种核算形式的不同，理解各种核算形式的优缺点；重点掌握记账凭证核算形式及科目汇总表核算形式。了解汇总记账凭证核算形式、多栏式日记账核算形式、日记总账核算形式的登记方法和优缺点。

导入案例

小董是一名会计专业的学生，他刚学完会计核算组织程序的内容，基本掌握了记账凭证核算组织程序、科目汇总表核算组织程序和汇总记账凭证核算组织程序的内容，但将几种核算组织程序进行对比后，小董觉得第一种程序最容易操作。在这种程序下，是依据填制好的记账凭证直接进行汇总，之后根据汇总的数字登记有关总账账户，而编制科目汇总表及汇总记账凭证则比较烦琐，处理起来会增加不少的工作量。于是，小董便产生了这样的想法：第一种会计核算组织程序既简便又适用，如果他毕业后从事会计工作的话，一定要选用记账凭证核算组织程序。试问你认为小董的想法有道理吗？你认为一个企业应当怎样选择恰当的会计核算组织程序？

11.1 会计核算形式概述

11.1.1 会计核算形式的含义

会计核算形式亦称账务处理程序，是指把会计凭证组织、账簿组织、记账形式和记账方法有机结合起来的方式。这里的“会计凭证组织、账簿组织”是指会计凭证和会计账簿的种类、格式以及各种会计凭证之间、各种会计账簿之间的相互联系，“记账形式和记账方法”是指从会计凭证的整理、传递到会计账簿的登记、汇总及编制会计报表的顺序和方法。由于各个单位的业务性质、规模大小、业务繁简程度各不相同，因此它们所设计和选用的凭证组织、账簿组织以及处理程序方式就各具特色。从而形成了三者的不同组合形式，即不同的会计核算形式。为了科学地组织会计核算工作，每个单位都应为自己设计一种会计核算形式，或者在现有的会计核算形式中，根据本单位的特点，选择一种适用的会计核算形式。账务处理程序的基本流程如图11-1所示。

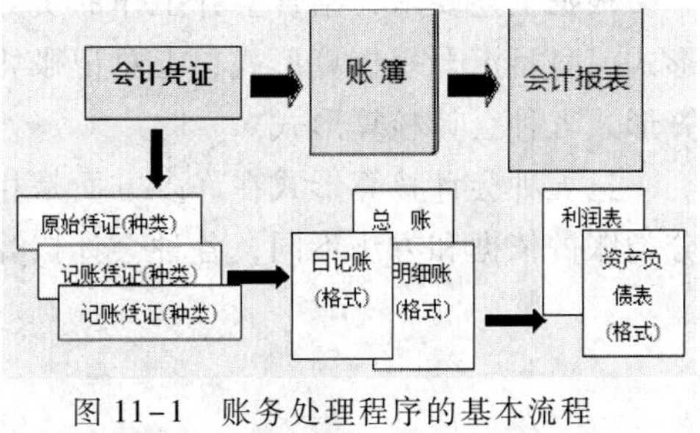

图11-1 账务处理程序的基本流程

11.1.2 会计核算形式的意义和作用

建立会计核算形式，对科学组织会计核算工作具有重要的意义。

可以保证会计数据在整个业务处理过程的各个环节有条不紊地进行，保证会计资料记录正确、及时，并迅速编制会计报表。

可以减少多余的核算手续环节，避免重复浪费，节约人力、物力、财力，提高工作效率；可以保证财务信息准确、迅速形成，及时提供给企业的经营决策者，以指导和控制企业的生产经营活动，提高工作质量。

使单位内外有关部门能按照会计核算形式的步骤，审查每项经济业务的来龙去脉，从而便于对单位实行监督和管理。

11.1.3 设计和选择会计核算形式应遵循的要求

由于各行各业经营特点不同，业务性质和规模大小也不同，因而，管理要求也各不相同，会计核算形式也有所差异。因此，选择会计核算形式一般要符合以下要求。

1. 满足经营管理的需要

会计为了正确核算和监督经济活动，首先必须如实地提供经济管理所需要的数据资料。因此，一种科学适用的会计核算形式，必须能够正确、全面、及时地提供经济管理所需要的有关经济活动、财务收支等情况的指标，为不断改善经营管理、提高劳动效率和提高经济效益服务。

2. 适应本单位的实际情况

各单位的生产经营和业务工作都有自己的特点，规模大小、业务繁简不同，会计机构设置、人员配备和内部分工等也有差异。这就要求根据本单位生产经营活动和业务活动的特点、企业规模大小和业务繁简程度、会计工作分工和会计人员素质等实际情况，确定本单位最适宜的会计核算形式。

3. 在保证会计核算质量的前提下力求简化

会计核算工作中，有大量的记录、计算工作。从凭证到报表，环环紧扣、组织严密才能保证质量。但也应尽量简化凭证组织、账簿组织，应科学合理地去除不必要的计算和重复，从而节约账务处理费用，提高会计工作的效率。

11.1.4 会计核算形式的种类

根据上述要求，结合会计工作的实际情况，目前我国各企业单位一般采用记账凭证核算形式、科目汇总表核算形式、汇总记账凭证核算形式、多栏式日记账核算形式、日记总账核算形式五种会计核算形式。

这五种会计核算形式在许多方面是相同的，但也各有特点。它们的主要区别在于登记总分类账的依据和方法不同，各种会计核算形式的名称也正是以这一区别命名。

11.2　记账凭证核算形式

11.2.1　记账凭证核算的特点

记账凭证核算形式的特点是：对一切经济业务都根据原始凭证或原始凭证汇总表编制记账凭证，并直接根据记账凭证逐笔登记总账的一种会计核算形式。这种核算形式是会计核算中最基本的核算形式，其他几种核算形式都是以它为基础根据经济管理的需要发展而成的。在记账凭证核算形式下，记账凭证可以采用通用记账凭证，也可采用收款凭证、付款凭证和转账凭证等专用记账凭证格式。在记账凭证核算形式下，需要设置库存现金日记账、银行存款日记账、总分类账和明细分类账。库存现金日记账、银行存款日记账、总分类账一般均采用三栏式账页，明细分类账则可以根据管理的需要分别采用三栏、数量金额式和多栏式账页。

11.2.2　记账凭证核算形式的账务处理程序

① 根据原始凭证或原始凭证汇总表编制记账凭证（采用记账凭证核算形式，应尽量将同类原始凭证进行汇总，编制原始凭证汇总表，以便减少记账凭证数量，减轻登记总账的工作量）。

② 根据收款凭证和付款凭证登记库存现金日记账和银行存款日记账。

③ 根据原始凭证、汇总原始凭证、记账凭证登记各种明细账。

④ 根据所有记账凭证逐笔登记总分类账。

⑤ 期末，将库存现金日记账、银行存款日记账的余额及各种明细分类账的余额合计数分别与总分类账中的有关账户的余额核对相符。

⑥ 期末，根据核对无误的总分类账和明细分类账的记录编制会计报表。

记账凭证核算形式的账务处理程序如图 11-2 所示。

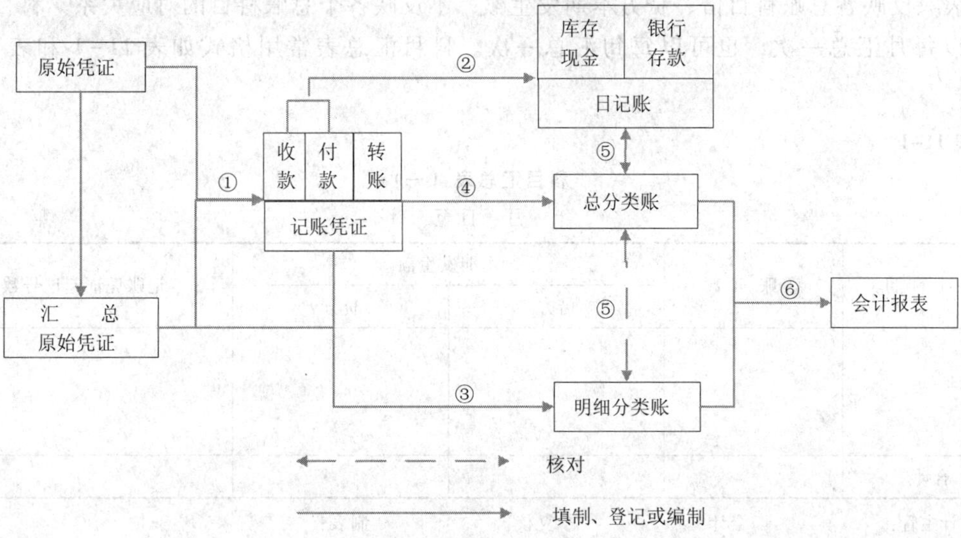

图 11-2　记账凭证核算形式的账务处理程序

11.2.3 记账凭证核算形式的优缺点及适用范围

记账凭证核算形式的优点是：账务处理程序简单明了，易于理解，而且直接根据记账凭证登记总账，操作环节少，也便于查账。不足之处是：根据记账凭证逐笔登记总分类账的工作量比较大。因此，这种核算形式一般只适用于规模小、经济业务简单、业务量少和会计凭证不多的单位。

11.3 科目汇总表核算形式

11.3.1 科目汇总表核算形式的特点

科目汇总表核算形式的特点是：先根据记账凭证定期编制科目汇总表，然后再根据科目汇总表登记总分类账。编制科目汇总表，并根据科目汇总表登记总账是这种核算形式区别于其他核算形式的主要特征。在科目汇总表核算形式下，记账凭证可以采用通用记账凭证格式，也可采用收款凭证、付款凭证和转账凭证等专用记账凭证格式。所设账簿与记账凭证核算形式类似。

11.3.2 科目汇总表的编制方法

在一些大、中型企业和单位，记账凭证很多，如果根据记账凭证逐笔登记总账，过账工作量很大。因此，有必要将记账凭证加以汇总，然后过账，以简化手续。科目汇总表的编制方法是：定期将一定时期内的全部记账凭证，按照相同会计科目归类，汇总出每一个总账科目的借方发生额合计数和贷方发生额合计数，填写在科目汇总表的相关栏内，用以反映全部总账科目的借方本期发生额合计数和贷方本期发生额合计数。

在实际工作中，科目汇总表可以根据需要设计、采用不同的格式，但是所有格式的科目汇总表只反映各总账科目借、贷方本期发生额，不反映各个总账科目的对应关系。科目汇总表可以每月汇总一次，也可以每旬汇总一次。科目汇总表常用格式如表 11-1 和表 11-2 所示。

表 11-1

科目汇总表（一）

年　月　日至　日　　　　　　　　　　第　号

会计科目	总账页数	本期发生额		记账凭证起讫号数
		借方	贷方	
合计				

会计主管：　　　　会计：　　　　复核：　　　　制表：

表 11-2

科目汇总表（二）

年　　月　　　　　　　　　　　　　　第　号

会计科目	总账页数	记账凭证起讫号数	1～10 日		11～20 日		21～30 日	
			借方	贷方	借方	贷方	借方	贷方
合计								

会计主管：　　　　会计：　　　　复核：　　　　制表：

由于借贷记账法的记账规则是“有借必须贷，借贷必要等”，所以，编制的科目汇总表内的全部借方发生额合计数一定与全部贷方发生额合计数相等。

11.3.3　科目汇总表核算形式的账务处理程序

科目汇总表核算形式的账务处理程序如下：

① 根据原始凭证或汇总原始凭证编制记账凭证。

② 根据收款凭证和付款凭证，逐笔登记库存现金日记账和银行存款日记账。

③ 根据原始凭证、汇总原始凭证、记账凭证登记各种明细账。

④ 根据记账凭证定期编制科目汇总表。

⑤ 根据科目汇总表登记总分类账。

⑥ 期末，将库存现金日记账、银行存款日记账的余额和各种明细分类账的余额合计数与总分类账中有关账户的余额核对相符。

⑦ 期末，根据总分类账和有关明细分类账的记录编制会计报表。

科目汇总表核算形式的账务处理程序如图 11-3 所示。

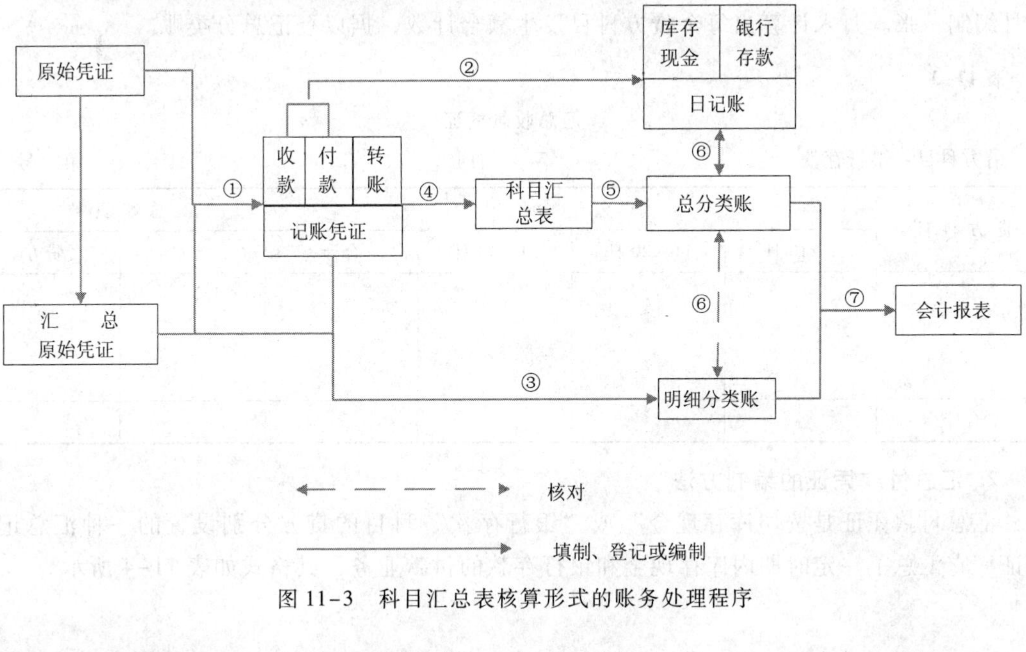

图 11-3　科目汇总表核算形式的账务处理程序

11.3.4 科目汇总表核算形式的优缺点及适用范围

科目汇总表核算形式的优点主要表现在两个方面：一是通过编制科目汇总表可以起到试算平衡的作用，可及时发现和纠正会计账簿记录的错误，以保证记账工作质量；二是根据科目汇总表登记总分类账，可以减轻登记总账的工作量。这种核算形式不足之处是：不能反映各账户之间的对应关系，也不便查账和了解经济业务内容。这种核算形式适用于规模较大、业务量较多的大中型企业。

11.4 汇总记账凭证核算形式

11.4.1 汇总记账凭证核算形式的特点

汇总记账凭证核算形式的特点是：定期将所有记账凭证按照收款凭证、付款凭证和转账凭证分别归类编制成汇总记账凭证，然后再根据汇总记账凭证登记总分类账。在汇总记账凭证核算形式下，除设置收款凭证、付款凭证以外，还应设置汇总收款凭证、汇总付款凭证和汇总转账凭证，作为登记总分类账的依据。所设账簿与记账凭证核算形式类似。

11.4.2 汇总记账凭证的编制方法

1. 汇总收款凭证的编制方法

汇总收款凭证是按“库存现金”或“银行存款”科目的借方分别设置的一种汇总记账凭证，它汇总了一定时期内库存现金和银行存款的收款业务，其格式如表 11-3 所示。

汇总收款凭证的编制方法是将需要进行汇总的收款凭证按其对应的贷方科目进行归类，计算出每一个贷方科目发生额合计数，填入汇总收款凭证中，一般可 5 天或 10 天汇总一次，每月编制一张。月末计算出每个贷方科目发生额合计数，据以登记总分类账。

表 11-3

汇总收款凭证

借方科目：银行存款　　　　年　　月　　　　第　号

贷方科目	金额				总账页数	
	1~10 日	11~20 日	21~30 日	合计	借方	贷方
合计						

2. 汇总付款凭证的编制方法

汇总付款凭证是按“库存现金”或“银行存款”科目的贷方分别设置的一种汇总记账凭证，它汇总了一定时期内库存现金和银行存款的付款业务，其格式如表 11-4 所示。

汇总付款凭证的编制方法是将需要进行汇总的付款凭证按其对应的借方科目进行归类，计算出第一个借方科目发生额合计数，填入汇总付款凭证中，一般可 5 天或 10 天汇总一次，每月编制一张。月末计算出每个借方科目发生额合计数，据以登记总分类账。

表 11-4

汇总付款凭证

贷方科目：库存现金　　　　　　　　年　　月　　　　　　　　　　　　　第　号

借方科目	金额				总账页数	
	1~10 日	11~20 日	21~30 日	合计	借方	贷方
合计						

3. 汇总转账凭证的编制方法

汇总转账凭证是按每一贷方科目分别设置的，用来汇总一定时期内转账业务的一种汇总记账凭证，其格式如表 11-5 所示。

汇总转账凭证的编制方法是将需要进行汇总的转账凭证按其对应的借方科目进行归类，计算出每一个借方科目发生额合计数，填入汇总转账凭证中，一般可 5 天或 10 天汇总一次，每月编制一张。月末计算出每个借方科目发生额合计数，据以登记总分类账。

由于汇总转账凭证上的科目对应关系是一个贷方科目与一个或几个借方科目相对应的，因此，在这种核算形式下，为了便于填制汇总转账凭证，平时要求所有转账凭证也要按一个贷方科目与一个或几个借方科目相对应来编制，而不应编制一个借方科目与几个贷方科目相对应的转账凭证。

表 11-5

汇总转账凭证

贷方科目：　　　　　　　　　　　　年　　月　　　　　　　　　　　　　第　号

借方科目	金额				总账页数	
	1~10 日	11~20 日	21~30 日	合计	借方	贷方
合计						

11.4.3　汇总记账凭证核算形式的账务处理程序

汇总记账凭证核算形式的账务处理程序如下：

① 根据原始凭证或汇总原始凭证编制记账凭证。

② 根据收款凭证、付款凭证逐笔登记库存现金日记账和银行存款日记账。

③ 根据原始凭证、汇总原始凭证、记账凭证登记各种明细分类账。

④ 根据一定时期内的收款凭证、付款凭证和转账凭证分别汇总编制汇总收款凭证、汇总付款凭证、汇总转账凭证。

⑤ 根据定期编制的汇总收款凭证、汇总付款凭证、汇总转账凭证登记总分类账。

⑥ 期末，将库存现金日记账、银行存款日记账的余额，以及各种明细分类账的余额合计数分别与总分类账中的有关账户的余额核对相符。

⑦ 期末，根据核对无误的总分类账和各种明细分类账的记录编制会计报表。

汇总记账凭核算形式的账务处理程序如图 11-4 所示。

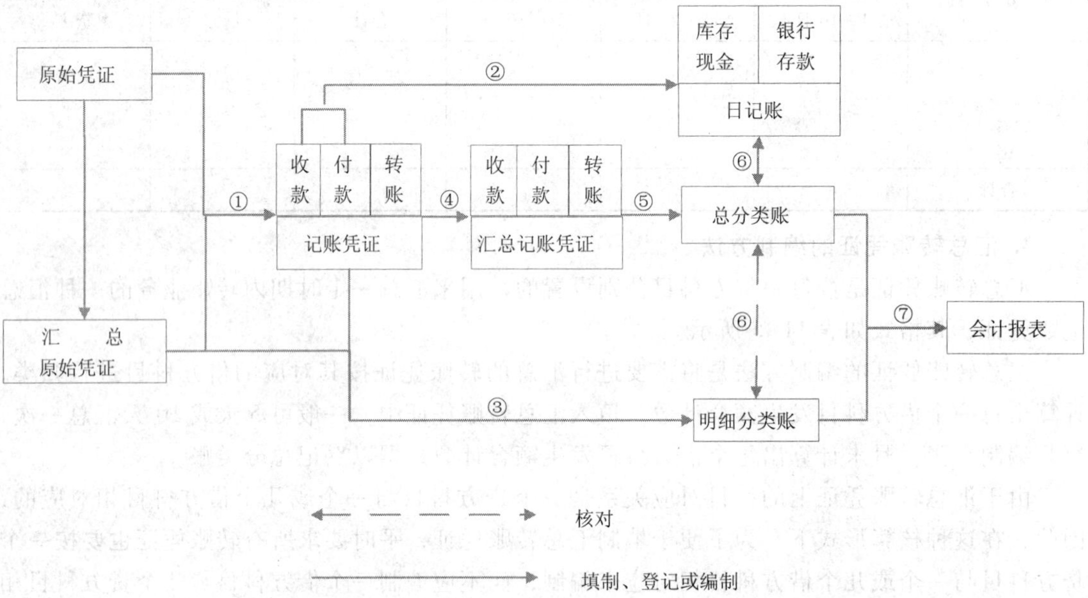

图 11-4　汇总记账凭证核算形式的账务处理程序

11.4.4　汇总记账凭证核算形式的优缺点及适用范围

汇总记账凭证核算形式的优点主要表现在：由于月末根据汇总记账凭证一次登记总分类账，减少了登记总账的工作量。缺点主要表现在：一是定期集中编制汇总记账凭证的工作量比较大；二是由于汇总转账凭证的是按每一个贷方科目，而不是按经济业务的性质归类、汇总的，因而不利于会计核算工作的分工。所以，这种核算形式适用于经济业务较多、规模较大的单位。

11.5　多栏式日记账核算形式

11.5.1　多栏式日记账核算形式的特点

多栏式日记账核算形式的特点是：设置多栏式库存现金日记账和银行存款日记账，期末根据多栏式库存现金日记账和银行存款日记账的记录登记总账；对于转账业务，可以根据转账凭证逐笔登记总账，也可以根据转账凭证定期编制转账凭证汇总表，根据转账凭证汇总表登记总账。

在多栏式日记账核算形式下，需要设置收款凭证、付款凭证和转账凭证。需设库存现金日记账、银行存款日记账、总分类账和明细分类账，但库存现金日记账、银行存款日记账均采用多栏式账页，其格式见表 11-6；总分类账一般采用三栏式账页；明细分类账则可以根据管理的需要分别采用三栏式、数量金额式和多栏式账页。

表 11-6

多栏式库存现金（银行存款）日记账

<table>
<tr><th colspan="2">年</th><th rowspan="3">凭证号</th><th rowspan="3">摘要</th><th colspan="4">收　入</th><th colspan="4">支　出</th><th rowspan="3">余额</th></tr>
<tr><th rowspan="2">月</th><th rowspan="2">日</th><th colspan="3">对应账户贷方</th><th rowspan="2">借方</th><th colspan="3">对应账户借方</th><th rowspan="2">贷方</th></tr>
<tr><th>预收账款</th><th>短期借款</th><th>主营业务收入</th><th>原材料</th><th>管理费用</th><th>应付账款</th></tr>
<tr><td></td><td></td><td></td><td></td><td></td><td></td><td></td><td></td><td></td><td></td><td></td><td></td><td></td></tr>
<tr><td></td><td></td><td></td><td></td><td></td><td></td><td></td><td></td><td></td><td></td><td></td><td></td><td></td></tr>
<tr><td></td><td></td><td></td><td></td><td></td><td></td><td></td><td></td><td></td><td></td><td></td><td></td><td></td></tr>
<tr><td></td><td></td><td></td><td></td><td></td><td></td><td></td><td></td><td></td><td></td><td></td><td></td><td></td></tr>
</table>

在这种会计核算形式下，由于库存现金日记账和银行存款日记账都按对应账户设置专栏，具备了库存现金和银行存款科目汇总表的作用，月终可根据这些日记账的本月收方、付方发生额和对应账户的发生额登记总分类账。登记时，根据多栏式日记账借方合计栏的本月发生额，记入总分类账库存现金和银行存款账户借方；并根据收入栏对应该贷方科目的本月发生额，记入总分类账各有关账户的贷方；根据多栏式日记账贷方合计栏本月发生额，记入总分类账现金和银行存款账户的贷方，并根据支出栏对应借方科目的发生额，记入总分类账各有关账户的借方。对于转账业务，则根据转账凭证或转账凭证汇总表登记总账。

11.5.2　多栏式日记账核算形式的账务处理程序

多栏式日记账核算形式的账务处理程序是：

① 根据原始凭证或汇总原始凭证编制记账凭证。

② 根据收款凭证、付款凭证登记多栏式库存现金日记账和多栏式银行存款日记账。

③根据原始凭证、汇总原始凭证、记账凭证登记各种明细分类账。

④ 期末，根据多栏式库存现金日记账和多栏式银行存款日记账登记总分类账。同时，对于没能记入多栏式日记账的转账业务，根据转账凭证登记总分类账。

⑤ 期末，将各种明细分类账的余额合计数，分别与总分类账中有关科目的余额核对相符。

⑥ 期末，根据核对无误的总分类账和明细分类账的记录编制会计报表。

多栏式日记账核算形式的账务处理程序如图 11-5 所示。

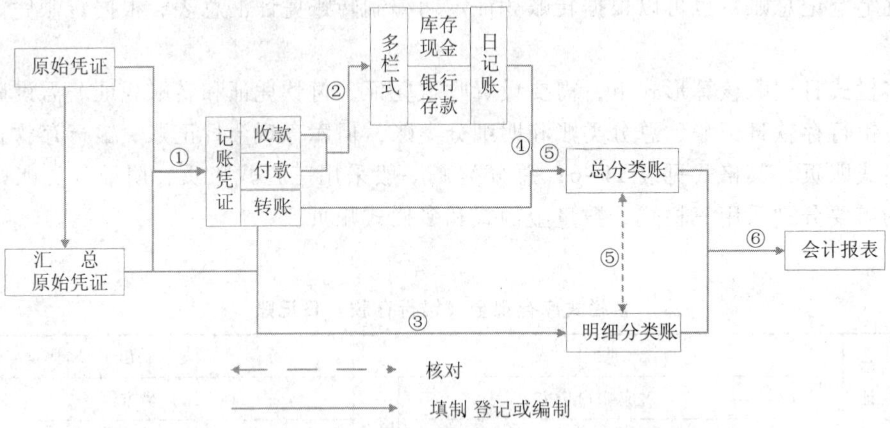

图 11-5 多栏式日记账核算形式的账务处理程序

11.5.3 多栏式日记账核算形式的优缺点及适用范围

多栏式日记账核算形式的优点是简化了登记总分类账的工作，特别是对于收、付款业务较多的企业，这一优点更为明显；另外，还可以反映各类经济业务的来龙去脉，便于核对账目。但是，多栏式日记账的设置和登记比三栏式日记账要复杂，在经济业务较多的企业，日记账的专栏栏次过多，账页过长，反而不便于记账。因此，这种核算形式只适用于收、付款业务较多，但会计科目少、业务量小的单位。

11.6 日记总账核算形式

11.6.1 日记总账核算形式的特点

日记总账核算形式的特点是：设置日记总账，所有经济业务都根据记账凭证逐笔登记日记总账。所谓日记总账，是指日记账和分类账结合在一起的联合账簿，它是将全部科目都集中设置在一张账页上，以记账凭证为依据，对所发生的全部经济业务进行序时登记，月末将每个科目借、贷登记的数字分别合计，并计算出每个科目的月末余额。日记总账的格式见表 11-7。

表 11-7

日记总账

年		凭证		摘要	发生额	××科目		××科目		××科目		××科目	
月	日	字	号			借方	贷方	借方	贷方	借方	贷方	借方	贷方

日记总账的登记方法是：对于收款业务、付款业务和转账业务，都分别根据收款凭证、付款凭证和转账凭证逐日、逐笔登记日记总账，对每一笔经济业务所涉及的各个会计科目的借方发生额和贷方发生额，都应分别登记在同一行的不同科目的借方栏和贷方栏内，并将借贷发生额合计数记在“发生额”栏内。月终时，分别结出各栏次的合计数，计算各科目的月末借方或贷方余额，进行账簿记录的核对工作。它要核对“发生额”栏内的本月合计数，与全部科目的借方发生额或贷方发生额的合计数是否相符，各科目的借方余额合计数与贷方余额合计数是否相符。

在日记总账核算形式下，要设置收款凭证、付款凭证和转账凭证等记账凭证。除需特别开设日记总账外，还要设置库存现金日记账、银行存款日记账和各种明细分类账。库存现金日记账、银行存款日记账一般采用三栏式账页；设置的各种明细分类账，根据需要可采用三栏式、数量金额式或多栏式等不同的账页。

11.6.2　日记总账核算形式的账务处理程序

日记总账核算形式的账务处理程序如下：

① 根据原始凭证或汇总原始凭证编制记账凭证。

② 根据收款凭证、付款凭证逐笔登记库存现金日记账和银行存款日记账。

③ 根据原始凭证、汇总原始凭证、记账凭证登记各种明细分类账。

④ 根据收款凭证、付款凭证、转账凭证逐日逐笔登记日记总账。

⑤ 期末，将库存现金日记账、银行存款日记账的余额以及各种明细分类账余额合计数，分别与日记总账中有关科目的余额核对相符。

⑥ 期末，根据核对无误的日记总账和各种明细分类账的记录编制会计报表。

日记总账核算形式的账务处理程序如图 11-6 所示。

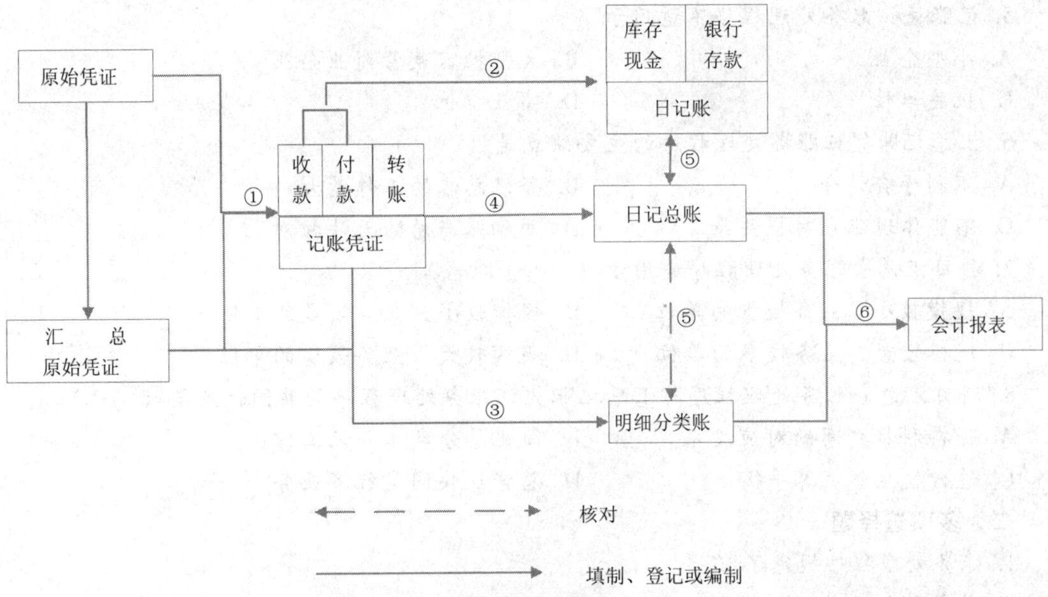

图 11-6　日记总账核算形式的账务处理程序

11.6.3 日记总账核算形式的优缺点及适用范围

日记总账核算形式所采用的账簿组织简单，所有账户都集中反映在一张账页上。所以这种核算形式的优点是：便于记账和查阅账目，便于了解企业在一定会计期间的全部经济活动，便于编制会计报表。但是这种核算形式将所有账户集中在一张账页上，账页太长，既不方便记账，又不便于会计人员分工协作。规模较大的企业，如果采用这种核算形式，不但不会简化核算手续，而且会增加一些不必要工作量。所以它只适用于规模小、经济业务简单、使用账户不多的单位。

课后习题

一、单项选择题

1. 各种账务处理程序的主要区别表现在（　　）。

A. 登记会计凭证的依据和方法不同　B. 登记总账的依据和方法不同

C. 登记明细账的依据和方法不同　D. 设置日记账的格式不同

2. 记账凭证汇总表核算形式，要求编制的记账凭证应是（　　）。

A. 收款凭证一借多贷　B. 付款凭证一贷多借

C. 转账凭证多借多贷　D. 全部凭证一借一贷

3. 在汇总记账凭证账务处理程序下，总分类账账页的格式一般采用（　　）。

A. 数量金额式　B. 三栏式　C. 两栏式　D. 多栏式

4. 规模小．业务简单．使用会计科目少的单位一般采用（　　）。

A. 记账凭证账务处理程序　B. 汇总记账凭证账务处理程序

C. 科目汇总表账务处理程序　D. 会计账务处理程序

5. 记账凭证账务处理程序不适用于（　　）。

A. 小型企业　B. 大型批零兼营商业企业

C. 机关单位　D. 事业单位

6. 汇总记账凭证账务处理程序的主要缺点是（　　）。

A. 不利于会计分工　B. 登记总账的工作量大

C. 不能体现账户对应关系　D. 明细账与总账无法核对

7. 科目汇总表账务处理程序适用于（　　）。

A. 规模较小．业务较少的单位　B. 规模较小．业务较多的单位

C. 规模较大．业务较多的单位　D. 规模较大．业务较少的单位

8. 科目汇总表账务处理程序与汇总记账凭证账务处理程序的共同优点是（　　）。

A. 保持科目之间的对应关系　B. 简化总分类账登记工作

C. 进行发生额试算平衡　D. 总括反映同类经济业务

二．多项选择题

1. 账务处理程序规定了（　　）。

A. 账簿组织及登记方法　B. 财务报表的编制步骤和方法

C. 记账程序和方法　D. 凭证组织及填制方法

E. 财务报表的种类

2. 登记总分类账的依据可以是（　　）。

A. 记账凭证　　B. 汇总记账凭证

C. 科目汇总表　　D. 原始凭证汇总表

E. 原始凭证

3. 在汇总记账凭证账务处理程序下，登记明细账的依据是（　　）。

A. 汇总记账凭证　　B. 记账凭证

C. 原始凭证　　D. 汇总原始凭证

E. 科目汇总表

4. 科目汇总表的作用有（　　）。

A. 减少总分类账的登记工作　　B. 进行总账登记前的试算平衡

C. 反映经济业务的来龙去脉　　D. 反映账户的对应关系

E. 反映经济业务是否合法

5. 账务处理程序是指（　　）的合理组织过程。

A. 会计科目　　B. 会计凭证　　C. 财务报表　　D. 会计账簿　　E. 会计方法

6. 科学适用的账务处理程序能够（　　）。

A. 减少会计人员的工作量　　B. 节约人力和物力

C. 提高会计处理工作效率　　D. 保证会计信息质量

E. 优化会计处理方法

7. 以记账凭证为依据，按科目贷方设置，将凭证按借方科目归类汇总编制的是（　　）。

A. 汇总收款凭证　　B. 汇总付款凭证

C. 汇总转账凭证　　D. 科目汇总表

E. 汇总原始凭证

8. 记账凭证账务处理程序的优点是（　　）。

A. 详细反映经济业务的发生情况　　B. 可以减少登记总账的工作量

C. 便于了解账户之间的对应关系　　D. 处理程序简便

E. 简化登记明细账的程序

实　训　题

A 公司 20×× 年 12 月份发生下列经济业务：

1. 1 日，企业因临时资金需要向银行申请三个月期限的借款 30 000 元。原始凭证 No1。

2. 2 日，接受胜达公司投入资金 150 000 元，存入银行。原始凭证 No2－1、No2－2。

3. 3 日，收到长春工厂电汇的前欠购货款 100 000 元，存入银行。原始凭证 No3。

4. 3 日，供销科业务员小王出差预借差旅费 1 500 元。原始凭证 No4。

5. 4 日，向飞鹏公司购入 A 材料 2 000 kg，单价 15 元，共计货款 30 000 元，增值税进项税额 5 100 元。材料已验收入库，款项尚未支付。原始凭证 No5－1、No5－2、No5－3。

6. 4 日，接受外商捐赠机器设备一套，评估确认价值 200 000 元。原始凭证 No6。

7. 4 日，以银行存款支付产品广告费 11 000 元。原始凭证 No7－1、No7－2。

8.5日，出纳员签发现金支票从银行提取现金3 000元备用，原始凭证No8。

9.5日，生产甲产品领用A材料2 000 kg，单位成本15元，计30 000元；生产乙产品领用B材料1 000 kg，单位成本20元，计20 000元。原始凭证No9－1、No9－2。

10.6日，以银行存款偿付前欠开源工厂购货款140 000元，原始凭证No10。

11.6日，向市经贸公司销售甲产品1 000件，单位售价200元，乙产品400件，单位售价300元，共计货款320 000元，增值税销项税额54 400元，产品已发出，货款尚未收到，原始凭证No11。

12.6日，用现金500元购买办公用品，其中：生产车间领用200元，行政管理部门领用300元，原始凭证No12－1、No12－2。

13.7日，以银行存款支付已到期的商业承兑汇票一张，票面金额为45 000元，原始凭证No13。

14.7日，供销科业务员小王出差归来，报销差旅费用1 300元，交回现金200元，结清本月预借差旅费，原始凭证No14－1、No14－2。

15.8日，向红星公司销售甲产品2 000件，单位售价200元，共计货款400 000元，增值税销项税额68 000元，产品已发出，收到红星公司开出并承兑的六个月期限商业汇票一张，原始凭证No15－1、No15－2。

16.8日，向银行提取现金68 900元，准备发放工资，原始凭证No16。

17.8日，用现金支付本月职工工资68 900元，原始凭证No17。

18.9日，以银行存款支付下一年度的报刊杂志费1 080元，原始凭证No18－1、No18－2。

19.10日，以银行存款缴纳上月税金，其中：增值税67 500元，消费税40 860元，所得税39 500元，原始凭证No19－1、No19－2、No19－3。

20.11日，企业因扩大经营规模向银行申请三年期限的借款250 000元，存入银行，原始凭证No20。

21.12日，以银行存款购买不需要安装机器设备一台，价值25 000元，增值税4 250元，原始凭证No21－1、No21－2。

22.14日，向永安公司购进A材料1 000 kg，单价15元，计15 000元；B材料3 000 kg，单价20元，计60 000元，增值税进项税额12 750元，运杂费400元。材料已验收入库，款项以银行存款支付（运费按材料重量比例分配），原始凭证No22－1、No22－2、No22－3、No22－4、No22－5、No22－6。

23.15日，企业有一张面值为60 000元、期限为六个月的商业承兑汇票到期，款项已通过银行划转，存入银行，原始凭证No23。

24.16日，生产甲产品领用A材料5 000 kg，单位成本15元，计75 000元；生产乙产品领用B材料3 000 kg，单位成本20元，计60 000元。车间一般耗用C材料500 kg，单位成本10元，计5 000元，原始凭证No24－1、No24－2、No24－3。

25.19日，向飞龙公司销售乙产品1 000件，单位售价300元，共计货款300 000元，增值税销项税额51 000元，产品已发出，货款收到存入银行，原始凭证No25－1、No25－2。

26.20日，生产工人小李违反操作规程受到处罚，交来罚款100元，原始凭证No26。

27.22日，用银行存款支付电费，其中生产车间用照明电7 020元，行政管理部门用照明电 4 680 元，原始凭证 No27 – 1、No27 – 2。

28. 24 日，用银行存款支付水费，其中生产车间用水费 5 850 元，行政管理部门用水费 2 925 元，原始凭证 No28 – 1、No28 – 2。

29. 25 日，销售给光明工厂 C 材料 2 000 kg，单位售价 20 元，共计货款 40 000 元，增值税销项税额 6 800 元，款项已收存银行。原始凭证 No29 – 1、No29 – 2。

30. 28 日，以银行存款 100 000 元对外进行公益性捐赠，原始凭证 No30 – 1、No30 – 2。

31. 29 日，以银行存款支付业务招待费 1 468 元，原始凭证 No31 – 1、No31 – 2。

32. 31 日，预提本月应负担的短期借款利息 300 元，原始凭证 No32。

33. 31 日，结算本月应付职工工资 68 900 元，其中：生产甲产品工人工资 32 700 元，生产乙产品工人工资 25 300 元，车间管理人员工资 5 100 元，企业管理人员工资 5 800 元，原始凭证 No33。

34. 31 日，按工资总额的 14% 计职工提福利费 9 646 元，其中：生产甲产品工人福利费 4 578 元，生产乙产品工人福利费 3 542 元，车间管理人员福利费 714 元，企业管理人员福利费 812 元，原始凭证 No34。

35. 31 日，按规定计提本月固定资产折旧 42 000 元，其中：生产用固定资产折旧 27 000 元，非生产用固定资产折旧 15 000 元，原始凭证 No35。

36. 31 日，将本月发生的制造费用按产品的生产工时比例分配转入甲、乙两种产品的制造成本（其中甲产品生产工时 7 053 h，乙产品生产工时 5 668 h），原始凭证 No36。

37. 31 日，本月生产的 1 500 件甲产品、600 件乙产品全部完工入库，计算并结转两种产品的制造成本，原始凭证 No37 – 1、No37 – 2。

38. 31 日，结转本月已销售甲、乙产品的生产成本（本企业发出商品采用先进先出法），原始凭证 No38。

39. 31 日，结转本月已销售 C 材料的成本，原始凭证 No39。

40. 31 日，按 10% 的消费税率计算本月应交纳的消费税；按 7% 的税率计算本月应交的城市维护建设税，按 3% 的征收率计算本月应交的教育费附加，原始凭证 No40 – 1、No40 – 2、No40 – 3。

41. 31 日，将本月份损益类账户的余额转入“本年利润”账户，原始凭证 No41。

42. 31 日，按 25% 的所得税率计算并结转本月应交所得税，原始凭证 No42。

43. 31 日，按全年净利润的 10% 提取法定盈余公积，按 5% 提取法定公益金，原始凭证 No43。

44. 31 日，经董事会研究决定按净利润的 50% 向投资者分配利润，原始凭证 No44。

45. 31 日，结转全年实现的净利润。

46. 31 日，将“利润分配”各明细账户的余额结转到未分配利润明细账户。

实训要求：采用科目汇总表账务处理程序处理全部业务。

第12章 会计法律规范与会计工作组织

导语

本章主要介绍会计法律规范的概念、会计法律规范的体系、内容，通过本章的学习理解会计法的内容；掌握会计档案的归档及整理；明确会计人员的职责、权限和对会计人员的要求；掌握会计电算化的一般过程；掌握内部会计控制的内容。

导入案例

20×8年，某审计工作组对A公司的账目进行审计的时候，发现A公司的管理费用及收支明细账存在一定的问题。具体情况如下：

发现20×7年8月15日现付25#凭证上存在问题，该号凭证上面列支了该公司的行政办公室办公用品费6 750元，所附发票只标明：名称：办公用品；金额：6 750元；以现金方式付给某大型商场。而且此类发票数量较多，累计金额达78 500元。经审计人员核查该企业办公用品的支出情况，数量较大的办公用品早已购买，而且都按照会计制度规定进行详细列示。而这些发票却没有详细列示，并都是以现金支付，数量较大。带着这个问题，审计人员到某商场进行调查核实，抽查原发票存根联，发现所购办公用品都跟生活用品有关，与发票根本不符。经审计人员进一步追问，商场说明了实际情况。原来该公司并没有从商场购买所谓的办公用品，而是购买了高档护肤品，用于个人消费，价值6 750元。其他类似发票经查也是这种情况。

这是一起不按规定填制、取得会计凭证，提供虚假会计凭证，以不真实的会计凭证进行核算，从而达到贪污目的的案件。

A公司为了个人的利益与商场串通，填制虚假的原始凭证，把公司的财产据为己有。从具体手段看，违反了《会计法》的规定，属于提供虚假的会计凭证，以不真实的会计凭证进行核算的违法行为。

12.1 会计法律规范

12.1.1 法律概述

1. 法律的概念

一般来讲，法律是统治阶级的意志以国家意志形式表现出来的，由国家制定、认可并以强制力来保障实施的行为规范的总和，其实质在于调整和平衡普遍利益与特殊利益、多元利益主体之间的关系。

法律一词可分别从广义、狭义两方面进行理解。广义的法律指法律的整体，即由国家制定和认可，并由国家强制力保证实施的行为规范体系。包括宪法、法律、行政法规、地方性法规和规章。

狭义的法律仅指全国人大及其常委会制定的法律。例如，《中华人民共和国刑法》《中华人民共和国民法通则》和《中华人民共和国治安处罚法》等。

2. 法律的形式

我国的法律主要有以下表现形式：

① 宪法。宪法是由全国人民代表大会经严格程序制定的，具有最高的法律效力，是法律和其他法规立法的基础。

② 法律。法律是我国仅次于宪法的法源，它是由全国人民代表大会及其常务委员会制定的规范性文件。根据宪法规定，法律分为基本法律和基本法律以外的法律两种。其中，全国人民代表大会制定基本法律，如《中华人民共和国刑法》《中华人民共和国刑事诉讼法》等；全国人大常委会制定其他法律，如《中华人民共和国公司法》《中华人民共和国税收征收管理法》。

③ 行政法规。行政法规是国务院为了履行行政管理职责，根据宪法和法律制定的内容涉及政治、经济、教育、科技等各方面的规范性文件，在我国法律渊源中地位和效力低于宪法和法律。行政法规的名称一般采用条例、办法和规定三种。如《国家赔偿费用管理条例》和《中华人民共和国发票管理办法》等。

④ 部门规章。国务院各部、各委员会等，根据法律和国务院的决定，在本部门的职权范围内发布的规范性法律文件，称为部门规章，其效力在行政法规之下。

⑤ 地方性法规。这是省、自治区、直辖市人民代表大会及其常委会制定的规范性文件。它不得与宪法、法律和行政法规相抵触，并应报全国人大常委会备案，只在地方国家机关管辖的区域内有效。另外，省、自治区、直辖市和较大的市的人民政府可以制定在本辖区适用的地方政府规章。

⑥ 自治条例和单行条例，由民族自治地方的人民代表大会制定。自治区的自治条例和单行条例，报全国人大常委会批准后生效。自治州、县的自治条例和单行条例，报省或自治区人大常委会批准后生效。

⑦ 国际条约。国际条约是国家及其他国际法主体间所缔结的确定相互关系间的权利义务的协议。它的名称很多，如国际条约、国际公约、国际协定、议定书、宣言、换文等。就一国而言，凡是国家缔结或加入的国际条约（声明保留的除外）应对本国有约束力，在经过法定程序为有关国家机关认可后，成为本国的法律渊源之一。

【经典试题】

下列法的形式中，由国务院制定颁布的是（　　）。

A. 宪法　　　　B. 法律

C. 行政法规　　D. 行政规章

答案：C

【知识链接】

根据立法法规定：①宪法具有最高的法律效力，一切法律、行政法规、地方性法规、自治条例和单行条例、规章都不得与宪法相抵触。②法律的效力高于行政法规、地方性法规、规章。行政法规的效力高于地方性法规、规章。③地方性法规的效力高于本级和下级地方政府规章。省、自治区的人民政府制定的规章的效力高于本行政区域内的较大的市的人民政府制定的规章。④自治条例和单行条例依法对法律、行政法规、地方性法规作变通规定的，在本自治地方适用自治条例和单行条例的规定。经济特区法规根据授权对法律、行政法规、地方性法规作变通规定的，在本经济特区适用经济特区法规的规定。⑤部门规章之间、部门规章与地方政府规章之间具有同等效力，在各自权限范围内施行。

12.1.2 会计法律体系

1. 会计法律规范的概念

会计法律规范是指国家权力机关和行政机关制定的各种有关会计工作的规范性文件的总称。是调整会计机构和会计人员在办理会计事务过程中以及国家在管理会计工作过程中发生的会计关系的法律规范。

2. 会计法律规范的调整对象

会计法律规范的调整对象是会计机构、会计人员及其领导、会计主管机关与其他有关机关之间的管理监督关系。因此，会计法律规范适用于两种情况：一是办理会计事务的单位和个人，包括国家机关、社会团体、企业单位、事业单位、个体工商户和其他组织；二是会计主管机关及其他机关，包括各级财政部门、税务部门、审计部门和其他业务主管部门。

3. 会计法律规范的基本内容

目前，我国会计人员应遵守的会计法律规范有会计法律、会计行政法规、国家统一的会计制度和地方性会计法规。其基本内容如下：

（1）会计法

我国的会计法律是指《中华人民共和国会计法》（以下简称《会计法》）。《会计法》共有七章五十二条，主要规定了会计工作的基本目的、会计管理权限、会计责任主体、会计核算和会计监督的基本要求、会计人员和会计机构的职责权限，并对会计法律责任做出了详细规定。

（2）会计行政法规

会计行政法规是指由国务院制定并发布，或者国务院有关部门拟订经国务院批准发布，调整经济生活中某些方面会计关系的法律规范。它的制定依据是《会计法》，其权威性和法律效力仅次于会计法律，如国务院发布的《总会计师条例》和《企业财务报告条例》等。

（3）国家统一的会计制度

国家统一的会计制度是指国务院财政部门根据《会计法》制定的关于会计核算、会计监督、会计机构和会计人员以及会计工作管理的制度，包括制度、准则、办法等，其法律效力低于会计行政法规。

国家统一的会计制度包括会计规章和会计规范性文件两部分。会计规章是根据《会计法》规定的程序，由财政部制定并由部门首长签署命令予以公布的制度办法，如财政部发布的《财政部门实施会计监督办法》《会计从业资格管理办法》和《代理记账管理办法》，以及《企业会计准则—基本准则》等。会计规范性文件是指主管全国会计工作的行政部门即国务院财政部门以文件形式发布的规范性文件。会计规范性文件主要有：《企业会计准则第 1 号—— 存货》等 38 项具体准则及其应用指南、《会计基础工作规范》《企业会计制度》《金融企业会计制度》《小企业会计制度》《会计档案管理办法》，以及财政部和农业部联合发布的《村集体经济组织会计制度》等。

【知识链接】

从 20 世纪 50 年代到 90 年代初期，我国的企业会计标准一直采用会计制度的形式；到 1992 年颁布《企业会计准则》开始，采用会计准则规范会计行为。我国的企业会计准则分为基本准则和具体准则两个层次。1992 年颁布，1993 年实施；2006 年修订，2007 年实施的《企业会计准则——基本准则》属于基本准则，仅对企业会计的一般要求和主要方面做出原则性的规定。从 1997 年正式颁布了《企业会计准则——关联方关系及其关联方交易的披露》开始，到 2001 年，共颁布了 16 项具体准则。根据《会计法》《企业会计准则——基本准则》，于 2006 年 2 月 15 日正式颁布了 38 项具本准则，并于 2007 年 1 月 1 日在上市公司范围内实施，鼓励其他企业执行。38 项具体准则见表 12-1。

表 12-1

38 项具体准则

序号	准则名称	序号	准则名称	序号	准则名称
1	存货	14	收入	27	石油天然气开采
2	长期股权投资	15	建造合同	28	会计政策、会计估计变更和差错更正
3	投资性房地产	16	政府补助		
4	固定资产	17	借款费用	29	资产负债表日后事项
5	生物资产	18	所得税	30	财务报表列表
6	无形资产	19	外币折算	31	现金流量表
7	非货币性资产交换	20	企业合并	32	中期财务报告
8	资产减值	21	租赁	33	合并财务报表
9	职工薪酬	22	金融工具确认和计量	34	每股收益
10	企业年金基金	23	金融资产转移	35	分部报告
11	股份支付	24	套期保险	36	关联方披露
12	债务重组	25	原保险合同	37	金融工具列报
13	或有事项	26	再保险合同	38	首次执行会计准则

（4）地方性会计法规

地方性会计法规是指省、自治区、直辖市人民代表大会及其常务委员会在与会计法律、会计行政法规不相抵触的前提下，根据本地区情况制定、发布的会计规范性文件。

12.2　会计工作组织

12.2.1　会计工作组织的概述

1. 会计工作组织的含义

会计工作组织是指如何安排、协调和管理好企业的会计工作。会计机构和会计人员是会计工作系统运行的必要条件，而会计法规是保证会计工作系统正常运行的必要的约束机制。

会计工作是一项综合性的管理工作，各单位所发生的各项经济业务，都要通过会计加以反映和监督管理，因而会计工作就与其他经营管理工作有着密切的联系；会计工作也是一项政策性很强的工作，必须按照有关的财经政策、法规、制度的要求办理业务；会计工作还是一项严密细致的工作，会计所产生的数据信息要经过一连串的记录、计算、分类、汇总和分析等处理程序。因此，要做好会计工作，就必须建立专门的会计机构，要有专职的办事人员，并按照规定的会计制度开展日常的会计工作。

2. 组织会计工作的意义

会计是一项复杂、细致的综合性经济管理活动，科学地组织好会计工作，对于顺利完成会计的各项任务，保证实现会计目标，充分发挥会计的职能作用，促进国民经济健康、有序发展等方面都具有十分重要的意义。

为此，组织会计工作具有如下意义：科学地组织会计工作，有利于保证会计工作的质量和提高会计工作的效率；科学地组织好会计工作，有利于加强同其他经济管理工作的协调一致，提高企业整体管理水平；科学地组织会计工作，有利于加强企业单位的内部经济责任制；科学地组织好会计工作，有利于维护好财经法纪，贯彻经济工作的方针政策。

3. 组织会计工作的要求

正确的会计工作的组织，必须符合下列要求：

① 遵守国家的统一规定，是组织和处理会计工作的首要要求。

② 适应本单位经营管理的特点。

③ 加强内部控制，实行内部牵制制度。

④ 正确处理同其他经济管理工作的关系。

⑤ 在保证工作质量的前提下，尽量节约耗用在会计工作上的时间和费用。

会计账证表的设计，各种程序、措施的规定，会计机构的设置和会计人员的配备等，都要符合精简节约的原则，既要把工作做好，又要减少人、财、物的耗费。

4. 会计工作的组织形式

会计工作的组织形式一般分为集中核算和非集中核算两种形式。

（1）集中核算

集中核算就是在厂部一级设置专门的会计机构，把整个企业的主要会计工作都集中在会计部门进行。企业内部各部门对本部门所发生的经济业务不进行全面核算，只填制或取得原始凭证，并对原始凭证进行适当的汇总，定期将原始凭证和汇总原始凭证送交会计部门，由会计部门加以审核，并据以登记有关账簿。

集中核算组织形式由于核算工作集中，便于会计人员进行分工，便于实行核算工作的现代化，因而简化和加速了核算工作，有利于提高工作效率，减少核算费用，集中掌握和了解各单位生产经营活动情况。但由于这种组织形式的核算工作不是直接在单位内部各部门进行的，因而不便于各部门的领导随时利用核算资料检查本部门的经济活动情况。

（2）非集中核算

非集中核算又称分散核算。这种组织形式是对企业内部各部门所发生的经济业务，由各级部门设置并登记账簿，进行比较全面的核算。各部门可以单独计算盈亏，编制内部会计报告，定期报送给企业会计部门，以便汇总编制整个企业的会计报表。

非集中核算组织形式可以使各部门经常地利用核算资料来领导和检查本部门的工作，但该组织形式不便于采用合理的凭证整理方法，会计人员的合理分工受到一定的限制，核算工作量较大，核算成本较高。

企业对其内部各部门所发生的经济业务是采取集中核算还是采取非集中核算方式，或两者相互渗透，主要取决于该企业单位的特点及管理要求，要从有利于加强经营管理、加强经济核算方面来抉择。

【知识链接】

应该说，集中核算与非集中核算是相对的。在一个单位内部，对各个业务部门可以根据管理上的要求，分别采用集中核算或非集中核算的具体内容和方法也不一定完全相同。但是，无论采取哪一种组织形式，各单位对外的货币资金收付和债权债务结算等，都应由会计部门集中办理。

12.2.2　会计机构与会计人员

1. 会计机构的设置

会计机构是由专职会计人员组成，负责组织、领导和处理会计工作的职能部门。

《会计法》第七条规定："国务院财政部门主管全国的会计工作。县级以上地方各级人民政府的财政部门管理本行政区域内的会计工作。"

国家财政部设立会计司主管全国的会计工作。地方财政部门、企业主管部门一般设财务会计局、处等，主管本地区或本系统所属企业的会计工作。由上可见，我国基层企事业单位的会计工作，受财政部门和单位主管部门的双重领导。

《会计法》第三十六条规定："各单位应当根据会计业务的需要，设置会计机构，或者在有关机构中设置会计人员并指定会计主管人员；不具备设置条件的，应当委托经批准设立从事会计代理记账业务的中介机构代理记账。"也就是说，在每个基层单位内部，一般都需要设置从事会计工作的职能部门，以完成本单位的会计工作。会计法的这一规定是对会计机构设置所做出的具体要求，这里包含两层含义：

① 基层企事业单位一般应设置会计处、科等会计机构，在厂长、经理或单位行政领导人的直接领导下，负责组织、领导和从事会计工作。

② 对于不具备设置会计机构条件的单位，应由代理记账业务的机构完成其会计工作，根据《代理记账管理暂行办法》的规定，在我国从事代理记账业务的机构，应至少有三名持有会计从业资格证书的专职人员，同时聘用一定数量相同条件的兼职从业人员。

2. 会计人员及其职业道德

会计机构是各单位办理会计事务的职能部门，会计人员是直接从事会计工作的人员。建立健全会计机构，配备与工作要求相适应、具有一定素质和数量的会计人员，是做好会计工作、充分发挥会计职能作用的重要保证。

(1) 会计机构负责人

设置会计机构的应当配备会计机构负责人；在有关机构中配备专职会计人员，应当在专职会计人员中指定会计主管人员。担任单位会计机构负责人（会计主管人员）的，除取得会计从业资格证书外，还应当具备会计师以上专业技术职务资格或者从事会计工作三年以上经历。

会计机构负责人、会计主管人员的任免，应当符合有关法律的规定：坚持原则，廉洁奉公；具有会计专业技术资格；主管一个单位或者单位内一个重要方面的财务会计工作时间不少于2年；熟悉国家财经法律、法规、规章和方针、政策，掌握本行业业务管理的有关知识；有较强的组织能力；身体状况能够适应本职工作的要求。

（2）会计从业人员

从事会计工作的人员，必须取得会计从业资格证书。各单位应当根据会计业务需要配备持有会计从业资格证书的会计人员。未取得会计证的人员，不得从事会计工作（2017年1月5日财政部联合其他部门发文，会计职称考试不再要求会计从业资格证书）。

【知识链接】

① 会计从业资格。会计从业资格证书是具有一定会计专业知识和技能的人员从事会计工作的资格证书，是从事会计工作必须具备的基本最低要求和前提条件，是证明能够从事会计工作的唯一合法凭证，是进入会计岗位的“准入证”，是从事会计工作的必经之路。它是一种资格证书，是会计工作的“上岗证”，不分级。由于会计是一项政策性、专业性很强的技术工作，会计人员的专业知识水平和业务能力如何，直接影响会计工作的质量，从事会计工作的人员必须具备必要的专业知识，因此凡是从事会计工作的会计人员必须取得会计从业资格证书，才能从事会计工作。

会计从业资格管理实行属地原则。县级以上财政部门（含县级，下同）负责本行政区域内的会计从业资格管理。

② 会计专业职务。会计专业职务是区分会计人员从事业务工作的技术等级。会计专业职务分为高级会计师、会计师、助理会计师、会计员；高级会计师为高级职务，会计师为中级职务，助理会计师和会计员为初级职务。

③ 会计专业技术资格。会计专业技术资格分为初级资格、中级资格和高级资格三个级别，现阶段只对初级、中级会计资格实行全国统一考试制度，高级资格实行考评结合制度，申请参加高级会计师资格评审的人员，须经考试合格后方可参加评审。

（3）会计人员的职业道德要求

① 会计人员在会计工作中应当遵守职业道德，树立良好的职业品质、严谨的工作作风，严守工作纪律，努力提高工作效率和工作质量。

② 会计人员应当热爱本职工作，努力钻研业务，使自己的知识和技能适应所从事工作的要求。

③ 会计人员应当熟悉财经法律、法规、规章和国家统一会计制度，并结合会计工作进行广泛宣传。

④ 会计人员应当按照会计法律、法规和国家统一会计制度规定的程序和要求进行会计工作，保证所提供的会计信息合法、真实、准确、及时、完整。

⑤ 会计人员办理会计事务应当实事求是、客观公正。

⑥ 会计人员应当熟悉本单位的生产经营和业务管理情况，运用掌握的会计信息和会计

方法，为改善单位内部管理、提高经济效益服务。

会计人员应当保守本单位的商业秘密。除法律规定和单位领导人同意外，不能私自向外界提供或者泄露单位的会计信息。

⑦ 财政部门、业务主管部门和各单位应当定期检查会计人员遵守职业道德的情况，并作为会计人员晋升、晋级、聘任专业职务、表彰奖励的重要考核依据。

会计人员违反职业道德的，由所在单位进行处罚；情节严重的，由会计证发证机关吊销其会计证。

（4）会计人员的主要职责

会计人员的职责也是会计机构的职责，具体进行会计核算；实行会计监督；编制业务计划及财务预算，并考核、分析其执行情况；制定本单位办理会计事项的具体办法等职责。

（5）会计人员的主要权限

为了保障会计人员更好地履行其职责，《会计法》及其他相关法规在明确了会计人员职责的同时，也赋予了会计人员相应的权限，具体有以下三个方面的权限：

① 会计人员有权要求本单位各有关部门及相关人员认真执行国家、上级主管部门等批准的计划和预算。

② 会计人员有权履行其管理职能，也就是有权参与本单位编制计划、制定定额、签订合同、参加有关的生产、经营管理会议和业务会议，并以会计人员特有的专业地位就有关事项提出自己的建议和意见。

③ 会计人员有权监督、检查本单位内部各部门的财务收支、资金使用和财产保管、收发、计量、检验等情况，各部门应该大力支持和协助会计人品工作。

【知识链接】

会计人员在正常工作过程中的权限是受法律保护的，《会计法》第 46 条规定：“单位负责人对依法履行职责、抵制违反本法规定行为的会计人员以降级、撤职、调离工作岗位、解聘或者开除等方式实行打击报复，构成犯罪，依法追究刑事责任；尚未构成犯罪的，由其所在单位或者有关单位依法给予行政处分。对受打击报复的会计人员，应当恢复其名誉和原有职务、级别。”由此可见，任何人干扰、阻碍会计人员依法行使其正当权利，都会受到法律的追究乃至制裁。

（6）会计人员回避原则

《会计基础工作规范》规定：“国家机关、国有企业、事业单位任用会计人员应当实行回避制度。单位领导人的直系亲属不得担任本单位的会计机构负责人、会计主管人员。会计机构负责人、会计主管人员的直系亲属不得在本单位会计机构中担任出纳工作。”

3. 会计工作岗位设置

（1）会计工作岗位

会计工作岗位是指一个单位会计机构内部根据业务分工而设置的职能岗位。会计工作岗位可以一人一岗、一人多岗或者一岗多人。但出纳人员不得兼管稽核、会计档案保管和收入、费用、债权债务账目的登记工作。

会计工作岗位一般可分为：会计机构负责人或者会计主管，出纳，财产物资核算，工资核算，成本费用核算，财务成果核算，资金核算，往来结算，总账报表，稽核，档案管理等。

【知识链接】

不属于会计工作的岗位

① 会计档案移交后会计档案管理岗位，不属于会计岗位。对于会计档案管理岗位，在会计档案正式移交档案管理部门前，属于会计岗位，会计档案正式移交档案管理部门后，会计档案管理工作不再属于会计岗位。

② 医院门诊收费员、住院处收费员、药房收费员、药品库房记账员、商场收费（银）员所从事的工作不属于会计岗位。

③ 单位内部审计、社会审计、政府审计工作不属于会计岗位。

（2）会计机构内部稽核制度

稽核即稽查和复核。内部稽核制度是内部控制制度的重要组成部分。会计稽核是会计机构本身对于会计核算工作进行的一种自我检查或审核工作。建立会计机构内部稽核制度的目的在于防止会计核算工作上的差错和有关人员的舞弊，是规范会计行为、提高会计质量的重要保证。

会计机构内部稽核制度的基本内容包括：稽核工作的组织形式和具体分工；稽核工作的职责、权限；审核会计凭证的方法，复核会计账簿和会计报表的方法等。从会计工作实际情况看，会计机构内部稽核工作一般包括以下主要内容：

① 审核财务、成本、费用等计划指标项目是否齐全，编制依据是否可靠，有关计算是否正确，各项计划指标是否相衔接等。对审核结果提出建议和意见，以便修改和完善计划与预算。

② 审核实际发生的经济业务或财务收支是否符合现行法律、法规、规章制度的规定。对审计中发现的问题，及时予以制止或纠正。

③ 审核会计凭证、会计账簿、财务会计报告和其他会计资料内容是否真实、完整，计算是否正确，手续是否齐全，是否符合有关法律、法规、规章制度的规定。

④ 审计各项财产物资的增减变动和结存情况，并与账面记录进行核对，确定账实是否相符。账实不符时，应查明原因，并提出改进措施。

【知识链接】

内部稽核制度不同于内部审计制度，前者是会计机构内部的一种工作制度；而后者是单位在会计机构之外另行设置的内部审计机构或者审计人员对会计工作进行再检查的一种制度。

（3）会计机构内部牵制制度

内部牵制制度也即钱账分管制度，是内部控制制度的重要组成部分。内部控制制度是指凡涉及款项和财物收付、结算及登记的任何一项工作，必须由两人或两人以上分工办理，以起到相互制约作用的一种工作制度。例如，在支付现金和银行存款时，应由会计主管人员或其授权的代理人审核、批准，出纳人员付款，记账人员记账；单位购入材料物资，应由采购人员办理采购、报账手续，仓库人员验收入库，记账人员登记入账；发出材料时，应经使用单位领导批准，经办人员领用，仓库人员发料，记账人员记账；单位发放工资时，应由工资核算人员编制工资单，出纳人员向银行提取现金和发放工资，记账人员记账等。

实行内部牵制制度，主要是为了加强会计人员之间相互制约、相互监督、相互核对，提高会计核算工作质量，防止会计事务处理中发生失误和差错以及营私舞弊等行为。

4. 会计人员的工作交接

会计人员调动工作或者离职，必须与接管人员办清交接手续。

一般会计人员办理交接手续，由会计机构负责人（会计主管人员）监交；会计机构负责人（会计主管人员）办理交接手续，由单位负责人监交，必要时主管单位可以派人会同监交。

（1）交接前的准备工作

会计人员必须将本人所经管的会计工作全部移交接管人员，才能办理调动或者离职。根据规定，会计人员在办理交接之前必须做好以下的准备工作：一是已经受理的经济业务尚未填制会计凭证的，应当填制完毕；二是尚未登记账目的会计凭证应当登记完毕，结出余额，并在最后一笔余额后加盖经办人印章；三是整理应该移交的各项资料，对未了事项和遗留问题要写出书面说明材料；四是编制移交清册，列明移交凭证、账簿、会计报表、公章、现金、有价证券、支票簿、发票、文件、其他会计资料和物品等内容，实行会计电算化的单位，从事该项工作的移交人员应在移交清册上列明会计软件及密码、会计软件数据盘、磁带等内容；五是会计机构负责人（会计主管人员）移交时，应将财务会计工作、重大财务收支问题和会计人员的情况等向接管人员介绍清楚。

（2）交接的基本程序

① 移交人员离职前必须将经管的会计工作，在规定的期限内向接管人员全部移交清楚，接管人员应认真按照移交清册逐项点收。

② 会计人员在办理交接手续时，必须有人监交。如果是一般会计人员办理交接手续，由单位的会计机构负责人（会计主管人员）负责监交；如果是会计机构负责人（会计主管人员）办理交接手续时，由单位负责人监交，必要时主管单位可以派人会同监交。

③ 会计工作交接完毕后，交接双方和监交人要在移交清册上签名盖章，并在移交清册上注明：单位名称、交接日期、交接双方和监交人的职务、姓名、移交清册页数及需要说明的问题和意见等。接管人员应继续使用移交前账簿，不得擅自另立账簿，以保证会计记录前后衔接，内容完整。移交清册填制一式三份，交接双方各持一份，存档一份。

（3）会计工作的临时交接

会计工作临时交接是指会计人员临时离职或者因病暂时不能工作，需要有人临时接替或者代理工作时所办理的工作交接手续。

（4）会计资料移交后的责任界定

根据有关规定，移交人员对移交的会计凭证、会计账簿、会计报表和其他会计资料的合法性、真实性、完整性承担法律责任。移交人员所移交的会计资料是在经办会计工作期间内所发生的，应当对这些会计资料的真实性、完整性负责。即便接替人员在交接时因疏忽没有发现所接会计资料在真实性、完整性方面存在的问题，如果事后发现，仍应由原移交人员负责，原移交人员不应以会计资料已移交而推脱责任。接管人员不对移交过来的会计资料的真实性和完整性负法律上的责任。

12.2.3　会计档案管理

会计档案，是指记录和反映经济业务事项的重要历史资料和证据，一般包括会计凭证、会计账簿、财务会计报告以及其他会计资料等会计核算的专业材料。各单位的预算、计划、制度等文件材料属于文书档案，不属于会计档案。会计档案一般分为：会计凭证类，包括原始凭证、记账凭证、汇总凭证和银行存款余额调节表等；会计账簿类，包括总账、日记账、明细账、辅助账等；财务会计报告类，包括月度、季度、半年度、年度会计报表及相关文字分析材料等；其他类，包括会计移交清册、会计档案保管清册、会计档案销毁清册等。根据《会计档案管理办法》有如下的规定。

1. 会计档案应当妥善保管

各单位每年形成的会计档案，应由单位会计部门按照归档要求负责整理立卷或装订。当年形成的会计档案在会计年度终了后，可暂由本单位会计部门保管一年。保管期满之后，原则上应由会计部门编制清册，移交本单位的档案部门保管；未设立档案部门的，应当在会计部门内部指定专人保管。会计档案原则上不得借出，如有特殊需要，须经本单位负责人批准，在不拆散原卷册的前提下，可以提供查阅或者复制，并办理登记手续。

2. 会计档案应当分期保管

会计档案保管期限分为永久和定期两类，定期保管期限分为 3 年、5 年、10 年、15 年和 25 年五类，保管期限从会计年度终了后第一天算起。企业和其他组织会计档案保管期限表如表 12-2 所示。

表 12-2

企业和其他组织会计档案保管期限表

序号	档案名称	保管期限	备注
一、	会计凭证类		
1	原始凭证	15 年	
2	记账凭证	15 年	
3	汇总凭证	15 年	
二、	会计账簿类		
4	总账	15 年	包括日记总账
5	明细账	15 年	
6	日记账	15 年	现金和银行存款日记账保管 25 年
7	固定资产卡片		固定资产报废清理后保管 5 年
8	辅助账簿	15 年	
三、	财务报告类		包括各级主管部门
9	月、季度财务报告	3 年	包括文字分析
10	年度财务报告（决算）	永久	包括文字分析
四、	其他类		
11	会计移交清册	15 年	
12	会计档案保管清册	永久	
13	会计档案销毁清册	永久	
14	银行余额调节表	5 年	
15	银行对账单	5 年	

3. 会计档案应当按规定程序销毁

对于保管期已满的会计档案，需要销毁时，应由单位档案管理机构提出销毁意见，会同会计机构共同鉴定，严格审查，编造销毁档案清册，报单位负责人批准后，由单位档案管理机构和会计机构共同派人员监销；保管期已满但未结清的债权债务的原始凭证和其他未了事项的原始凭证，不得销毁，应当单独抽出立卷，保管到未了事项完结时为止；正在项目建设期间的建设单位，其保管期已满的会计档案不得销毁。

12.2.4　会计电算化

1. 实施会计电算化的要求

会计电算化是一项系统工程，涉及单位内部各个方面，各单位负责人或总会计师应当亲自组织领导会计电算化工作，主持拟定本单位会计电算化工作规划，协调单位内务部门共同搞好会计电算化工作。

各单位的财务会计部门，是会计电算化工作的主要承担者，在各部门的配合下，财务会计部门负责和承担会计电算化的具体组织实施工作，负责提出实现本单位会计电算化的具体方案。

各单位开展会计电算化工作，可根据本单位具体情况，按照循序渐进、逐步提高的原则进行。

各单位要积极支持和组织本单位会计人员分期分批进行会计电算化知识培训，逐步使多数会计人员掌握会计软件的基本操作技能。

具备条件的单位，使一部分会计人员能够负责会计软件的维护，并培养部分会计人员逐步掌握会计电算化系统分析和系统设计工作。

会计电算化工作应当讲求成本效益原则，处理好及时采用新技术和新设备与勤俭节约的关系，既不要盲目追求采用最新技术和先进设备，也不要忽视技术的发展趋势，造成设备很快陈旧过时。对于一些投资大的会计电算化项目，有关部门应当加强监督指导。

各级财政部门应加强对基层单位会计电算化工作的指导，在硬软件选择、建立会计电算化内部管理制度方面，积极提出建议，帮助基层单位解决工作中遇到的困难，使会计电算化工作顺利进行。

会计电算化工作取得一定成果的单位，要研究并逐步开展其他管理工作电算化或与其他管理信息系统联网工作，逐步建立以会计电算化为核心的单位计算机管理信息系统，做到单位内部信息资源共享，充分发挥会计电算化在单位经营管理中的作用。

2. 实施会计电算化对软、硬件的要求

各单位应根据实际情况和财力状况，选择与本单位会计电算化工作规划相适应的计算机机种、机型和系统软件及有关配套设备。实行垂直领导的行业、大型企业集团，在选择计算机机种、机型和系统软件及有关配套设备时，应尽量做到统一，为实现网络化打好基础。具备一定硬件基础和技术力量的单位，可充分利用现有的计算机设备建立计算机网络，做到信息资源共享和会计数据实时处理。客户机/服务器体系具有可扩充性强、性价比高、应用软件开发周期短等特点，大中型企事业单位可逐步建立客户机/服务器网络结构；采用终端/主机结构的单位，也可根据自身情况，结合运用客户机/服务器结构。

（1）软件要求

会计核算软件设计应当符合我国法律、法规、规章和国家统一的会计制度的规定，保证会计资料真实、完整，提高会计工作效率。

配备会计软件是会计电算化的基础工作，选择会计软件的好坏对会计电算化的成败起着关键性的作用。配备会计软件主要有选择通用会计软件、定点开发会计软件、通用与定点开发会计软件相结合三种方式，各单位应根据实际需要和自身的技术力量选择配备会计软件的方式。

（2）硬件要求

由于财务会计部门处理的数据量大、数据结构复杂、处理方法要求严格和安全性要求高，各单位用于会计电算化工作的电子计算机设备应由财务会计部门管理，硬件设备比较多的单位，财务会计部门可单独设立计算机室。

3. 替代手工记账

① 替代手工记账的定义。采用电子计算机替代手工记账是指应用会计软件输入会计数据，由电子计算机对会计数据进行处理，并打印输出会计账簿和报表。替代手工记账是会计电算化的目标之一。

② 替代手工记账的单位应具备的条件。配备了适用的会计软件和相应的计算机硬件设备；配备了相应的会计电算化工作人员；建立了严格的内部管理制度。

③ 替代手工记账前的工作。具备条件的单位应尽快采用计算机替代手工记账。替代手工记账之前，地方单位应根据当地省、自治区、直辖市、计划单列市财政厅（局）的规定，中央直属单位应根据国务院业务主管部门的规定，计算机与手工并行三个月以上（一般不超过六个月），且计算机与手工核算的数据相一致，并应接受有关部门的监督。

④ 替代手工记账的过程。替代手工记账的过程是会计工作从手工核算向电算化核算的过渡阶段，由于计算机与手工并行工作，会计人员的工作强度比较大，各单位需要合理安排财务会计部门的工作，提高工作效率。

计算机与手工并行工作期间，可采用计算机打印输出的记账凭证替代手工填制的记账凭证，根据有关规定进行审核并装订成册，作为会计档案保存，并据以登记手工账簿。如果计算机与手工核算结果不一致，要由专人查明原因并向本单位领导书面报告。

记账凭证的类别，可以采用一种记账凭证或收、付、转三种凭证的形式；也可以在收、付、转三种凭证的基础上，按照经济业务和会计软件功能模块的划分进一步细化，以方便记账凭证的输入和保存。

⑤ 替代手工记账应注意的问题。采用电子计算机打印输出书面会计凭证、账簿、报表的，应当符合国家统一会计制度的要求，采用中文或中外文对照，字迹清晰，作为会计档案保存，保存期限按《会计档案管理办法》的规定执行。

在当期所有记账凭证数据和明细分类账数据都存储在计算机内的情况下，总分类账可以从这些数据中产生，因此可以用“总分类账户本期发生额及余额对照表”替代当期总分类账。

现金日记账和银行存款日记账的打印，由于受到打印机条件的限制，可采用计算机打印输出的活页账页装订成册，要求每天登记并打印，每天业务较少、不能满页打印的，可按旬打印输出。

在保证凭证、账簿清晰的条件下，计算机打印输出的凭证、账簿中表格线可适当减少。

⑥ 实现替代手工记账后应注意的问题。替代手工记账后，各单位应做到当天发生业务，当天登记入账，期末及时结账并打印输出会计报表；要灵活运用计算机对数据进行综合分析，定期或不定期地向单位领导报告主要财务指标和分析结果。

⑦ 采用磁带、磁盘、光盘、微缩胶片等介质存储会计账簿、报表，作为会计档案保存的单位，应满足以下要求：

采用磁带、磁盘、光盘、微缩胶片等介质存储会计数据，不再定期打印输出会计账簿，应征得同级财政部门的同意。

保存期限同打印输出的书面形式的会计账簿、报表。

记账凭证、总分类账、现金日记账和银行存款日记账仍需要打印输出，还要按照有关税务、审计等管理部门的要求，及时打印输出有关账簿、报表。

大中型企业应采用磁带、光盘、微缩胶片等介质存储会计数据。

4. 建立会计电算化内部管理制度

① 建立会计电算化岗位责任制。建立会计电算化岗位责任制，要明确各个工作岗位的职责范围，切实做到事事有人管，人人有专责，办事有要求，工作有检查。会计电算化的工作岗位可分为基本会计岗位和电算化会计岗位。基本会计岗位可包括：会计主管、出纳、会计核算各岗、稽核、会计档案管理等工作岗位。电算化会计岗位包括直接管理、操作、维护计算机及会计软件系统的工作岗位。

② 建立会计电算化操作管理制度。其主要内容包括：

明确规定上机操作人员对会计软件的操作工作内容和权限，对操作密码要严格管理，指定专人定期更换密码，杜绝未经授权人员操作会计软件。

预防已输入计算机的原始凭证和记账凭证等会计数据未经审核而登记机内账簿。

操作人员离开机房前，应执行相应命令退出会计软件。

根据本单位实际情况，由专人保存必要的上机操作记录，记录操作人、操作时间、操作内容、故障情况等内容。

③ 建立计算机硬件、软件和数据管理制度。

④ 建立电算化会计档案管理制度。

12.2.5　会计监督

1. 会计监督的概念

会计监督是会计的另一项基本职能，是会计法的核心和根本宗旨，是指会计机构和会计人员依照法律的规定，通过办理会计手续对经济活动的合法性、合理性、有效性进行的一种监督。

2. 会计监督的内容

（1）单位内部会计监督

单位内部会计监督制度是为了保护资产的安全、完整，保证单位的经营活动符合国家法律、法规和内部有关管理制度的规定，提高经营管理水平和效率，在单位内部采取的一系列相互监督的制度和方法。

（2）单位内部会计监督的要求

各单位应当建立、健全本单位内部会计监督制度。单位内部会计监督制度应当符合下列要求：①记账人员与经济业务事项和会计事项的审批人员、经办人员、财物保管人员的职责权限应当明确，并相互分离、相互制约；②重大对外投资、资产处置、资金调度和其他重要经济业务事项的决策和执行的相互监督、相互制约程序应当明确；③财产清查的范围、期限和组织程序应当明确；④对会计资料定期进行内部审计的办法和程序应当明确。

（3）责任制度

单位负责人应当保证会计机构、会计人员依法履行职责，不得授意、指使、强令会计机构、会计人员违法办理会计事项。

会计机构、会计人员对违反本法和国家统一的会计制度规定的会计事项，有权拒绝办理或者按照职权予以纠正。

会计机构、会计人员发现会计账簿记录与实物、款项及有关资料不相符的，按照国家统一的会计制度的规定有权自行处理的，应当及时处理；无权处理的，应当立即向单位负责人报告，请求查明原因，作出处理。

3. 政府监督

政府会计监督是一种外部监督，主要是指财务部门代表国家对各单位中相关人员的会计行为实施的监督检查，以及对发现的违法行为进行的行政处罚。

根据《会计法》的规定，县级以上人民政府财政部门是各单位会计工作的监督检查部门，对各单位会计工作行使监督权，对会计违法行为享有行政处罚权。

财政部门对各单位的下列情况实施监督：是否依法设置会计账簿；会计凭证、会计账簿、财务会计报告和其他会计资料是否真实、完整；会计核算是否符合本法和国家统一的会计制度的规定；从事会计工作的人员是否具备从业资格。发现重大违法嫌疑时，国务院财政部门及其派出机构可以向与被监督单位有经济业务往来的单位和被监督单位开立账户的金融机构查询有关情况，有关单位和金融机构应当给予支持。

财政部门有权对会计师事务所出具审计报告的程序和内容进行监督。

4. 社会监督

会计工作的社会监督主要是指由注册会计师及其所在的会计师事务所依法对委托单位的经济活动进行的审计、鉴证的一种监督制度。

根据《会计法》，以及有关法律、行政法规规定，须经注册会计师进行审计的单位，应当向受委托的会计师事务所如实提供会计凭证、会计账簿、财务会计报告和其他会计资料以及有关情况。任何单位或者个人不得以任何方式要求或者示意注册会计师及其所在的会计师事务所出具不实或者不当的审计报告。

任何单位和个人对违反本法和国家统一的会计制度规定的行为有权检举。收到检举的部门有权处理的，应当依法按照职责分工及时处理；无权处理的，应当及时移送有权处理的部门处理。收到检举的部门、负责处理的部门应当为检举人保密，不得将检举人姓名和检举材料转给被检举单位和被检举人个人。

12.3　内部会计控制基本规范

12.3.1　内部会计控制的含义

内部会计控制是指对会计活动的有效性和会计记录、会计报表的真实性、可靠性有直接影响的内部控制。具体是企业为了有效地管理会计工作而制定的各种组织、分工、程序、方法、标准、守则和规程。内部会计控制是由一系列具体的控制环节和控制措施组成，其基本目的在于保护会计资料的完整性、真实性和可靠性，保护企业财产安全。

内部会计控制与一般的管理制度相比，具有以下显著特征：

① 内部会计控制是在系统理论的指导下，把一个企业或一个单位作为一个总体，并把构成总体的各个组成部分看成是一个系统。

② 内部会计控制的主体只能是单位内部人员。

③ 内部会计控制以单位内部的经济活动（或经营管理活动）为客体，需要说明的是，内部会计控制的主体和客体的划分并不具有互斥性。

④ 内部会计控制的手段和方法多种多样。

⑤ 内部会计控制从其本质上讲，属于单位内部的经营管理制度。

12.3.2　内部会计控制的目标

内部会计控制的目标是指内部会计控制活动应达到的目标或欲达到的效果。具体来讲，内部会计控制的目标主要体现在以下几个方面：

1. 保护单位各项资产的安全和完整

资产的安全和完整是任何一个单位从事经营活动或履行行政职责的物质保证。如果一个单位的资产管理混乱，贪污盗窃、损失浪费现象严重，正常的经营管理活动就会受到严重影响。

2. 保证单位经营管理信息和财务会计资料的真实、完整

一个单位的管理当局，要想实现其经营方针和目标，就必须及时获取和占有准确的资料和信息，以便做出正确的判断和决策。

3. 保证国家法律、法规的贯彻执行

国家为加强宏观经济控制统一制定了相应的方针、政策，颁布了相应的法律、法规和规章等。贯彻国家的方针政策和法律法规是各单位的法定义务。

4. 有助于管理当局实现其经营方针和目标

内部会计控制由一系列控制方法、制度、措施和程序组成，其目的首先是为了实现管理当局的经营方针。

5. 有助于避免或降低各种风险、提高经营管理效率

在日益激烈的市场竞争中，企业的经营管理会面临来自各方面的经营风险。可以说企业的经营管理过程，就是不断地在化解各方面的风险的过程。如何最大限度地防范或降低各种经营风险与财务风险，提高经营管理的效率，是经营管理者十分关注的问题，也正是建立和实施有效的内部会计控制制度的主要目标。

12.3.3 内部会计控制的基本方式

内部会计控制应该是一种全方位、多层次的多重会计控制防线，主要包括：

1. 分工控制

单位应合理设置会计及相关工作岗位，不相容职务相互分离，形成相互制衡机制。主要包括以下几方面：会计与出纳分离；授权进行与执行某项经济业务的职务分离；执行与审核某项经济业务的职务分离；执行与记录某项经济业务的职务分离；保管与记录某项财产的职务分离。

2. 授权控制

单位内部部门或某个职员在处理经济业务时，未经授权和批准，就不能接触这些经济业务。既规定了各级管理人员的职责范围和业务处理权限，也明确了他们应承担的责任。使经济业务在发生时就得到了控制，是一种事前控制，可以保证单位既定方针的执行和限制滥用职权。授权控制有一般授权和特殊授权两种形式。一般授权是对办理一般经济业务权力等级和批准条件的规定；特殊授权是当某项经济业务超出一般授权范围时，所给予的处理经济业务的权限。

3. 会计系统控制

要求单位依据《会计法》和国家统一的会计制度，制定适合本单位的会计制度，明确会计凭证、会计账簿和财务报告的处理程序，建立和完善会计档案保管和会计工作交接办法，实行会计人员岗位责任制，充分发挥会计的监督职能。主要包括：根据审核无误的原始凭证编制记账凭证，并经专人复核后，经过规范的凭证传递程序，登记明细分类账和总账。定期将会计账簿记录与实物、款项及有关资料相互核对，作到账账相符、账证相符、账实相符。

4. 预算控制

预算控制要求单位对各项经济业务编制详细的预算或用款计划，并通过一般授权或特殊授权，由相关部门对预算的执行情况进行控制。预算的编制必须体现单位的经营管理目标，并明确责权；执行过程中，允许经过授权对预算进行调整，使其更加切合实际；应当定期反馈预算执行情况，严格控制无预算的支出。

5. 财产保全控制

为了确保单位财产物资安全完整所采用的各种方法和措施。对于单位的货币资金、固定资产等财产物资，授权专人进行保管，建立定期清点制度，保证财产物资账实相符。

6. 风险控制

单位必须树立风险意识，针对各个风险点，建立有效的风险管理系统，通过对风险的预警、识别、评估、分析、报告等措施，对财务风险和经营风险进行全面防范和控制，使财务管理更好地为生产经营服务。

7. 内部报告控制

要求单位建立和完善内部报告制度，全面反映经济活动情况，及时提供业务活动中的重要信息，增强内部管理的时效性和针对性。

12.3.4　内部会计控制的内容

内部会计控制的内容主要包括货币资金、实物资产、对外投资、工程项目、采购与付款、筹资、销售与收款、成本费用、担保等经济业务的会计工作。下面以货币资金、采购与付款、销售与收款业务为例，简单介绍内部会计控制的内容。

1. 货币资金控制

（1）岗位分工控制

各单位应当建立货币资金业务的岗位责任制，明确相关部门和岗位的职责权限，确保办理货币资金业务的不相容岗位相互分离、制约和监督。出纳人员不得兼任稽核、会计档案保管和收入、支出、费用、债权、债务账目的登记工作。不得由一人办理货币资金业务的全过程。各单位办理货币资金业务，应当配备合格的人员，并根据单位具体情况进行岗位轮换。

（2）授权批准控制

各单位应当对货币资金业务建立严格的授权批准制度，明确审批人对货币资金业务的授权批准方式、权限、程序、责任和相关控制措施，规定经办人办理货币资金业务的职责范围和工作要求。审批人应当根据货币资金授权批准制度的规定，在授权范围内进行审批，不得超越审批权限。经办人应当在职责范围内按照审批人的批准意见办理货币资金业务。对于审批人超越授权范围审批的货币资金业务，经办人员有权拒绝办理，并及时向审批人的上级授权部门报告。各单位应当严格按照申请、审批、复核、支付的程序办理货币资金的支付业务，并及时准确入账。对于重大货币资金支付业务，应当实行集体决策和审批。

（3）现金控制

各单位应当加强现金库存限额的管理，超过库存限额的现金应及时存入银行。各单位必须根据《现金管理暂行条例》的规定，结合本单位的实际情况，确定本单位现金的开支范围。不属于现金开支范围的业务应当通过银行办理转账结算。各单位现金收入应当及时存入银行，不得用于直接支付单位自身的支出。因特殊情况需坐支现金的，应事先报经开户银行审查批准。各单位借出款项必须执行严格的授权批准程序，严禁擅自挪用、借出货币资金。各单位取得的货币资金收入必须及时入账，不得私设小金库，不得账外设账，严禁收款不入账。各单位应当定期和不定期地进行现金盘点，确保现金账面余额与实际库存相符。发现不符，及时查明原因做出处理。

（4）银行存款控制

各单位应当严格按照《支付结算办法》等国家有关规定加强银行账户的管理，严格按照规定开立账户，办理存款、取款和结算。各单位应当定期检查，清理银行账户的开立及使用情况，发现问题及时处理。各单位应当加强对银行结算凭证的填制、传递及保管等环节的管理与控制。各单位应当严格遵守银行支付结算纪律，定期获取银行对账单，查实银行存款余额，编制银行存款余额调节表。

（5）票据和印章控制

各单位应当明确各种票据的购买、保管、领用、背书转让、注销等环节的职责权限和程序，防止空白票据遗失和被盗用。财务专用章应由专人保管，个人名章应由本人或其授权人员保管。严禁一人保管支付款项所需的全部印章。严格履行签字或盖章手续。

（6）监督检查

各单位应当定期检查货币资金业务相关岗位及人员的设置情况。定期检查货币资金授权批准制度的执行情况。定期检查印章保管情况，定期检查票据保管情况。

2. 采购与付款控制

（1）岗位分工控制

各单位应当建立采购与付款业务的岗位责任制，明确相关部门和岗位的职责、权限，确保办理采购与付款业务的不相容岗位相互分离、制约和监督。采购与付款业务不相容岗位至少包括：请购与审批，询价与确定供应商，采购合同的订立与审计，采购与验收，采购、验收与相关会计记录，付款审批与付款执行。不得由同一部门或个人办理采购与付款业务的全过程。

（2）授权批准控制

各单位应当对采购与付款业务建立严格的授权批准制度，明确审批人对采购与付款业务的授权批准方式、权限、程序、责任和相关控制措施，规定经办人办理采购与付款业务的职责范围和工作要求。审批人应当根据采购与付款业务授权批准制度的规定在授权范围内进行审批，不得超越审批权限。经办人应当在职责范围内按照审批人的批准意见办理采购与付款业务。对于审批人员超越审批范围审批的采购与付款业务，经办人员有权拒绝办理，并及时向审批人的上级授权部门报告。严禁未经授权的机构或人员办理采购与付款业务。对于重要的和技术性较强的采购业务，应当组织专家进行论证，实行集体决策和审批，防止出现决策失误而造成严重损失。应当加强对请购手续、采购订单、验收证明、入库凭证、采购发票等的管理和相互核对工作。

（3）请购控制

各单位应当建立采购申请制度，依据购置物品或劳务等类型，确定归口管理部门，授予相应的请购权，并明确相关部门或人员的职责权限及相应的请购程序。应当加强采购业务的预算管理，对于预算内采购项目，具有请购权的部门应严格按照预算执行进度办理请购手续；对于超预算和预算外采购项目，具有请购权的部门应对需求部门提出的申请进行审核后再行办理请购手续。

（4）审批控制

各单位应当建立严格的请购审批制度，对于超预算和预算外采购项目，应当明确审批权限，由审批人根据其职责、权限以及单位实际需要等对请购申请进行审批。

（5）采购控制

各单位应当根据物品或劳务等的性质及其供应情况确定采购方式。一般物品或劳务等的采购应采用订单采购或合同订货等方式。各单位应当制订例外紧急需求的特殊采购处理程序。应当充分了解和掌握供应商的信誉、供货能力等有关情况，采取由采购、使用等部门共同参与比质比价的程序，并按规定的授权审批程序确定供应商。小额零星采购也应由经授权的部门事先对价格等进行审查。

（6）验收控制

各单位应当根据规定的验收制度和经批准的订单、合同等采购文件，由独立的验收部门或指定专人对所购物品或劳务等的品种、规格、数量、质量和其他相关内容进行验收，出具验收证明。对验收过程中发现的异常情况，负责验收的部门或人员应当立即向有关部门报告，有关部门应查明原因，及时处理。

（7）付款控制

各单位财会部门在办理付款业务时，应当对采购发票、结算凭证、验收证明等相关凭证的真实性、完整性、合法性及合规性进行严格审核。应当建立预付账款和定金的授权批准制度，加强预付账款和定金的管理。应当加强应付账款和应付票据的管理，由专人按照约定的付款日期、折扣条件等管理应付账款。已到期的应付款项需经有关授权人员审批后方可办理结算与支付。各单位应当建立退货管理制度，对退货条件、退货手续、货物出库、运货货款回收等作出明确规定，及时收回退货贷款。应当定期与供应商核对应付账款、应付票据、预付账款等往来款项。如有不符，应查明原因，及时处理。

（8）监督检查

各单位应当定期检查采购与付款业务相关岗位及人员的设置情况，定期检查采购与付款业务授权批准制度的执行情况，定期检查应付账款和预付账款的管理情况，定期检查有关单据、凭证和文件的使用和保管情况。

3. 销售与收款控制

（1）岗位分工控制

各单位应当建立销售与收款业务的岗位责任制，明确相关部门和岗位的职责、权限，确保办理销售与收款业务的不相容岗位相互分离、制约和监督。应当将办理销售、发货、收款三项业务的部门分别设立。其中销售部门主要负责处理订单，签订合同，执行销售政策和信用政策、催款政策；发货部门主要负责审核销售发货单据是否齐全并办理发货的具体事宜；财会部门主要负责销售款项的结算和记录、监督管理贷款回收。不得由同一部门或个人办理销售与收款业务的全过程。有条件的单位应当建立专门的信用管理部门或岗位，负责制定单位信用政策，监督各部门信用政策执行情况。信用管理岗位与销售业务岗位应分设。

（2）授权批准控制

各单位应当对销售与收款业务建立严格的授权批准制度，明确审批人员对销售与收款业务的授权批准方式、权限、程序、责任和相关控制措施，规定经办人的职责范围和工作要求。审批人应当根据销售与收款授权批准制度的规定，在授权范围内审批，不得超越审批权限。经办人应当在职责范围内，按照审批人的批准意见办理销售与收款业务。对于审批人超越授权范围审批的销售与收款业务，经办人员有权拒绝办理，并及时向审批人的上级授权部门报告。对于超过单位既定销售政策和信用政策规定范围的特殊业务，单位应当进行集体决策，防止决策失误而造成严重损失。严禁未经授权的机构和人员经办销售与收款业务。

（3）销售与发货控制

各单位应当建立严格的销售业务预算管理制度，制定销售目标，确立销售管理责任制。应当建立销售定价控制制度，制定价目表、折扣政策、付款政策等，并予以执行。各单位在选择客户时，应当充分了解和考虑客户的信誉、财务状况等有关情况，降低账款回收中的风险。应当加强对赊销业务的管理。赊销业务应遵循规定的销售政策和信用政策。对符合赊销条件的客户，应经审批人批准后方可办理赊销业务；超出销售政策和信用政策规定的销售业务，应当实行集体决策审批。各单位应当明确规定销售谈判、合同订立、合同审批、销售、发货等环节的岗位责任、职责权限及管理措施，并严格执行。应当建立销售退回管理制度。单位的销售退回必须经销售主管审批后方可执行。销售退回的货物应由质检部门检验和仓储部门清点后方可入库。质检部门应对客户退回的货物进行检验并出具检验证明；仓储部门应在清点货物、注明退回货物的品种和数量后填制退货接收报告。财会部门应对检验证明、退货接收报告以及退货方出具的退货凭证等进行审核后办理相应的退货事宜。各单位应当在销售与发货各环节设置相关的记录、填制相应的凭证，建立完整的销售登记制度，并加强销售合同、销售计划、销售通知单、发货凭证、运货凭证、销售发票等文件和凭证的相互核对工作。销售部门应设置销售台账，及时反映各种商品、劳务等的开单、发货、收款情况。销售台账应当附有客户订单、销售合同、客户签收回执等相关购货单据。

（4）收款控制

各单位应当将销售收入及时入账，不得账外设账，不得擅自坐支现金。销售人员应当避免接触销售现款。应当建立应收账款账龄分析制度和逾期应收账款催收制度。销售部门应当负责应收账款的催收，财会部门应当督促销售部门加紧催收。对催收无效的逾期应收账款可通过法律程序予以解决。应当按客户设置应收账款台账，及时登记每一客户应收账款余额增减变动情况和信用额度使用情况。对长期往来客户应当建立完善的客户资料，并对客户资料实行动态管理，及时更新。对于可能成为坏账的应收账款应当报告有关决策机构，由其进行审查，确定是否确认为坏账。单位发生的各项坏账，应查明原因，明确责任，并在履行规定的审批程序后做出会计处理。单位注销的坏账应当进行备查登记，做到账销案存。已注销的坏账又收回时应当及时入账，防止形成账外款。单位应收票据的取得和贴现必须经由保管票据以外的主管人员的书面批准。单位应当有专人保管应收票据，对于即将到期的应收票据，应及时向付款人提示付款；已贴现票据应在备查簿中登记，以便日后追踪管理。单位应制定逾期票据的冲销管理程序和逾期票据追踪监控制度。各单位还要定期与往来客户通过函证等方式核对应收账款、应收票据、预收账款等往来事项。如有不符，应查明原因，及时处理。

（5）监督检查

各单位应当定期检查销售与收款业务相关岗位及人员的设置情况。定期检查销售与收款业务授权批准制度的执行情况，定期检查销售的管理情况，定期检查收款的管理情况，定期检查销售退回的管理情况。

课后习题

一、单项选择题

1. 在我国，会计工作的主管行政部门是（　　）。

A. 国务院　　B. 财政部　　C. 会计协会　　D. 税务总局

2. 下列不属于会计人员专业技术职称的是（　　）。

A. 会计师　　B. 总会计师　　C. 高级会计师　　D. 会计员

3. 下列各项原则中，不属于会计电算化下会计科目代码设计原则的是（　　）。

A. 唯一性原则　　B. 简便性原则　　C. 统一性原则　　D. 规律性原则

4. 在全国范围内有效，进入会计岗位的证书是（　　）。

A. 初级会计师证书　　B. 中级会计师证书
C. 会计从业资格证书　　D. 注册会计师证书

5. 会计工作的管理体制是（　　）。
A. 统一领导，分级管理　　B. 统一领导，统一管理
C. 分级领导，分级管理　　D. 由单位行政领导人领导、管理

6. 根据现行《会计档案管理办法》，现金日记账和银行存款日记账应该保管（　　）年。
A. 3　　B. 5　　C. 15　　D. 25

7. 会计档案销毁清册应该（　　）。
A. 保管 5 年　　B. 保管 10 年　　C. 保管 15 年　　D. 永久保管

8. 集中核算是把（　　）会计工作主要集中在会计部门进行。
A. 各职能部门的　　B. 单位的部分
C. 各生产经营部门　　D. 整个单位的

9. 保管期满但未结清的债权债务原始凭证和涉及其他未了事项的原始凭证（　　）。
A. 可以销毁　　B. 保管期满 5 年后销毁
C. 保管期满 10 年后销毁　　D. 不得销毁，应单独抽出立卷

10. 年度会计报表的保存期限为（　　）。
A. 15 年　　B. 5 年　　C. 25 年　　D. 永久

二、多项选择题

1. 会计人员的主要职责有以下（　　）方面。
A. 进行会计核算　　B. 实行会计监督
C. 拟定本单位会计事务的具体方法　　D. 办理其他会计事项

2. 会计人员有权参与本单位的（　　）。
A. 经营决策　　B. 编制计划　　C. 制定定额　　D. 签订经济合同

3. 根据电算化核算和管理的需要，账务处理一般应建立哪些文件？（　　）
A. 总账文件　　B. 明细账文件　　C. 日记账文件　　D. 书面文件

4. 会计人员的专业职务根据《会计专业职务试行条例》分别为（　　）。
A. 会计师　　B. 高级会计师　　C. 助理会计师　　D. 会计员

5. 根据《会计基础工作规范》的规定，下列各项属于会计人员职业道德范畴的有（　　）。
A. 爱岗敬业　　B. 熟悉法规　　C. 依法办事　　D. 客观公正

6. 下列属于会计档案的是（　　）。
A. 会计凭证　　B. 会计账簿　　C. 会计报表　　D. 经济合同

7. 下列会计档案应保管 15 年的是（　　）。
A. 总账　　B. 会计移交清册　　C. 原始凭证　　D. 年度会计报表

参 考 文 献

[1] 中华人民共和国财政. 企业会计准则 [M]. 北京：经济科学出版社，2006.
[2] 中华人民共和国财政部. 企业会计准则：应用指南 [M]. 北京：中国财政经济出版社，2006.
[3] 财政部会计资格评价中心. 初级会计实务 [M]. 北京：中国财政经济出版社，2017.
[4] 张捷. 基础会计 [M]. 北京：中国人民大学出版社，2015.
[5] 薛洪岩. 基础会计 [M]. 上海：立信会计出版社，2014.
[6] 荆娴 . 基础会计 [M]. 北京：清华大学出版社，2013.
[7] 陈红，姚荣辉. 基础会计 [M]. 北京：清华大学出版社，2014.
[8] 李红艳，石玉洁. 基础会计 [M]. 北京：清华大学出版社，2016.
[9] 魏永宏. 基础会计 [M]. 北京：电子工业出版社，2016.
[10] 李海波，蒋瑛. 基础会计 [M]. 北京：中国财政经济出版社，2015.
[11] 陈引. 基础会计 [M]. 北京：科学出版社，2017.
[12] 方正生. 会计学基础 [M]. 北京：中国市场出版社，2017.